LE SENS À L'ÉPREUVE DE L'EXPÉRIENCE

DANS LA MÊME COLLECTION

SÉRIE ÉTUDES

BOURGEOIS-GIRONDE (S.), *La reconstruction analytique du cogito*, 2001, 304 pages.

CHAUVIER (S.), *Dire "Je" – Essai sur la subjectivité*, 2001, 256 pages.

CHAUVIER (S.), *Le sens du possible*, 2010, 272 pages.

De la perception à l'action. Contenus perceptifs et perception de l'action, édité par P. LIVET, 2000, 240 pages.

DEBAISE (D.), *Un empirisme spéculatif. Lecture de* Procès et réalité *de Whitehead*, 2006, 192 pages.

Herbert Feigl. De la physique au mental, édité par B. ANDRIEU, 2006, 224 pages.

GANDON (S.), *Logique et langage. Études sur le premier Wittgenstein*, 2002, 272 pages.

La philosophie en Pologne, 1918-1939, sous la direction de R. POUIVET et M. REBUSCHI, 2006, 256 pages.

La philosophie naturelle de Robert Boyle, édité par M. DENNEHY et Ch. RAMOND, 2009, 416 pages.

LE DU (M.), *La nature sociale de l'esprit. Wittgenstein, la psychologie et les sciences humaines*, 2004, 208 pages.

LEMAIRE (S.), *Les désirs et les raisons. De la délibération à l'action*, 2008, 256 pages.

PERRIN (D.), *Le flux et l'instant. Wittgenstein aux prises avec le mythe du présent*, 2007, 256 pages.

Philosophie française et philosophie écossaise, 1750-1850, édité par E. AROSIO et M. MALHERBE, 2007, 224 pages.

SAINT-SERNIN (B.), *Whitehead. Un univers en essai*, 2000, 208 pages.

SCHMITZ (F.), *Le Cercle de Vienne*, 2009, 432 pages.

THOMAS-FOGIEL (I.), *Référence et autoréférence. Étude sur le thème de la mort en philosophie dans la pensée contemporaine*, 2005, 336 pages.

VERNANT (D.), *Discours et vérité. Analyses pragmatique, dialogique et praxéologique de la véridicité*, 2009, 272 pages.

Les ouvrages parus dans la collection « Analyse et Philosophie – Série Textes » sont présentés en fin de volume.

ANALYSE ET PHILOSOPHIE

Directeur : Michel MALHERBE

LE SENS À L'ÉPREUVE DE L'EXPÉRIENCE

VÉRIFICATIONNISME ET SIGNIFICATION COGNITIVE

par

Delphine CHAPUIS-SCHMITZ

PARIS
LIBRAIRIE PHILOSOPHIQUE J. VRIN
6 place de la Sorbonne, V[e]

2010

Imprimé en France

ISSN 1624-2459
ISBN 978-2-7116-2269-8

www.vrin.fr

INTRODUCTION

On se propose de défendre ici une conception vérificationniste du sens des énoncés cognitifs; plus exactement, de montrer la pertinence d'une approche vérificationniste du sens des énoncés utilisés afin de communiquer des connaissances sur le monde. Avant toute chose, je dois préciser qu'il ne s'agit pas d'établir une théorie de la signification mais, plus modestement, de clarifier la notion de sens cognitif, autrement dit de clarifier l'idée selon laquelle comprendre un énoncé cognitif implique de pouvoir déterminer la manière dont il peut être vérifié. Comme nous le verrons, une telle idée reste imprécise tant que l'on n'a pas déterminé plus avant ce qu'il faut entendre par vérification, par méthode de vérification, et par possibilité de la vérification.

Nous admettons généralement que ce que nous disons, dans divers contextes et dans des circonstances variées, est doué de sens: que nos énoncés aient un sens, cela apparaît même comme une condition nécessaire du bon fonctionnement de notre langage en tant qu'outil de communication. Si l'attribution de sens à nos énoncés ne pose pas problème à l'ordinaire, la question se pose cependant, d'un point de vue philosophique, de savoir comment rendre compte de cette notion: qu'entend-on par « sens d'un énoncé » ? Cette question peut être abordée soit de manière générale, pour un énoncé quelconque, soit plus spécifiquement, pour un certain type d'énoncés. C'est la seconde approche que je privilégierai ici en faisant porter mon étude sur la notion de sens cognitif.

Cette notion s'applique de manière privilégiée aux énoncés utilisés afin de transmettre des connaissances sur le monde. Parmi la multiplicité des usages linguistiques, on peut en effet distinguer une variété dont l'objectif est d'informer l'interlocuteur sur un certain état du monde, qu'il s'agisse de décrire le temps qu'il fera demain, le processus de la méiose ou encore le tableau de Fra Angelico qui nous a retenu aux Offices. Ainsi, dans certains contextes, qui peuvent être ordinaires aussi bien que scientifiques, nous formulons des énoncés afin de dire ce qui est (« les roses sont rouges »), afin de décrire des agencements particuliers (« les rosiers sont à côté du kiosque dans le parc ») ou certains modes de structuration entre des propriétés ou des événements (« la température d'un corps est proportionnelle au degré d'agitation de ses molécules », « chez les animaux, la méiose a lieu au cours de la gamétogenèse »). Ce type d'usage du langage, dans lequel il s'agit d'affirmer quelque chose à propos d'un certain état du monde, est généralement qualifié d'assertorique, mais on pourrait également parler d'usage informatif ou cognitif : il s'agit de transmettre la connaissance que l'on a de certains faits ou événements.

Les énoncés cognitifs, également qualifiés d'assertoriques, ont reçu les faveurs des philosophes : on voudrait pouvoir rendre compte de la manière dont doivent être compris des énoncés de ce type, mais aussi, plus fondamentalement, de ce que cela signifie pour de tels énoncés de dire quelque chose sur le monde. En d'autres termes : qu'est-ce qui fait que nos énoncés assertoriques ont un sens et qu'est-ce qu'implique leur compréhension ? Derrière ces questions se profile l'idée selon laquelle le sens cognitif a des modalités spécifiques, différentes de celles des ordres, des jugements de valeurs, des questions, etc. Il est en effet manifeste, du moins intuitivement, qu'un ordre ne fait pas tout à fait sens de la même manière qu'un énoncé assertorique. En outre, l'usage assertorique est lié de manière intrinsèque à la problématique de la connaissance : un énoncé assertorique a une prétention à la vérité, il s'agit de *dire ce qui est*, et c'est sans doute la raison pour laquelle ce type d'énoncé a occupé une place privilégiée dans les réflexions philosophiques sur la question de la signification. Afin de situer et de préciser le cadre de mon analyse, je voudrais présenter brièvement les deux grandes catégories de réponses que l'on a vu s'élaborer au cours du XXe siècle dans la tradition analytique[1]. La première grande catégorie part du

1. Les questions liées au sens et à la signification ont occupé une place de choix dans les discussions philosophiques de la tradition analytique, suite au tournant linguistique amorcé à l'aube du siècle dernier par Frege et par Russell, au point qu'un philosophe comme M. Dummett a pu affirmer que « parce que la philosophie a pour tâche première, si ce n'est pour seule tâche, l'analyse des significations, et parce que, plus une telle analyse est profonde, plus elle dépend d'une conception générale correcte de la signification, d'un modèle de ce en quoi consiste le fait de comprendre une expression, la théorie de la signification, qui est la recherche d'un tel modèle, est le fondement de toute la philosophie », *Frege : Philosophy of Language*, Londres, Duckworth, 1973, p. 669. Il est commun de lire aujourd'hui que la philosophie de l'esprit a supplanté la philosophie du langage comme « philosophie première ».

problème de la signification cognitive et repose sur le postulat selon lequel la signification d'une assertion est déterminée par sa capacité à représenter de manière adéquate un certain état du monde. On appellera représentationnelle ou dénotationnelle ce premier type de conception, qui motive une grande partie des travaux visant à établir une théorie véri-conditionnelle de la signification. Les approches modèles-théoriques et la sémantique des mondes possibles, notamment, sont motivées par une conception de ce type, et elles visent à développer les outils formels adéquats pour fixer les conditions auxquelles on pourra établir la vérité de toute assertion d'un langage donné. Le point important est que, dans ce type d'approches, la signification est fondamentalement envisagée sur le mode de la dénotation d'un état de choses; en d'autres termes, la signification d'une expression est déterminée par sa capacité à représenter adéquatement certains faits.

La deuxième grande catégorie de réponses consiste à maintenir que la signification d'un énoncé est déterminée de façon fondamentale non pas par sa capacité à représenter le monde, mais par l'usage qui en est fait [1]. Une suite de mots n'a de sens que dans la mesure où elle est formulée dans un certain contexte, et c'est sur la base de l'usage particulier qui en est fait dans ce contexte spécifique que sa signification peut être déterminée. Alors que les défenseurs d'une approche dénotationnelle se concentrent sur les assertions, les partisans de la signification comme usage soulignent pour leur part la diversité des usages linguistiques et s'élèvent contre l'hégémonie accordée par les premiers à l'usage descriptif ou assertorique. Accorder un privilège indu à ce dernier conduit au mieux à une conception partielle du fonctionnement du langage, au pire à une conception dogmatique, lorsque l'on prétend faire de l'usage assertorique un modèle du fonctionnement du langage en général [2].

L'idée de base est alors, comme le note P. Engel, « que la structure des concepts forme un niveau autonome par rapport à la structure de la signification linguistique des expressions », *cf.* « Quine et le retour de l'*a priori* », dans J.-M. Monnoyer (éd.), *Lire Quine. Logique et ontologie*, Paris-Tel Aviv, L'éclat, 2006, p. 174. Le problème de la signification reste toutefois au cœur des débats en philosophie du langage. Sur le rapport entre philosophie du langage et philosophie de l'esprit, voir également ci-dessous, chap. 7, p. 188-189.

1. On peut évoquer ici le passage de la première à la seconde philosophie de Wittgenstein, qui est souvent conçu comme le passage d'une conception représentationaliste de la signification à une conception en terme d'usage.

2. Voir par exemple la critique d'Austin à l'encontre du privilège accordé à la description dans la première conférence de *Quand dire c'est faire* (1962), trad. fr. G. Lane, Paris, Seuil, 1971; rééd. avec une postface de F. Récanati, 1991.

Mon analyse prendra pour objet des énoncés, c'est-à-dire des suites de signes *utilisées* en vue d'une certaine fin – et non des propositions abstraites dont il s'agirait d'établir les conditions de vérité. À ce titre, elle s'inscrit dans le cadre du second type de réponses. Elle a en outre comme point de départ la conception selon laquelle le langage est une pratique, un instrument de discours utilisé en vue de remplir certains objectifs et de réaliser certaines actions. Cette conception me semble mieux correspondre à la façon dont le langage fonctionne effectivement dans les communautés humaines. J'envisagerai alors la question du sens des énoncés assertoriques sur la base de cette conception plus générale du fonctionnement du langage, et, en conséquence, l'examen que je souhaite mener vise à clarifier ce qui fait, dans un tel cadre, la spécificité du sens de nos énoncés à visée informative. J'admets donc comme point de départ de mon enquête l'idée générale selon laquelle la signification de nos énoncés est déterminée par l'usage qui en est fait. Cependant, je maintiens que cette idée ainsi énoncée ne vaut que par ce à quoi elle s'oppose, à savoir la conception représentationaliste du langage et que, en tant que telle, elle ne fournit pas de conception suffisamment claire ni précise de la signification. Mon objectif n'est pas d'élaborer une telle conception générale, qui vaille pour tous les types d'énoncés, mais de préciser cette idée en tant qu'elle fournit un cadre pour répondre aux questions qui concernent le sens *cognitif*. Affirmer cela implique que l'idée selon laquelle le sens est déterminé par l'usage ne rend pas invalide l'enquête sur ce qui fait la spécificité des assertions. Au contraire, une fois ce cadre posé, la question demande à être examinée à nouveaux frais de ce qui fait la teneur proprement informative de tels énoncés.

Il ne s'agira donc pas de déterminer le sens ou la signification cognitive comme entité d'un genre particulier; il ne sera pas question de « propositions », de pensée ou de contenu représentationnel d'un autre genre. En cela, ma position s'accorde avec le refus des conceptions substantialistes du sens et de la signification, formulé dès les années trente par Moritz Schlick, le mentor du Cercle de Vienne, en ces termes :

> Cela n'a pas de sens de chercher un substrat qui corresponde au substantif « sens », un objet idéal dans le royaume des concepts, avec des propriétés tout à fait déterminées. De la même manière, il serait faux de concevoir les processus psychiques qui se tiennent derrière le signe propositionnel comme le « sens », car ceux-ci sont tout aussi différents chez les individus particuliers que les manières de s'exprimer dans les diverses langues. Nous pouvons, si nous le voulons, appeler « pensées » ces processus, mais c'est

là quelque chose de purement psychique, quelque chose d'autre que ce que nous recherchons [1].

De ce qu'il est inadéquat de s'interroger sur les significations en tant qu'entités, il ne s'ensuit évidemment pas que l'on doive nier que, la plupart du temps, nos énoncés ont bien un sens. En 1935, Schlick affirme que « la question correcte est la suivante : "comment utilise-t-on le mot 'signification' ?" Lorsque l'on parle de "signifier" et non de "signification", la difficulté est encore moins grande » [2]. Quine lui-même, grand pourfendeur des théories de la signification, reconnaît, dans un article qui vise à dénoncer « le mythe de la signification », « qu'il n'entre pas dans [son] intention de démontrer que le langage ne présente aucune signification. Que les mots et les phrases dont on se sert, au sens courant "d'avoir un sens", aient un sens, [il] n'en disconvient pas » [3]. Ainsi, que nos énoncés aient un sens au sens courant d'avoir un sens, personne ne le nie, pas même les plus farouches opposants à l'idée *philosophique* de sens ou de signification. Les ennuis commencent seulement, si l'on peut dire, lorsque l'on se demande quel est ce sens pour un énoncé donné et, plus fondamentalement, ce que cela veut dire pour un énoncé que d'avoir un sens ou une signification [4]. Deux écueils doivent être contournés. Le premier, l'écueil de l'abstraction, est lié à la tentation que l'on peut avoir d'hypostasier l'idée de signification, d'en faire un objet d'étude abstrait, isolé des contextes spécifiques dans lesquels elle prend forme, et, qui plus est, d'en faire un objet uniforme dont le fonctionnement serait identique pour tout type d'énoncé et qui serait détaché de nos pratiques linguistiques. Afin d'éviter ce premier écueil, on tentera de ne pas perdre de vue ces dernières, dont on explicitera les caractéristiques spécifiques. Le second écueil est celui du particularisme. Certains

1. M. Schlick, *Die Probleme der Philosophie in ihrem Zusammenhang* (1933/1934), H. Mulder, A.J. Kox und R. Hegselmann (eds.), Francfort/M., Suhrkamp, 1986, p. 166-167. En l'absence d'indication contraire, les traductions citées sont de mon fait.

2. M. Schlick, *Logik und Erkenntnistheorie*, cours du semestre d'hiver 1934/1935, Archives of the Vienna Circle Foundation, Universiteit van Amsterdam.

3. W.v.O. Quine, « Le mythe de la signification », *La Philosophie analytique*, Paris, Minuit, 1962, p. 139.

4. On aura noté que j'utilise ces deux termes de manière interchangeable : la distinction entre les deux, introduite et thématisée par Frege dans « Sens et dénotation » (1892), relève du domaine de la philosophie et non de l'usage courant (voir G. Frege, *Écrits logiques et philosophiques*, trad. fr. C. Imbert, Paris, Seuil, 1971, p. 102-126). Dans la mesure où mon objectif est de préciser ce qu'on entend lorsqu'on dit couramment qu'un énoncé à visée informative a un sens ou une signification, j'utiliserai ces deux termes sans poser en première approche de distinction de principe entre les deux.

des détracteurs de l'aspiration à la systématicité des philosophes se sont portés à l'extrême opposé et ont mis en avant la particularité des situations, des usages, des contextes, rejetant par là-même toute tentative de rendre compte de la cohérence de nos pratiques à la lumière des principes ou des normes qui les guident. Dans sa seconde philosophie[1], Wittgenstein s'opposait ainsi à toute théorisation philosophique, jugée d'emblée et par principe inadéquate, car détachée de tout contexte d'usage spécifique. Il a ainsi usé, et peut-être même abusé, de la méthode qui consiste à examiner des exemples divers et variés dans des contextes d'usages particuliers, afin de désamorcer toute tentative de systématisation[2]. Une telle approche, si elle présente l'avantage de nous garder de l'abstraction, fait néanmoins courir le risque opposé : celui de laisser en suspens la question des raisons pour lesquelles certains usages peuvent être rapprochés, ou doivent au contraire être distingués.

Ainsi, ni une systématisation à outrance, ni une approche « particulariste », ne permettent d'expliciter nos pratiques et nos usages linguistiques de manière satisfaisante : la première parce qu'elle les perd de vue, la seconde parce qu'elle n'a pas assez de distance à leur égard. Mais l'effort d'expliciter l'idée de signification cognitive peut également paraître ardu, et peut-être même vain, en raison du caractère vague et indéterminé de nos usages ordinaires des termes « sens » et « signification ». Nous sommes habituellement plus enclins à dire qu'un énoncé n'a *pas* de sens, ou qu'il ne signifie rien, et par là, nous pouvons vouloir dire tout un ensemble de choses : 1) l'énoncé en question n'est pas correctement formé ou formulé, 2) il n'a pas d'objet, il ne parle de rien, 3) il est faux, 4) il est utilisé de manière inadéquate dans le contexte concerné, 5) il n'a pas de pertinence… – ces catégories sont poreuses et non exhaustives. Notons en outre que c'est seulement dans des contextes spécifiques que l'on s'interroge explicitement sur la signification de certains termes, par exemple lors de l'apprentissage d'une langue étrangère ou d'un langage technique, lorsque l'on n'est pas d'accord avec un autre locuteur sur l'usage d'un terme, lors de l'établissement de contrats ou de l'interprétation de dispositions légales, etc. Un des représentants majeurs de l'empirisme logique, Rudolf Carnap, ne laisse pas de noter que l'on trouve dans le champ philosophique une indétermination

1. Voir en particulier les *Recherches philosophiques*, trad. fr. F. Dastur, M. Élie, J.-L. Gautero, D. Janicaud, É. Rigal, Paris, Gallimard, 2005.

2. J'ai argumenté en ce sens de manière plus spécifique dans « Quelle référence pour le "je" ? », dans J. Benoist et S. Laugier (éds.), *Langage ordinaire et métaphysique. Strawson*, Paris, Vrin, 2005, p. 141-170.

similaire à celle que l'on observe dans ces contextes ordinaires : « le "contenu" ou "sens" d'une proposition est quelque chose dont on parle souvent sans déterminer exactement ce qu'il faut entendre par là » [1].

Mais contre l'idée selon laquelle une telle indétermination de nos usages rendrait vaine l'étude que je me propose, j'affirmerai que c'est précisément en raison de cette multiplicité d'usages et de cette indétermination apparente qu'il s'avère nécessaire de s'interroger sur ce que l'on entend lorsqu'on dit d'un énoncé qu'il a une signification ou qu'il en est dépourvu. Afin de mener à bien cette analyse, je prendrai pour point de départ et pour guide nos attributions de signification dans des contextes variés. Et me soumettant à l'exigence de conformer ma discussion à nos pratiques linguistiques effectives, je me donnerai pour objectif en retour de mettre au jour les principes qui déterminent ces pratiques et en font un tout cohérent.

Il me faut préciser que, en limitant mon examen à la signification cognitive, je n'exclus pas la possibilité de déterminer d'autres niveaux de signification. On pourrait alors préférer parler de « teneur informative » : un même énoncé peut avoir une teneur informative et une valeur coercitive ; et l'on pourrait concevoir cette teneur et cette valeur comme autant d'aspects qui constituent conjointement sa signification. En d'autres termes, si l'on admet avec Austin que dire c'est faire, on reconnaîtra qu'un même énoncé peut faire différentes choses : il peut à la fois décrire un certain état du monde et enjoindre à son destinataire de modifier son comportement. De façon corrélative, on pourra admettre que la signification d'un tel énoncé se déploie à différents niveaux qui correspondent chacun à l'une de ses finalités. Par exemple, en disant : « tes pieds sont sur la table » à mon frère vautré dans le canapé, je décris le fait que les pieds de mon frère sont sur la table et, dans le même temps, je le prie d'enlever ses pieds de la table. Comprendre cet énoncé implique de comprendre non seulement que je dis à mon frère que ses pieds sont sur la table, mais aussi que je lui enjoins de retirer ses pieds de la table. De manière générale, une clarification exhaustive de la notion de signification requerrait en premier lieu une caractérisation de ses différents aspects possibles (cognitif, coercitif, interrogatif, etc.), et en second lieu un examen de la manière dont ces derniers s'articulent. Je laisserai ces questions en suspens pour me concentrer dans ce qui suit sur ce que l'on peut envisager comme un niveau spécifique

1. R. Carnap, *Logische Syntax der Sprache*, Vienne, Springer, 1934 ; trad. fr. J. Bouveresse, *La Syntaxe logique du langage*, Paris, Gallimard, à paraître, § 14.

auquel nos énoncés signifient : celui de leur signification cognitive ou teneur informative.

Comme je l'ai suggéré, on a affaire à des énoncés ayant une teneur informative non seulement dans le cadre des sciences empiriques – articles de revues et manuels scientifiques, conférences, etc. –, mais aussi dans des domaines variés de la vie quotidienne – petites annonces, guides touristiques, biographies, encyclopédies, ainsi que dans des situations ordinaires telles que celle qui vient d'être mentionnée. Considérons les énoncés suivants :

> a) « C'est un logement indépendant qui comprend trois pièces, une kitchenette ainsi que des sanitaires », petite annonce sur le site internet *Cybevasion, le guide du tourisme en France et dans le monde*.
> b) « Au début des années 1970, Gary Hill mène un travail expérimental sur les possibilités techniques de l'image vidéo en se servant du système de feed-back », *Art Vidéo*, par Sylvia Martin, Taschen, 2006.
> c) « Un antigène est une macromolécule naturelle ou synthétique reconnue par des anticorps ou des cellules du système immunitaire et capable d'engendrer une réponse immune », article *antigène* sur le site internet *Wikipedia*.

On s'accordera, je pense, pour admettre que chacune de ces phrases peut être utilisée afin de décrire certains faits. Reconnaître la possibilité de faire un usage assertorique ou cognitif de ces phrases vaut donc comme premier niveau de compréhension. Mais la fonction de communication du langage n'est complètement remplie que lorsque l'on a affaire à des énoncés, c'est-à-dire à des phrases *effectivement* utilisées dans un contexte particulier et en vue d'une certaine fin. Comprendre un énoncé permet de savoir ce dont il est véritablement question, ce dont il s'agit, et pas seulement ce que l'on pourrait faire d'une certaine suite de signes. On attribuera alors aux phrases mentionnées une signification cognitive dans la mesure où elles sont effectivement utilisées afin de transmettre des connaissances sur certains faits du monde. De plus, si on attribue une signification cognitive à des énoncés cognitifs, *i.e.* à des phrases utilisées dans un usage cognitif, c'est dans la mesure où il est possible d'indiquer une certaine procédure sur la base de laquelle on pourrait les tenir pour vrais. Si ce n'était pas le cas, on ne serait sans doute pas prêt à les admettre au nombre des énoncés visant à transmettre une connaissance sur le monde – même si on pourrait admettre qu'il s'agit de phrases *pouvant* être employées dans un usage cognitif. En outre, on ne saurait comprendre quelle est la signification cognitive de ces énoncés sans savoir à quelles conditions on pourrait les tenir pour vrais. C'est parce que nous pouvons déterminer les conditions auxquelles l'affirmation selon laquelle le logement comporte trois pièces pourrait être acceptée comme vraie que nous comprenons l'énoncé (a). Il apparaît ainsi dès à présent que deux questions doivent être distinguées : 1) la question de savoir si une phrase, ou un énoncé, a une signification; 2) la question de savoir quelle est la signification d'une phrase, ou d'un énoncé. Dans le cas qui nous intéresse ici, ces deux questions correspondent à deux interprétations possibles du vérificationnisme : selon la première, il s'agit de mettre au jour un *critère* permettant de distinguer les énoncés doués de signification cognitive de ceux qui en sont dépourvus; selon la seconde, il s'agit de déterminer quelle est la signification cognitive d'un énoncé donné. Dans le chapitre 5, je défendrai ces deux lectures du vérificationnisme, tout en distinguant soigneusement les problèmes qui sont attachés à chacune d'entre elles. En particulier, il apparaîtra que chacune des questions mentionnées reçoit une réponse distincte : alors qu'une réponse à (1) peut être formulée en termes de la possibilité d'indiquer une *procédure* de vérification, une réponse à (2) peut être formulée en termes de *conditions* de vérification. Mais dans les deux cas, il s'agit pareillement de préciser la notion de signification en tant qu'elle est attribuée à des énoncés par les locuteurs d'une communauté linguistique donnée. La perspective privilégiée peut donc être qualifiée d'épistémique. De ce point de vue, on notera que la notion de vérification d'un énoncé cognitif est étroitement liée à celle de sa justification : un énoncé cognitif est justifié s'il est possible d'établir qu'il est vérifié. En ce sens, la possibilité de la vérification d'un énoncé cognitif fonde la possibilité de sa justification. La position défendue peut donc être formulée comme suit : la signification cognitive d'un énoncé est établie en termes des conditions de sa justification[1].

Les empiristes logiques ont largement débattu la pertinence d'une conception vérificationniste du sens des énoncés cognitifs[2], et je

1. On notera que n'est pas la même chose d'être justifié à faire une assertion et de faire une assertion justifiée. Par exemple, on peut avoir lu dans une revue dont on sait qu'elle donne en général des informations fiables que le PIB de la France a augmenté de 2,2% en 2007, et on sera alors justifié à asserter que le PIB de la France a augmenté de 2,2% en 2007, sans que l'énoncé soit par là même nécessairement justifié.

2. Le principe vérificationniste du sens, associé à l'empirisme logique, apparaît pour la première fois dans un article de Waismann publié en 1930 dans le premier volume de la revue *Erkenntnis*, « Logische Analyse des Wahrscheinlichkeitsbegriffs » (p. 229). Au cours des discussions chez Schlick en 1929, Wittgenstein donne à plusieurs reprises des formulations similaires de ce principe. On relève une occurrence à l'identique dans *Wittgenstein et le Cercle de Vienne : d'après les notes de Friedrich Waismann*, B. McGuiness (éd.), trad. fr. G. Granel, Mauvezin, TER, 1991, p. 79, et une formulation proche à la page 47 : « Le sens d'une proposition est sa vérification ». Figurent également une occurrence à l'identique dans

m'appuierai pour une large part sur les positions défendues par Carnap et par Schlick dans ce cadre. Il s'avèrera que les critiques du vérificationnisme se sont souvent donné un adversaire trop facile en s'attaquant à une version réductionniste et atomiste de cette conception qu'ils ont attribuée aux empiristes logiques sans distinction[1]. Sur la base de cette constatation, je m'attacherai à présenter et à distinguer, dans le premier chapitre de cet ouvrage, différentes versions possibles du vérificationnisme. Ce travail de cartographie permettra de singulariser et de situer précisément la version que je me propose de défendre, et que je qualifierai de modérément holiste.

Comme je l'ai évoqué au début de cette introduction, ce que l'on entend par vérificationnisme dépend également de manière cruciale de ce que l'on entend par *méthode* ou *procédure* de vérification d'une part, et par *possibilité* de la vérification d'autre part. Je préciserai dans les chapitres 2 et 3 la manière dont ces notions peuvent être comprises dans le cadre d'un vérificationnisme modérément holiste. Un élément des conceptions de Carnap et de Schlick que je tiens pour tout à fait essentiel est l'idée selon laquelle la vérifiabilité d'un énoncé est déterminée sur la base des règles linguistiques qui valent pour lui : ces deux auteurs s'accordent en effet pour articuler une approche vérificationniste avec une certaine forme de normativisme linguistique – et nous verrons dans quelle mesure leurs conceptions se distinguent sur ce point des positions naturalistes de Neurath ou de Quine. J'accorderai une importance décisive à cette idée et je montrerai comment elle permet en particulier de concilier le vérificationnisme avec un holisme modéré. Plus généralement, le normativisme linguistique fournira le point de départ et le cadre de l'explicitation de la notion de signification cognitive que je propose. Le dernier chapitre sera ainsi consacré à une discussion détaillée de cette position.

les notes de M. Stein (*ibid.*, p. 227), et une occurrence proche dans les thèses de Waismann : « Le sens d'une proposition est le genre de sa vérification » (*ibid.*, p. 244). On pourrait être tenté d'en conclure que Wittgenstein a été à l'origine du principe vérificationniste du sens. Je me contenterai d'indiquer les faits disponibles : le congrès de Prague, lors duquel a été prononcée la conférence de Waismann parue en 1930, s'est tenu entre les 15 et 17 septembre 1929, alors que la première occurrence du principe attribuée à Wittgenstein se trouve dans les notes d'une discussion datant du 18 décembre 1929 – précisons enfin que si Wittgenstein a exercé une influence importante sur la pensée des empiristes logiques du cercle de Vienne, il n'a toutefois jamais fait partie de ce mouvement.

1. Pour une présentation de l'empirisme logique et du cercle de Vienne, voir l'introduction de Ch. Bonnet et P. Wagner à l'ouvrage édité sous leur direction, *L'Âge d'or de l'empirisme logique*, Paris, Gallimard, 2006 ; M. Ouelbani, *Le Cercle de Vienne*, Paris, PUF, 2006 ; F. Stadler, *Studien zum Wiener Kreis. Entwicklung und Wirkung des logischen Empirismus im Kontext*, Francfort/M., Suhrkamp, 1997.

Une autre raison pour laquelle j'ai choisi d'appuyer mon examen sur les positions de Carnap et de Schlick tient au fait que chacun adopte une perspective différente sur le langage : alors que Carnap privilégie une approche qui vise à examiner les caractéristiques formelles de systèmes linguistiques construits pour exprimer la connaissance scientifique, Schlick prend pour objet de son examen le langage naturel tel qu'il est effectivement utilisé afin de transmettre des connaissances sur le monde. Non seulement l'objet – langages artificiels d'un côté, langage naturel de l'autre –, mais aussi les méthodes employées – analyse formelle d'un côté, analyse conceptuelle de l'autre –, sont différents : on retrouve là les origines de deux orientations en philosophie du langage, aujourd'hui encore parfois conçues comme concurrentes[1], la philosophie formelle et la philosophie du langage ordinaire. Or, un de mes objectifs est de montrer que ces deux perspectives peuvent être articulées pour fournir une explicitation compréhensive de la notion de signification cognitive. C'est donc finalement à une réhabilitation d'une certaine conception de la philosophie linguistique que vise cet ouvrage.

Ce livre a pour origine mon travail de thèse, réalisé à l'université Paris 1 Panthéon–Sorbonne sous la direction de Sandra Laugier et à l'IHPST dans le cadre d'un programme de recherche (ACII) sur « les mathématiques et la constitution de l'épistémologie », dirigé par Pierre Wagner. Je les remercie tous deux vivement pour m'avoir permis de réaliser ce travail et pour le soutien qu'ils m'ont apporté lors des différentes étapes de sa réalisation. Je tiens également à remercier, pour leur aide et leurs conseils précieux, Alexis Bienvenu, Jacques Bouveresse, Christian Bonnet, Denis Bonnay, Jean-Jacques Rosat et Céline Vautrin. Je remercie enfin Michel Malherbe pour la confiance dont il me témoigne en acceptant de publier cet ouvrage dans sa collection.

1. Pour un exposé qui oppose analyse formelle et analyse conceptuelle, *cf.* P.F. Strawson, « Carnap's Views on Constructed Systems versus Natural Languages in Analytic Philosophy », dans P.A. Schilpp (ed.), *The Philosophy of Rudolf Carnap*, Chicago-La Salle, Open Court, 1963, p. 503-518. Dans sa réponse à Strawson publiée dans le même volume, Carnap maintient pour sa part que les deux méthodes doivent être utilisées de manière complémentaire, cf. *ibid.*, p. 933-940.

CHAPITRE PREMIER

LES VÉRIFICATIONNISMES

Notre point de départ est l'intuition selon laquelle la signification cognitive des énoncés utilisés pour transmettre des connaissances sur le monde est établie sur la base des conditions de leur vérification. Nous tenons un énoncé pour vérifié lorsque nous en avons des preuves suffisantes; déterminer la signification cognitive d'un énoncé implique par conséquent, dans cette perspective, de savoir ce qui en constituerait des preuves suffisantes. Par ailleurs, dans la mesure où un énoncé à visée cognitive prétend dire quelque chose sur un fait ou un état du monde dont, en tant que tel, nous pouvons faire l'expérience, ce qui vaut comme preuve suffisante sera déterminé sur la base de notre expérience. La conception de la signification cognitive que l'on est prêt à défendre engage par conséquent de manière décisive la conception de la justification empirique que l'on est prêt à admettre.

Avant d'aller plus loin, je mentionnerai brièvement certaines caractéristiques générales de la connaissance avec lesquelles une conception adéquate de la signification cognitive doit s'accorder. Tout d'abord, on peut établir un rapport de continuité entre connaissance ordinaire et connaissance scientifique. Si l'une est plus rigoureuse et plus précise que l'autre, il ne s'agit cependant que d'une différence de degré et non de nature. Schlick met en évidence un tel rapport lorsqu'il affirme que « la connaissance scientifique est un prolongement de la connaissance pratique telle que les êtres humains en ont besoin pour exister et pour bien vivre »[1]. Ordinaire ou scientifique, la connaissance s'inscrit en outre à chaque fois

1. M. Schlick, *Forme et contenu. Une introduction à la pensée philosophique* (1932), trad. fr. D. Chapuis-Schmitz, Marseille, Agone, 2003, p. 81.

dans un ensemble de pratiques spécifiques, par exemple, savoir qu'une plante à fleurs meurt si elle est privée d'eau pendant plus d'une semaine et laissée en plein soleil pourra nous conduire à demander au voisin d'arroser nos géraniums pendant notre absence. De même, la connaissance que nous avons des propriétés chimiques de certaines molécules et du fonctionnement des neurotransmetteurs permet de mettre au point des médicaments anti-dépresseurs. De façon corrélative, l'usage d'énoncés ayant une teneur informative s'inscrit dans un ensemble de pratiques et la teneur informative d'un énoncé lui confère une certaine valeur pragmatique. La signification cognitive d'un énoncé se voit ainsi établie à l'horizon des différentes pratiques permises et occasionnées par le langage et la connaissance que nous avons du monde.

Connaissance ordinaire et connaissance scientifique présentent en outre toutes deux un caractère systématique : notre connaissance consiste en un système logiquement structuré de croyances justifiées. Pour valoir comme connaissances à proprement parler, ces croyances doivent pouvoir être exprimées sous la forme d'énoncés qui entretiennent entre eux certaines relations d'implication et de conséquence. C'est en effet sur la base de leurs relations inférentielles que l'on est en mesure d'établir les conditions de la justification des énoncés cognitifs. Il ne saurait par conséquent y avoir de connaissance isolée : une croyance que l'on ne peut relier à d'autres croyances, que l'on ne peut inscrire dans un système d'énoncés logiquement structuré, ne saurait valoir comme connaissance à proprement parler.

D'un autre côté, on peut noter une différence de degré entre connaissance scientifique et connaissance ordinaire du point de vue de leur systématicité. En 1926, dans une monographie intitulée *Formation des concepts physiques*, Carnap remarque ainsi :

> Comme dans presque toutes les autres sciences, en physique aussi les couches les plus basses de l'édifice [scientifique] sont déjà érigées dans la pensée préscientifique de la vie quotidienne. Même avant qu'il y ait une physique unifiée, les choses et les processus perçus sont comparés ; leurs relations spatiales, qualitatives et temporelles sont établies. C'est ainsi que commence la construction d'un ordre général des événements perceptibles. *Le travail de la physique ne consiste en rien d'autre qu'en la continuation de cette activité de manière plus régulée ; l'ordre est réalisé de manière plus rigoureuse*[1].

1. R. Carnap, *Physikalische Begriffsbildung*, Karlsruhe, Berlin, 1926, p. 5.

Cette citation permet de souligner une autre idée importante : la connaissance, aussi bien ordinaire que scientifique, est dans tous les cas établie sur la base de l'expérience. Ainsi, de manière générale et en première approche, la connaissance peut être caractérisée comme un système logiquement structuré, dont les éléments sont établis, et peuvent être vérifiés, sur la base de l'expérience. De manière similaire, la signification cognitive d'un énoncé est déterminée par les conditions de sa vérification telles qu'elles sont fixées au niveau du système auquel il appartient et qui font intervenir, en dernier lieu, l'expérience.

Différentes versions du vérificationnisme peuvent être défendues à partir de là, qui reposent à chaque fois sur une certaine caractérisation du rapport entre la connaissance et ses preuves empiriques. Ainsi, selon que l'on adopte une conception réductionniste ou holiste de la justification empirique, on sera conduit à admettre des formes réductionnistes ou holistes du vérificationnisme. Le vérificationnisme habituellement attribué aux empiristes logiques est un vérificationnisme réductionniste, dont de nombreuses critiques, celles de Quine en particulier, ont révélé qu'il était indéfendable[1]. Comme il est bien connu, Quine a opposé à cette version réductionniste un vérificationnisme radicalement holiste, sur la base duquel il conclut à l'impossibilité de déterminer la signification d'un énoncé particulier. C'est la leçon que l'on a généralement retenue de la critique quinienne et qui a joué un rôle déterminant dans le rejet massif du vérificationnisme comme conception satisfaisante de la signification cognitive. Dans ce qui suit, je voudrais montrer qu'il existe, entre un vérificationnisme réductionniste et un vérificationnisme radicalement holiste, une troisième voie possible, selon laquelle la justification d'un énoncé implique d'avoir recours à d'autres énoncés du système considéré, conformément au caractère holiste de la connaissance, sans qu'il soit pour autant nécessaire de prendre en considération l'ensemble des énoncés du système en question et, surtout, sans que cela mette en péril la possibilité de déterminer la justification d'un énoncé donné. Afin d'établir cette troisième voie, il nous faut évaluer à nouveaux frais la discussion menée par Quine : je montrerai ainsi que, si sa critique du vérificationnisme réductionniste est tout à fait légitime, la conclusion selon laquelle le vérificationnisme est une voie sans issue n'est cependant pas la seule option possible. Cela me

1. Voir notamment les articles de Quine, « Les deux dogmes de l'empirisme » (1953), dans *Du Point de vue logique*, trad. fr. S. Laugier (dir.), Paris, Vrin, 2003, p. 49-81, et « L'épistémologie naturalisée » (1969), trad. fr. J. Largeault, dans S. Laugier et P. Wagner (éds.), *Philosophie des sciences*, vol. 2, Paris, Vrin, 2004, p. 36-60.

conduit à revenir dans un premier temps sur les origines réductionnistes du vérificationnisme.

1. Les impasses du vérificationnisme réductionniste

La version du vérificationnisme généralement associée à la conception standard de l'empirisme logique du cercle de Vienne est radicalement réductionniste. Elle peut être caractérisée, en deux mots, par l'idée selon laquelle la vérification d'un énoncé cognitif peut être entièrement réduite à celle d'une classe finie d'énoncés d'observation. Deux ouvrages clés pour l'empirisme logique viennois sont communément associés à cette version : le *Tractatus logico-philosophicus* de Wittgenstein, paru en 1921, et *La Construction logique du monde* de Carnap, paru en 1928 – suivant en cela l'usage institué, je désignerai par la suite cet ouvrage par l'abréviation de son titre allemand : l'*Aufbau*. Si une interprétation directement vérificationniste de ces ouvrages ne va pas sans poser problème, on admettra néanmoins que chacun d'eux peut être lu comme mettant en place une méthode pouvant être utilisée afin de défendre une conception réductionniste de la vérification.

Dans le *Tractatus*, Wittgenstein met au point la méthode des tables de vérité qui vise à déterminer les conditions de vérité de propositions complexes en fonction de la valeur de vérité des propositions simples qui les composent. Établir les conditions de vérité d'une proposition complexe, du type *p et q* ou *p ou q*, implique de l'analyser tout d'abord en ses constituants élémentaires, ici *p* et *q*, puis de déterminer, sur la base des conditions de vérité de ces propositions élémentaires, ses propres conditions de vérité. Ainsi, les conditions de vérité de la proposition complexe : « les enfants de Paul sont endormis » sont établies sur la base des conditions de vérité des propositions élémentaires qui la constituent, par exemple « Paul a des enfants » et « les enfants de Paul sont endormis ». Wittgenstein affirme en outre que « comprendre une proposition, c'est savoir ce qui a lieu quand elle est vraie » (4.024). C'est en combinant cet aphorisme à la méthode des tables de vérité et à l'idée selon laquelle toute proposition complexe est formée à partir d'une suite finie de propositions élémentaires qu'il devient possible de défendre une conception de la signification des propositions complexes selon les lignes d'un vérificationnisme réductionniste. Si l'on tient en outre les propositions élémentaires pour des propositions qui rapportent directement les résultats de l'expérience[1], on obtient finalement la version phénoménaliste du vérificationnisme réductionniste, selon laquelle la vérification d'une proposition peut être entièrement réduite à celle de ses preuves empiriques, elles-mêmes établies sur la base de l'expérience vécue d'un individu.

Dans l'*Aufbau*, Carnap met en place une stratégie qui permet de traduire toute proposition scientifique en une proposition ne contenant, outre des termes logico-mathématiques, que des termes relevant du domaine de l'expérience vécue. Une telle traduction est censée préserver la valeur de vérité de la proposition de départ, et il est alors possible d'affirmer que sa vérification est complètement réductible à celle d'une proposition d'observation matériellement équivalente. Carnap formule ainsi à la fin de l'ouvrage « une version de ce qui deviendra plus tard le principe de vérifiabilité », comme l'écrit Friedman[2] :

> Les propositions portant initialement sur un objet ne deviennent des propositions scientifiques au sens strict que lorsque cet objet est constitué à partir des objets fondamentaux. Car seule la formule constitutive de l'objet, *en tant que règle de traduction des propositions portant sur lui en propositions portant sur les objets fondamentaux, c'est-à-dire sur des relations entre vécus élémentaires*, donne à ces propositions un sens vérifiable. Vérification signifie bien contrôle sur la base des vécus[3].

La vérification d'une proposition est reconductible à celle des propositions d'observation en lesquelles elle peut être traduite et une telle traduction est rendue possible par le fait que tout concept descriptif est explicitement défini sur la base de concepts observationnels. Par ailleurs, seule une

1. Dans le *Tractatus*, Wittgenstein ne se prononce pas sur l'objet des propositions élémentaires; les membres du cercle de Vienne ont donné quant à eux une interprétation phénoménaliste de ces dernières. Dans les thèses de Waismann, qui se présentent comme une explicitation des idées centrales du *Tractatus*, on peut lire par exemple : « ce que décrivent les propositions élémentaires, ce sont les phénomènes (les expériences vécues) », *cf.* B. McGuiness, *Wittgenstein et le Cercle de Vienne : d'après les notes de Friedrich Waismann*, *op. cit.*, p. 249. Une telle interprétation a été reconduite notamment par K. Popper, cf. *Les Deux problèmes fondamentaux de la connaissance* (1930/1933), trad. fr. Ch. Bonnet, Paris, Hermann, 1999, p. 304, et par V. Kraft, *Der Wiener Kreis*, Vienne, Springer, 1950, p. 107. Notons que Wittgenstein lui-même a envisagé une telle interprétation dans son ouvrage de 1929, *Quelques remarques sur la forme logique*, Mauvezin, TER, 1985.

2. M. Friedman, *Reconsidering Logical Empiricism*, Cambridge, Cambridge UP, 1999, p. 108.

3. R. Carnap, *La Construction logique du monde*, trad. fr. Th. Rivain, revue par E. Schwartz, Paris, Vrin, 2002, § 179, p. 292.

proposition que l'on peut ainsi traduire en propositions d'observation a un « sens vérifiable ». On peut ainsi considérer que la méthode de traduction fournie par le système de constitution à base auto-psychique nous place dans le cadre d'un vérificationnisme réductionniste [1].

Comme je l'ai souligné, le type de vérificationnisme que l'on est prêt à adopter dépend de la conception de la connaissance que l'on défend. Or, dans son autobiographie publiée en 1963, Carnap apporte de l'eau au moulin de l'interprétation phénoménaliste de l'*Aufbau* lorsqu'il situe le projet de cet ouvrage dans le sillage d'une épistémologie empiriste fondationnaliste, tout en insistant sur sa parenté avec le vérificationnisme qu'il attribue au Wittgenstein du *Tractatus* :

> Nous supposions qu'il y avait un certain roc au fondement de la connaissance : la connaissance du donné immédiat, qui était indubitable. Tout autre type de connaissance était censé être fermement supporté par cette base, et par conséquent également décidable avec certitude. C'est là l'image que j'avais donnée dans *La Construction logique* ; elle s'appuyait sur l'influence de la doctrine de Mach, selon laquelle les sensations sont les éléments de toute connaissance, sur l'atomisme de Russell, et enfin sur le principe de vérifiabilité de Wittgenstein, qui affirme qu'il est en principe possible d'obtenir, pour toute phrase douée de sens, soit une vérification définitive, soit une réfutation définitive [2].

Laissons de côté la question de savoir si ces interprétations correspondent ou non à la lettre de l'*Aufbau* et du *Tractatus* – ce que

1. Une telle lecture de l'*Aufbau* a prédominé jusqu'à ce que soit mis en lumière l'arrière-plan néo-kantien de cet ouvrage (voir notamment M. Friedman, *Rediscovering Logical Empiricism*, *op. cit.*, chap. 5 et 6, et A. Richardson, *Carnap's Construction of the World*, *The* Aufbau *and the Emergence of Logical Empiricism*, Chicago, The University of Chicago Press, 1998). Je privilégierai pour ma part une lecture de l'ouvrage qui prend au mot l'objectif annoncé par Carnap : « *que la science ne traite que des propriétés structurelles des objets*, telle est la thèse que nous allons soutenir et qui sera justifiée dans les recherches ultérieures » (§ 10). Sur cette thèse, appelée « structuralisme logique », et sur les problèmes qu'elle pose, je renvoie à mon article, « Le structuralisme logique en question : Schlick vs. Carnap », dans J. Bouveresse, D. Chapuis-Schmitz et J.-J. Rosat (éds.), *L'Empirisme logique à la limite. Schlick, le langage et l'expérience*, Paris, Éditions du CNRS, 2006, p. 87-108. Carnap établira cette thèse en montrant qu'il est possible de reconstruire l'ensemble des concepts scientifiques sous la forme d'un système structuré par des relations formelles ou formalisables et élaboré à partir d'une base unifiée. Le « système de constitution » à base auto-psychique dont il donne une esquisse dans la quatrième partie de l'ouvrage n'est à ce titre qu'une possibilité parmi d'autres, choisie en raison du point de vue épistémologique qu'il privilégie (*cf.* § 64).

2. R. Carnap, « Intellectual Autobiography », dans P.A. Schilpp, *The Philosophy of Rudolf Carnap*, *op. cit.*, p. 57.

l'on pourrait aisément contester. Il nous faut dans tous les cas admettre que vérificationnisme réductionniste et épistémologie fondationnaliste marchent main dans la main. La conception de la procédure de vérification sur laquelle repose le vérificationnisme réductionniste peut être alors reconstruite de la façon suivante :

> 1) la vérification d'un énoncé cognitif est réductible à celle d'un ensemble d'énoncés d'observation (réductionnisme de la vérification) ;
> 2) un énoncé cognitif est vérifié indépendamment des autres énoncés cognitifs (atomisme de la vérification) ;
> 3) un énoncé cognitif est vérifié de manière définitive (absolutisme de la vérification).

(2) et (3) sont conséquences de (1) et peuvent être garantis, on l'a vu, soit au moyen de la méthode des tables de vérité du *Tractatus*, soit au moyen de la méthode de traduction fournie dans l'*Aufbau*, et en conjonction avec l'idée selon laquelle les énoncés d'observation sont établis sur la base d'une expérience vécue indubitable. Par ailleurs, le principe de vérification affirme que le sens d'un énoncé est sa méthode de vérification. De l'adoption simultanée de ce principe et du réductionnisme de la vérification on est alors conduit à un réductionnisme sémantique, selon lequel le sens d'un énoncé est équivalent au sens des énoncés d'observation sur la base desquels il peut être vérifié de manière complète, atomiste et définitive. En deux mots : le réductionnisme de la vérification joue un rôle décisif pour l'adoption d'un réductionnisme sémantique dans le cadre d'une conception vérificationniste du sens.

Deux éléments sont essentiels si la procédure de vérification doit véritablement pouvoir se dérouler selon l'injonction du réductionnisme : 1) la série d'énoncés d'observation auxquels la vérification d'un énoncé cognitif peut être réduite doit être finie, 2) les opérations au moyen desquelles un énoncé cognitif est formé à partir d'énoncés d'observation doivent préserver la valeur de vérité de ces derniers. La première condition doit être remplie pour que la possibilité de la vérification ne reste pas de principe, mais soit effective. En raison de nos capacités limitées en tant qu'être humains finis, nous ne sommes en effet pas en mesure d'énumérer les éléments d'une série infinie d'énoncés d'observation, ce qui signifie que nous ne pourrions pas établir les conditions auxquelles pourrait être vérifié un énoncé analysable en une série infinie d'énoncés d'observation. Nous ne serions capables ni de déterminer la série à laquelle l'énoncé est censé être équivalent, ni les conditions de sa vérification. En second lieu, si les opérations logiques au moyen desquelles un énoncé complexe est constitué à partir d'énoncés élémentaires avaient elles-mêmes une valeur cognitive, alors la vérification du premier ne pourrait être réduite à celle des derniers : un contenu cognitif supplémentaire, véhiculé par les opérations logiques – ou par les définitions explicites dans le cas des concepts cognitifs –, viendrait s'y ajouter.

Comme Quine l'a justement remarqué[1], un vérificationnisme réductionniste est intenable. Ni la méthode de traduction fondée sur la procédure de constitution de l'*Aufbau*, ni celle fondée sur les tables de vérité du *Tractatus*, ne permettent finalement de défendre une telle position. Examinons birèvement les raisons d'un tel échec. En ce qui concerne la méthode de constitution de l'*Aufbau*, un argument décisif a été apporté par Quine :

> Le fait est que la construction ébauchée par Carnap dans *Der logische Aufbau der Welt* ne donne pas non plus de réduction traductive. Et elle n'en donnerait pas, même si l'esquisse était complétée. Le point crucial ici est l'endroit où Carnap explique comment assigner des qualités sensibles à des positions de l'espace-temps physique. Ces assignations doivent être pratiquées de manière à remplir, aussi bien que possible, certaines exigences qu'il pose, et, avec l'accroissement de l'expérience, elles seront révisées de façon à s'y adapter. Ce plan, tout éclairant qu'il est, n'offre aucune clé de *traduction* des énoncés de la science en termes d'observation, de logique et de théorie des ensembles[2].

Carnap lui même admet son échec dans la préface de la seconde édition de l'*Aufbau*, rédigée en 1961. Pour reprendre les termes de Richardson, on ne peut que tirer son chapeau à Quine pour l'avoir dévoilé avec autant de force et de clarté[3]. Mais cela n'est pas nécessairement une mauvaise nouvelle : l'échec en ce point ne met en péril l'ensemble du projet de constitution que si l'on admet que son objectif est d'établir une réduction phénoménaliste – comme le prétend Quine. Si, en revanche, le projet consiste à montrer que l'ensemble des concepts scientifiques peut être défini sous la forme d'un système logiquement structuré et unifié, l'impossibilité de donner une définition explicite des qualités sensibles de points spatio-temporels sur la base des concepts de sensation ne signifie pas que le projet lui-même soit

1. Voir notamment W.v.O. Quine, « Les deux dogmes de l'empirisme », art. cit. et « L'épistémologie naturalisée », art. cit.

2. W.v.O. Quine, « L'épistémologie naturalisée », art. cit., p. 44-45.

3. A. Richardson, *Carnap's Construction of the World*, *op. cit.*, p. 73.

voué à l'échec : des outils autres que les définitions explicites restent disponibles pour l'accomplir[1].

Cependant, dans la perspective qui est la nôtre, il importe d'établir clairement la teneur de la difficulté relevée par Quine. L'attribution de qualités sensibles telles que la couleur ou la tonalité sonore à des points spatio-temporels constitue la première étape de la constitution des objets physiques. Or, l'ensemble des concepts physiques, mais aussi les concepts d'objets psychiques et d'objets culturels sont constitués, selon Carnap, sur la base de ces derniers. Par conséquent, s'il n'est pas possible de fournir des définitions explicites en ce point, la possibilité de traduire tout énoncé scientifique en un énoncé ne contenant que des concepts descriptifs relevant du champ de l'expérience vécue se voit également mise en péril. Mais l'impossibilité de fournir des définitions des concepts d'objets physiques sur la base de concepts observationnels est-elle bien de principe ? Est-elle insurmontable ?

La constitution du monde physique est traitée dans les paragraphes 125 à 135 de l'*Aufbau*. À la différence de la stratégie adoptée par Russell dans *Notre connaissance du monde extérieur*, Carnap commence par constituer la structure de l'espace-temps physique, puis, une fois celle-ci établie, il s'attache à constituer les objets occupant certaines positions dans cette structure spatio-temporelle. C'est précisément à ce moment décisif de l'attribution de qualités sensibles à des points de l'espace-temps physique que l'impossibilité de la réduction s'avère manifeste.

Carnap dresse aux paragraphes 126 et 127 la liste des conditions devant être remplies pour que l'on puisse attribuer une qualité sensible, plus précisément une couleur, à un point de l'espace-temps physique. Il formule ces conditions dans le langage de la constitution tout d'abord, puis dans un langage qu'il qualifie de « réaliste » et qui correspond à la manière dont nous nous exprimerions ordinairement, en parlant directement des objets et des choses physiques qui nous entourent. Les formulations en langage réaliste décrivent un ensemble de suppositions quant à l'organisation des faits empiriques au sein de l'espace physique dans lequel se déroule la

1. Comme le note encore A. Richardson : « La critique de Quine se fonde entièrement sur une compréhension réductionniste de l'épistémologie de Carnap dans l'*Aufbau*. Si le but ultime du projet de Carnap n'est *pas* d'établir des définitions explicites à partir de sensations – si le but est plutôt un compte-rendu structuraliste de l'objectivité –, alors le lien immédiat entre le projet et la méthode de définition explicite, au sens des définitions du domaine auto-psychique, est rompu. Il peut y avoir d'autres moyens d'atteindre ce but que par des définitions explicites », *Carnap's Construction of the World*, *op. cit.*, p. 73.

perception visuelle. En raison de leur compréhension plus aisée, ce sont ces dernières que je cite ici :

> 1) Le point, centre de ma tête, à partir duquel le monde paraît vu, a pour ligne de monde dans le monde spatio-temporel une courbe continue. (La constitution n'a pas à tenir compte de la vision binoculaire puisque la détermination de la profondeur a ailleurs des fondements suffisants et plus précis.)
> 2) On peut habituellement admettre que le milieu intermédiaire entre les yeux et les choses vues est homogène. Ceci étant supposé, les rayons de lumière agissant sur l'œil forment des droites qui délimitent l'angle arc tg c (c désigne la vitesse de la lumière) avec la direction du temps de sens négatif.
> 3) La vitesse de la lumière c est constante et très grande. Les lignes lumineuses sont donc approximativement les droites d'un espace instantané.
> 4) Chaque perception visuelle repose sur un acte de vue depuis l'un des points de vue.
> 5.a) Les points du monde extérieur dont les lignes de vue ne forment à partir des yeux qu'un petit angle se projettent toujours et uniquement en des positions voisines du champ visuel.
> b) À une paire donnée de positions du champ visuel appartient constamment le même angle de vue.
> 6) On peut inférer d'une sensation visuelle qu'un point du monde extérieur situé sur la ligne de vue correspondante possède la couleur de la sensation visuelle.
> 7) De nombreux points du monde extérieur ont à un moment quelconque une couleur, sans être vus à ce moment. Ces points visibles mais non vus (par moi) sont le plus souvent des points des surfaces des corps.
> 8) Un point coloré visible du monde extérieur que je ne vois pas à un certain moment, ne peut pas se trouver à ce moment devant un point que je vois.
> 9) On peut présumer d'un point du monde extérieur vu une fois, pour autant que rien ne s'y oppose, qu'il est aussi là avant et après. Ses lieux forment une ligne de monde continue.
> 10) De même, si rien ne s'y oppose, on suppose que ce point du monde extérieur avait aussi aux autres moments la couleur vue sur lui par moments ou une couleur très proche.
> …
> 11) Les conclusions tirées de ce qui est observé quant à ce qui ne l'est pas sont tout d'abord en nombre limité, puis enrichies ultérieurement, par exemple par reconnaissance d'une chose vue par moments, par inférence à partir d'une loi de la nature, ou à l'aide d'une observation étrangère [1].

1. R. Carnap, *La Construction logique du monde*, *op. cit.*, § 127, p. 217-218.

Comme le note Edmund Runggaldier, ces conditions présupposent l'existence d'un monde physique – même lorsqu'elles sont formulées dans le langage neutre de la constitution – et ne peuvent être traduites en des conditions purement phénoménales : les différents faits décrits correspondent aux circonstances *physiques* normales de la perception des couleurs [1]. Or, la formulation de ces conditions est censée constituer un préalable à l'établissement de définitions constitutives permettant de traduire les concepts de couleurs attribués aux points spatio-temporels en termes fondamentaux. Cet objectif ne peut donc pas être rempli, puisque les conditions supposent que l'on dispose déjà des concepts d'objets physiques. En outre, Carnap se contente de formuler ces conditions sans donner de définition à proprement parler. Plus précisément, il laisse indéfinie l'expression « est à » dans l'énoncé « la qualité rouge est au point x, y, z, t » [2]. Pourtant, comme il le note lui-même :

> Constituer un nouvel objet signifie, conformément à notre définition du concept de constitution, que l'on indique comment les propositions portant sur lui peuvent être transformées en propositions portant sur les objets fondamentaux du système ou sur ceux qui sont déjà constitués. On doit par conséquent indiquer une règle qui permette d'éliminer le nom du nouvel objet de toutes les phrases dans lesquelles il peut se présenter; en d'autres termes, une définition du nom de l'objet [3].

Du point de vue de la constitution, deux voies pourraient être envisagées : 1) soit on indique une conjonction de symboles déjà définis qui serait équivalente à un symbole de la qualité sensible d'un point spatio-temporel; on aurait alors une définition explicite. 2) Soit on formule une règle de traduction pour traduire toute proposition dans laquelle figure le symbole de la qualité d'un objet physique en une proposition équivalente dans laquelle ne figurent que des symboles auparavant constitués, ceux de la base auto-psychique; dans ce cas, on disposerait d'une définition d'usage.

Considérons le premier point. La conjonction de l'ensemble tout entier des symboles de sensations de couleur que peut provoquer la vision de l'objet physique pourrait être considérée comme équivalente au symbole de couleur de l'objet en question et on aurait alors une définition explicite pour ce dernier. Mais la classe de ces sensations possibles est infinie : il

1. E. Runggaldier, *Carnap's Early Conventionalism. An Inquiry into the Historical Background of the Vienna Circle*, Amsterdam, Rodopi, 1984, chap. XV.

2. C'est là le point crucial relevé par Quine dans « Les deux dogmes de l'empirisme », art. cit., p. 74.

3. R. Carnap, *La Construction logique du monde*, *op. cit.*, § 38, p. 106.

existe une infinité de points de vue possibles à partir desquels on peut percevoir la couleur d'un objet. Carnap admet cela lorsqu'il affirme que les points de vue « forment une courbe continue telle que chacune des n–1 coordonnées spatiales soit une fonction continue monovalente de la coordonnée temporelle » (§ 126). Il nous est donc par principe impossible d'établir une définition explicite.

Une définition d'usage devrait permettre quant à elle de remplacer un concept de qualité sensible dans chacune de ses occurrences par un ensemble de concepts portant uniquement sur des expériences vécues. Outre le fait que la classe des concepts d'expérience vécue est, comme on l'a vu, infinie, les conditions auxquelles un tel remplacement serait possible prévoient que dans certaines circonstances, le remplacement puisse s'avérer inadéquat. Par exemple, par temps de grande chaleur, nous croyons voir une flaque d'eau un peu plus loin sur la route mais constatons en nous approchant qu'il n'y a là que du bitume surchauffé. Pour rendre compte de cas de ce genre, les circonstances énoncées par Carnap prévoient la possibilité de réviser l'attribution de qualités sensibles à des points spatio-temporels. Cela est explicitement formulé dans la condition 12 : « L'attribution sera encore complétée ou corrigée; *cf.* § 135 (à partir de choses observées partiellement ou de processus par analogie); § 144 (utilisation des observations d'autrui) »[1]. Autrement dit, les conditions de l'attribution prévoient qu'il n'est pas possible de considérer que tout énoncé dans lequel figurent des termes d'expériences vécues équivaut à un énoncé dans lequel ne figurent que des termes de qualités sensibles de points spatio-temporels, et *vice-versa*. La raison tient à un trait essentiel de notre expérience : nous pouvons être sujets à des illusions perceptives, à des hallucinations, ou encore avoir des perceptions altérées ou déformées en raison de désordres physiologiques (§ 126). Certains faits empiriques viennent ainsi contraindre les possibilités formelles de la constitution.

Afin d'attribuer une couleur à un point spatio-temporel, il est alors nécessaire de recourir à un processus d'analogie pour « compléter », de façon provisoire, la classe finie de sensations dont on dispose à un moment donné, en postulant que les sensations dont on ne dispose pas seront semblables à celles dont on dispose actuellement. Au paragraphe 135, Carnap décrit en détail la manière dont ce processus est effectué selon les deux dimensions du temps et de l'espace – mais pas seulement : « d'autres compléments résultent ensuite de la coopération des différents sens ».

1. R. Carnap, *La Construction logique du monde*, *op. cit.*, § 127.

Retenons que ces possibilités multiples de complémentation indiquent qu'il n'est pas possible de disposer d'une définition qui permettrait de constituer les concepts de qualités sensibles à partir des seuls concepts observationnels et au moyen de règles logiques. Il s'agit d'une impossibilité de principe puisqu'on doit faire appel, lors du processus de constitution, à certains principes qui ne sont pas exclusivement logiques, mais concernent les circonstances normales de la perception. Les processus de complémentation auxquels on doit nécessairement faire appel ne permettent donc pas de disposer d'une traduction extensionnellement adéquate, et ce en raison des propriétés structurelles de notre expérience.

Récemment, Hannes Leitgeb a proposé une version révisée du système à base auto-psychique de l'*Aufbau*[1]. Il vise à montrer que toute phrase scientifique peut être traduite en une phrase empiriquement équivalente ne contenant que des signes logico-mathématiques et des termes faisant référence à l'expérience d'un individu. Leitgeb reconnaît toutefois que ce type de traduction permet seulement de préserver le contenu empirique, et non la valeur de vérité, des phrases de départ. Par conséquent, quand bien même elle peut être menée à bien, elle ne permet pas non plus de défendre un vérificationnisme réductionniste. L'impossibilité de traduire un énoncé scientifique en un énoncé matériellement équivalent dont les termes descriptifs seraient tous observationnels est donc bien une impossibilité de principe. Pour conclure notre examen sur ce point, mentionnons un autre moment clairement anti-réductionniste du système de constitution : au paragraphe 136, Carnap reconnaît explicitement que la définition des grandeurs d'état qui figurent dans les lois de la physique fait intervenir de manière essentielle des conventions, ce qui empêche de considérer que ces grandeurs sont univoquement déterminées à partir des concepts des niveaux antérieurs. Pour toutes ces raisons, aucune méthode de traduction ne saurait fonder un vérificationnisme réductionniste.

La méthode des tables de vérité a-t-elle plus de succès ? Dispose-t-on là d'une méthode opératoire pour réduire la vérification d'un énoncé cognitif à celle de ses composants élémentaires ? Cela impliquerait qu'il soit possible d'indiquer, pour tout énoncé, les énoncés élémentaires qui le composent, et que l'on ait au préalable établi que tout énoncé peut être entièrement analysé en composants élémentaires. Dans le cas des énoncés universels dont le domaine d'objet est infini, un tel réquisit est manifestement problématique, comme nous l'avons déjà souligné : il nous est

1. *Cf.* H. Leitgeb, « New Life for Carnap's Aufbau ? », *Synthese*, 2009.

impossible, étant donné nos capacités finies, d'énumérer l'ensemble des éléments de la conjonction infinie en laquelle un énoncé de ce type devrait pouvoir être analysé. Glock note que Wittgenstein était bien conscient de cette limite : « il se rend parfaitement compte que la méthode est restreinte aux "cas où il n'y a pas d'occurrence de signes de généralité" puisqu'elle ne peut être appliquée à des sommes ou à des produits logiques infinis » [1]. Mais l'impossibilité d'une analyse réductionniste ne vaut pas uniquement pour les énoncés universels : il est également impossible d'analyser un énoncé singulier en une série finie d'énoncés d'observation, pour les raisons que nous venons de discuter en ce qui concerne le système de constitution de l'*Aufbau*. Par conséquent, la vérification d'aucun énoncé cognitif, qu'il soit universel ou singulier, ne saurait être tenue pour équivalente à la vérification d'une classe d'énoncés d'observation – précisément car il n'existe pas de telle classe d'équivalence. Pour le dire encore autrement, la justification d'un énoncé à visée cognitive ne saurait être fournie par ses seules preuves empiriques.

Différentes stratégies ont été envisagées dans les années 1930 pour rendre compte des énoncés scientifiques tout en faisant face à l'impossibilité manifeste d'une conception réductionniste de la vérification : Popper a formulé un critère de falsifiabilité selon lequel un énoncé scientifique devait pouvoir être définitivement falsifié sur la base de l'expérience; Wittgenstein a quant à lui affirmé que les lois et les hypothèses scientifiques fonctionnaient comme des règles pour la formation d'énoncés, et non comme des énoncés ayant une visée descriptive – et qu'à ce titre, la question de leur vérification ne se posait pas [2]. Mais le problème de chacune de ces stratégies est qu'elle conduit à exclure les énoncés scientifiques du domaine des énoncés justifiables sur la base de l'expérience. Un énoncé falsifiable n'est en effet pas plus justifié ni justifiable qu'une règle ne saurait l'être.

1. H.J. Glock, *Dictionnaire Wittgenstein* (1996), trad. fr. H. Roudier de Lara et Ph. de Lara, Paris, Gallimard, 2003, p. 532. Glock renvoie au *Tractatus*, 6.1203, et à la lettre de Wittgenstein à Russell datant du 11/12/1913.

2. Voir par exemple K. Popper : « Problèmes fondamentaux de la logique de la connaissance » (1934), trad. fr. Ch. Bonnet, dans S. Laugier et P. Wagner (éds.), *Philosophie des sciences*, *op. cit.*, vol. 1, p. 237-266; B. McGuiness (éd.), *Wittgenstein et le Cercle de Vienne : d'après les notes de Friedrich Waismann*, *op. cit.*, p. 100; J.-J. Rosat, « Schlick, Waismann, Wittgenstein et la grammaire des lois de la nature », *Les Études philosophiques*, 3, 2001, p. 317-333, ainsi que, du même auteur, « Le langage, la science et l'hypothèse. La philosophie de Wittgenstein à l'époque du Cercle de Vienne », *Europe*, 906, 2004, p. 51-62.

Or l'impossibilité de *réduire* la justification des énoncés cognitifs à une justification purement observationnelle ne devrait pas nous conduire à exclure ces derniers du domaine du justifiable, pas plus qu'elle ne devrait conduire à rejeter toute notion de justification empirique. Au contraire, cela doit nous inciter à élargir les limites de ce qui peut être tenu pour justifié au-delà de la seule justification empirique. Alors que les stratégies qui visent à « sauver » les énoncés cognitifs, une fois reconnue l'impossibilité de réduire leur vérification à la vérification d'énoncés d'observation, continuent de faire fond sur des préjugés fondationnalistes – pourquoi tenterait-on sinon de *sauver* les énoncés dont la justification n'est pas strictement observationnelle ? –, une autre voie plus prometteuse consiste à reconnaître le rôle important joué par l'expérience dans les procédures de vérification et de justification des énoncés cognitifs, sans en faire pour autant un juge unique ni souverain. La contrainte exercée par l'expérience est certes essentielle, dans la mesure où, comme on le verra dans la section 5.4, elle est garante de l'objectivité de l'information transmise, ce n'est cependant pas le seul élément de la justification de nos énoncés cognitifs. Le problème consiste alors à déterminer les modalités complexes de la justification des énoncés cognitifs, qui font certes intervenir l'expérience, sans pour autant s'y réduire.

2. L'ÉCUEIL DU HOLISME RADICAL

Selon une conception réductionniste, un énoncé à visée cognitive pourrait être vérifié de manière autonome, sans qu'il soit besoin d'avoir recours à d'autres énoncés cognitifs – seuls importent les énoncés d'observation auxquels il est prétendument réductible. Une fois écartée comme inadéquate une telle conception, on est conduit à admettre que ce sont des ensembles d'énoncés qui sont vérifiés. Autrement dit, un énoncé à visée cognitive ne peut être justifié indépendamment du système inférentiel dans lequel il figure. Considérons l'affirmation suivante : « Obama est le premier président métis des États-Unis ». Justifier cet énoncé implique que soient justifiées les affirmations a) « Obama est président des États-Unis », b) « Obama est métis » et c) « aucun des présidents des États-Unis n'a été métis avant Obama » ou bien, en fonction du degré de précision requis : c') « aucun des présidents des États-Unis n'a été métis avant le 20 janvier 2009 » et d') « Obama a été investi président des États-Unis le 20 janvier 2009 », etc. Établir le caractère justifié ou non de chacune de ces affirmations implique que l'on dispose en outre de certains critères d'application des termes descriptifs qui y figurent, sur la base desquels on puisse déterminer les conditions de leur justification. En fonction de la compréhension que l'on a d'« être métis », c'est-à-dire en fonction des critères d'application retenus pour cette expression, on tiendra (b) pour justifié ou non : selon que l'on considère que cette propriété est déterminée par la couleur de peau de l'individu concerné, par l'origine ethnique de ses parents, etc. On aura des conditions de justification à chaque fois différentes en fonction des critères retenus. Mais dans tous les cas, le caractère justifié ou non de l'énoncé considéré ne peut être établi indépendamment du réseau inférentiel dans lequel il figure.

Prenons un autre exemple. Soit l'énoncé : « la résultante des forces qui agit sur ce corps est de 3 newtons ». Pour en établir le caractère justifié, on fera appel par exemple à la seconde loi de la mécanique newtonienne, selon laquelle la résultante des forces qui agit sur un corps est le produit de sa masse par son accélération. On devra alors établir que toutes les forces pertinentes ont bien été prises en considération, puis déterminer la masse du corps considéré, ainsi que son accélération, en prenant soin de s'assurer que les énoncés qui établissent chacune de ces quantités sont eux-mêmes justifiés. Pour cela, on devra montrer que les mesures ont été effectuées de manière adéquate, etc. On pourra ensuite effectuer le produit de ces deux quantités, et confronter le résultat obtenu avec l'énoncé de départ. La possibilité de vérifier l'énoncé de départ tient par conséquent à la possibilité d'obtenir un tel résultat, ce qui implique, comme on vient de le voir, de faire appel à d'autres connaissances. Là encore, les conditions de la justification de l'énoncé ne peuvent être établies de manière isolée.

Contrairement à ce que laisse penser l'assimilation du vérificationnisme réductionniste au cercle de Vienne, le caractère holiste de la vérification a été souligné par Schlick dès 1918, dans son premier grand ouvrage, *La Théorie générale de la connaissance* :

> Supposons que l'on doive vérifier une affirmation sur la réalité J. On peut alors déduire de J un nouveau jugement J_1 en introduisant un autre jugement J', qui est choisi de telle manière que J et J' servent tous deux de prémisses dont la conclusion est justement J_1. [...] De J_1 on peut déduire un autre jugement J_2 à l'aide d'un jugement J'' nouvellement introduit [...] de J_2 et d'un nouveau jugement J''' on obtient J_3, et on continue ainsi jusqu'à ce que l'on parvienne finalement à un jugement J_n qui a à peu près cette forme : « à tel et tel instant, en tel et tel lieu, on observera dans telles et telles circonstances ceci et cela » [1].

1. M. Schlick, *Théorie générale de la connaissance* (1918/1925), trad. fr. Ch. Bonnet, Paris, Gallimard, 2009.

Schlick décrit ici la vérification comme une procédure qui s'effectue en deux temps : il s'agit en premier lieu de déduire des énoncés d'observation à partir de l'énoncé à vérifier, et en second lieu de confronter les énoncés d'observation auxquels on est ainsi parvenu avec les énoncés obtenus lors d'une observation effective. Il nous importe de souligner ici que le premier temps de la vérification est clairement holiste : d'un énoncé isolé, il n'est pas possible de déduire des énoncés d'observation, il faut au contraire recourir à d'autres énoncés qui figurent comme prémisses auxiliaires dans la déduction.

Au début des années 1930, Carnap caractérise de même la vérification comme une procédure s'effectuant en deux temps : « le test (la vérification) de propositions du système par un sujet a lieu du fait que des propositions de la langue protocolaire [du sujet] *S* sont déduites de ces propositions, et sont comparées aux propositions du protocole de *S* »[1]. Il souligne également le caractère holiste de l'étape déductive : « à partir d'ensembles suffisamment vastes de propositions singulières, on peut déduire des propositions protocolaires selon les règles de déduction de la langue du système et en appliquant les lois de la nature »[2]. La possibilité de la vérification d'un énoncé à visée cognitive est donc établie en tant que ce dernier appartient à un système inférentiel : on retrouve là l'idée selon laquelle la connaissance consiste en un *système* logiquement structuré.

Dans son fameux article paru en 1953, « Les deux dogmes de l'empirisme », Quine présente le holisme épistémologique comme une conséquence naturelle de sa critique du vérificationnisme réductionniste et atomiste :

> Le dogme du réductionnisme survit dans la supposition que chaque énoncé, isolé de ses compagnons, peut être confirmé ou infirmé. Ma contre-suggestion, tirée essentiellement de la doctrine carnapienne du monde physique dans l'*Aufbau*, est que nos énoncés sur le monde extérieur affrontent le tribunal de l'expérience sensible, non pas individuellement, mais seulement collectivement[3].

1. R. Carnap, « Psychologie in physikalischer Sprache », *Erkenntnis*, 3, 1932, p. 108.

2. R. Carnap, « La langue de la physique comme langue universelle de la science » (1932), trad. fr. D. Chapuis-Schmitz, dans Ch. Bonnet et P. Wagner (éds.), *L'Âge d'or de l'empirisme logique*, *op. cit.*, p. 330-331.

3. W.v.O. Quine : « Les deux dogmes de l'empirisme », art. cit., p. 75. Précisons que Quine tire l'idée du holisme épistémologique « de la doctrine carnapienne du monde physique dans l'*Aufbau* » non pas au sens où cette idée aurait été directement inspirée par l'*Aufbau*, mais au sens où elle découle de *l'échec* de la constitution du monde physique.

De là, Quine conclut de manière positive que ce sont des pans entiers de notre connaissance qui sont confrontés à l'expérience. On pourrait être tenté d'objecter qu'un énoncé tel que « il y a des maisons de brique dans la rue des Ormes » semble être dans un rapport plus immédiat à des énoncés d'observation que la deuxième loi de Newton, ou même qu'un énoncé tel que « l'eau est composée de molécules H_2O ». Il est en outre possible de vérifier certains sous-ensembles d'énoncés sans recourir à *tous* les autres énoncés cognitifs. Mais Quine précise en réponse à cela, dans la préface à *Du point de vue logique* ajoutée en 1980, que l'unité de vérification n'est pas nécessairement notre savoir tout entier :

> Le seul type de holisme dont nous ayons besoin, pour les fins qu'il sert dans cet essai [*i.e.* les « Deux dogmes de l'empirisme »] tient dans l'idée que le contenu empirique est partagé par un agglomérat d'énoncés scientifiques, et qu'il ne peut, pour sa majeure partie, être distribué entre ces énoncés. En pratique, l'agglomérat pertinent n'est jamais le tout de la science ; il y a là une affaire de degré [1].

Le point essentiel que Quine vise à établir est que la vérification concerne non pas un énoncé isolé mais des ensembles plus ou moins grands d'énoncés – autrement dit, peu importe l'extension de l'ensemble, tant qu'il s'agit d'ensemble. Ce qui est en jeu, c'est de savoir s'il est possible d'indiquer comment un énoncé *particulier* peut être vérifié en tant que tel. Or, à cette question, le holisme nous enjoint de répondre par la négative selon Quine : une telle indication ne peut être donnée, précisément, que pour des *ensembles* d'énoncés. Une telle position constitue le cœur de ce que l'on appelle la thèse de Duhem-Quine. On trouve en effet une idée similaire sous la plume de Duhem lorsqu'il décrit, dans *La Théorie physique*, la procédure qui permet de réfuter une hypothèse scientifique – ce qui équivaut à vérifier sa négation :

> Un physicien se propose de démontrer l'inexactitude d'une proposition ; pour déduire de cette proposition la prévision d'un phénomène, pour instituer l'expérience qui doit montrer si ce phénomène se produit ou ne se produit pas, pour interpréter les résultats de cette expérience et constater que le phénomène prévu ne s'est pas produit, il ne se borne pas à faire usage de la proposition en litige ; il emploie tout un ensemble de théories, admises par lui sans conteste ; *la prévision du phénomène dont la non-production doit trancher le débat ne découle pas de la proposition litigieuse prise*

1. W.v.O. Quine, *Du point de vue logique*, *op. cit.*, p. 16.

isolément, mais de la proposition litigieuse jointe à tout cet ensemble de théories[1].

Comme en témoigne cette citation, le holisme de Duhem a des ramifications importantes. Le caractère holiste du test ne se manifeste pas seulement lors de la première étape qui consiste à déduire des prédictions observationnelles à partir d'un énoncé scientifique, mais il concerne également les étapes ultérieures de l'expérimentation et de l'interprétation des résultats de l'expérience de physique : il faut recourir à des théories à la fois pour mettre en place l'expérience qui permet de tester des prédictions et pour interpréter les observations sur la base desquelles le test à proprement parler est réalisé. Cela signifie que la justification des résultats de l'expérience de physique n'est pas dissociable des théories qui doivent être admises pour les obtenir[2] : il n'y a pas de justification purement empirique. Sur ce dernier point, la position de Quine se démarque de celle de Duhem : le premier admet en effet que certains énoncés, précisément les énoncés d'observation, sont libres de théorie au sens où l'assentiment qu'on leur donne est dans un lien causal direct avec l'observation qui suscite leur formulation.

> Par exemple imaginons une phrase sur laquelle on nous demande de nous prononcer : vraie ou fausse, assentiment ou dissentiment. Alors cette phrase est une phrase d'observation si notre verdict ne dépend que de la stimulation sensorielle contemporaine du moment où la phrase nous est proposée[3].

La place spécifique des phrases d'observation à la périphérie du système d'énoncés qui constitue notre connaissance leur confère, selon Quine, un statut épistémologique privilégié : elles sont « les dépositaires de la preuve » pour le reste des hypothèses scientifiques. Le holisme épistémologique de Quine se distingue ainsi de manière importante du holisme duhémien : il concerne exclusivement les théories et ne s'applique ni à l'observation, ni à ses résultats. C'est dans cette reconnaissance d'un niveau de l'observation soustrait au holisme que réside finalement l'empirisme de Quine. Nous nous interrogerons en temps voulu sur la question du statut de l'observation[4]; contentons-nous de souligner en ce point que la

1. P. Duhem, *La Théorie physique, son objet, sa structure* (1906), Paris, Vrin, 1981, p. 280-281, je souligne.

2. Pour plus de détails, voir *ibid.*, deuxième partie, chap. 4.

3. W.v.O. Quine, « L'épistémologie naturalisée », art. cit., p. 54.

4. *Cf.* chap. 6 ci-dessous.

thèse du holisme épistémologique, ou thèse de Duhem-Quine, doit être maniée avec des pincettes : son extension n'est pas clairement délimitée et, comme le soulignent Fodor et Lepore, elle recouvre « en réalité une galaxie de doctrines non-équivalentes (mais étroitement reliées) »[1].

Le holisme épistémologique de Quine a une conséquence décisive pour ce qui nous concerne ici : il lui permet de conclure à un holisme sémantique, mettant finalement en péril l'idée de signification cognitive.

> Le Cercle de Vienne s'était rallié à une théorie vérificationniste de la signification, sans cependant la prendre assez au sérieux. Si, avec Peirce, nous reconnaissons que la signification d'une phrase dépend simplement de ce qui serait susceptible de compter comme une preuve de sa vérité, et si nous admettons avec Duhem que les phrases théoriques ont des preuves uniquement en qualité de fragments de théorie suffisamment grands, et non point en tant que phrases isolées, alors l'indétermination de la traduction des phrases théoriques est la conclusion naturelle. Or la plupart des phrases, celles d'observation à part, sont théoriques. Réciproquement, cette conclusion une fois attrapée scelle le destin de toute notion générale de signification propositionnelle[2].

La thèse de l'indétermination de la traduction a suscité maints commentaires[3] et, sans entrer dans les méandres de cette discussion, je me contenterai de souligner qu'elle revient à maintenir l'impossibilité d'assigner une signification déterminée à une phrase isolée d'un langage. Elle va donc de pair avec le rejet de l'idée de signification propositionnelle. Pour le problème qui nous occupe ici, je propose de reconstruire comme suit le schéma argumentatif qui conduit Quine à un holisme sémantique radical :

1) holisme de la vérification
(*i.e.* seul un ensemble d'énoncés peut être vérifié) ;
2) conception vérificationniste de la signification
(*i.e.* la signification d'un énoncé est déterminée par sa méthode de vérification) ;
d'où il s'ensuit 3) holisme sémantique
(*i.e.* seul un ensemble d'énoncés a une signification).

Il est crucial de souligner que c'est parce qu'il situe sa position dans le cadre d'une conception vérificationniste que Quine peut conclure du

1. J. Fodor and E. Lepore, *Holism. A Shoper's Guide*, Oxford, Blackwell, 1992, p. 39.

2. W.v.O. Quine, « L'épistémologie naturalisée », art. cit., p. 49.

3. Voir par exemple S. Laugier, *L'Anthropologie logique de Quine. L'apprentissage de l'obvie*, Paris, Vrin, 1992 ; et M. Montnimy, *Les Fondements empiriques de la signification*, Montréal-Paris, Bellarmin-Vrin, 1998.

holisme de la vérification au holisme sémantique. Dans la citation qui précède, il reproche aux empiristes viennois de ne pas avoir pris le vérificationnisme assez au sérieux et pour sa part, il se donne pour tâche d'y adhérer en en tirant les conséquences ultimes. Comme le notent Fodor et Lepore, rien n'exclut d'être à la fois vérificationniste et partisan du holisme épistémologique.

> Non seulement Quine *est* vérificationniste ; mais il pense qu'il n'y a aucune autre option.
> Nous insistons sur ce point parce que de nombreux philosophes ont apparemment lu les « Deux dogmes » comme un *rejet* du vérificationnisme. C'est parce qu'ils ont manqué de remarquer une distinction qu'il est central de garder à l'esprit. Comme nous l'avons vu, ce qui est rejeté dans les « Deux dogmes », ce n'est pas le *vérificationnisme*, mais ce que Quine appelle le « réductionnisme » : à savoir, la théorie selon laquelle il y a, pour chaque énoncé, une série correspondante de conditions de confirmation déterminable *a priori*. Le réductionnisme est localiste de manière inhérente en ce qui concerne la confirmation ; alors que le vérificationnisme, en tant que tel, est neutre quant à la question de savoir si la confirmation est holiste. Le premier est explicitement attaqué dans les « Deux dogmes », mais il y a toutes les raisons de supposer que rejeter le vérificationnisme est une option que Quine n'aurait jamais envisagée [1].

L'idée communément répandue selon laquelle Quine aurait rejeté le vérificationnisme dans « Les deux dogmes » [2] a pour origine l'assimilation de cette position à l'une de ses versions, celle du vérificationnisme réductionniste. Cela nous donne l'occasion de souligner que le vérificationnisme n'est qu'une étiquette générale, qui peut être appliquée à différentes conceptions représentant autant de versions possibles de l'idée selon laquelle la signification d'un énoncé est déterminée par sa méthode de vérification.

Notons également que l'un des principaux représentants de l'empirisme logique sur le sol américain, Carl Hempel, a également adopté une conception holiste à la fois en ce qui concerne la vérification et en ce qui concerne la signification. Dans un article consacré à la clarification des différentes versions possibles du holisme, Peter Pagin affirme ainsi que « les idées du holisme sémantique ont été introduites en philosophie analytique par les travaux de Carl Gustav Hempel (1950) et Willard Van

1. J. Fodor and E. Lepore, *Holism. A Shoper's Guide*, *op. cit.*, p. 217, note 7.

2. Voir par exemple D. Prawitz, « Quine and Verificationism », *Inquiry*, 37, 1995, p. 487-494.

Quine (1951), tous deux intéressés par le sens des phrases théoriques dans la formulation d'une théorie scientifique». Mais, ajoute-t-il, «les idées de Hempel, bien qu'elles aient clairement anticipé des idées holistes ultérieures, n'ont pas exercé une grande influence, contrairement à celles de Quine»[1]. Dans l'article intitulé «Les critères empiristes de la signification», dont la première version précède «Les deux dogmes de l'empirisme» de Quine, puisqu'elle remonte à 1950, Hempel adopte explicitement une conception holiste de la vérification – après avoir montré lui aussi l'inadéquation d'une conception réductionniste.

> Dans le langage de la science et, pour des raisons similaires, dans le discours préscientifique, un énoncé n'a en général par lui-même aucune implication expérimentale. En règle générale, dans une théorie scientifique, un énoncé seul n'implique aucun énoncé observationnel. On ne peut en dériver des conséquences affirmant l'apparition de certains phénomènes observables qu'en y joignant un ensemble d'autres hypothèses subsidiaires[2].

À partir de là, Hempel défend également une forme de holisme sémantique proche de celle adoptée par Quine: «Si l'on peut par conséquent attribuer une signification cognitive à quoi que ce soit, ce sera aux systèmes théoriques entiers formulés dans un langage doté d'une structure bien déterminée»[3]. Mais il va plus loin et finit par conclure que la propriété d'avoir une signification, pour une théorie, n'est qu'une question de degré, et que la question de savoir si un système théorique donné a une signification ou non peut finalement paraître arbitraire et devrait être remplacée par une comparaison des théories entre elles du point de vue de leurs caractéristiques respectives, telles que la clarté et la précision, le degré de systématicité, la simplicité formelle ou encore le degré de confirmation[4]. Le holisme sémantique de Hempel est en ce sens plus radical que celui de Quine puisqu'il finit par retirer toute pertinence à la notion de signification.

On pourrait trouver surprenant qu'un représentant de l'empirisme logique soit parvenu à des résultats si proches des fameuses conclusions des «deux dogmes». Ce serait cependant négliger le fait que la critique quinienne des principales thèses de l'empirisme logique est avant tout

1. P. Pagin, «Meaning and Holism», dans E. Lepore and B. Smith (eds.), *The Oxford Handbook of Philosophy of Language*, Oxford, Oxford UP, 2006, p. 214.

2. C. Hempel, «Les critères empiristes de la signification cognitive: problèmes et changements», dans P. Jacob (éd.), *De Vienne à Cambridge*, Paris, Gallimard, 1980, p. 78-79.

3. *Ibid.*, p. 80.

4. Cf. *ibid.*, p. 85.

interne, comme Sandra Laugier l'a mis en lumière en ce qui concerne un autre point crucial : la définition de l'analyticité. La critique quinienne de l'analyticité procède en effet d'un souci de tirer les conséquences ultimes de l'idée d'énoncés vrais « par convention », dans un cadre qui se veut et reste résolument empiriste[1]. De façon similaire, il ne s'agit pas tant pour Quine de rejeter le vérificationnisme, que de pousser un certain modèle vérificationniste jusqu'à ses dernières conséquences, même si cela doit aller jusqu'à précipiter sa chute. Il n'est donc pas étonnant que Hempel soit également parvenu, avant Quine, à l'idée d'un holisme radical, à la fois sur le plan épistémologique et sur le plan sémantique, en se situant, comme Quine au départ, à l'intérieur du programme de l'empirisme logique.

Il est légitime de considérer qu'avec « Les deux dogmes de l'empirisme », Quine a posé la première pierre d'un rejet généralisé du vérificationnisme comme conception satisfaisante de la signification. La conclusion à laquelle il est conduit semble en effet difficilement acceptable pour un philosophe qui se donne pour tâche de rendre compte de la signification des énoncés d'un langage. Intuitivement, on a envie de dire qu'il est possible de déterminer la signification d'un énoncé particulier et il semble difficile d'admettre que la notion de signification doive se dissoudre dans la totalité d'un système linguistique. Si l'on considère donc, contre le holisme sémantique radical, que la possibilité de spécifier la signification d'un énoncé particulier doit être préservée conformément à nos intuitions et à nos pratiques linguistiques, une stratégie qui semble à première vue satisfaisante consiste à abandonner la prémisse (2), autrement dit, à abandonner la conception vérificationniste du sens. La prémisse (1) – le holisme épistémologique – semble quant à elle difficilement pouvoir être rejetée; c'est un point sur lequel la critique quinienne du réductionnisme est concluante. Or, si c'est bien le cas et si la seule forme de vérificationnisme qui puisse être adoptée conduit inéluctablement à un holisme sémantique selon lequel « l'unité de signification empirique est la science prise comme un tout », il semblera naturel d'abandonner le principe même du vérificationnisme. En ce sens, la critique de Quine marque le début d'une agonie rapide de ce type de position.

Si c'était la seule issue envisageable, ce serait une situation fâcheuse pour la conception de la signification qui fait l'objet de notre examen. L'idée de signification cognitive se verrait dénuée de toute pertinence philosophique puisqu'elle ne permettrait plus de remplir l'objectif que

1. Voir S. Laugier, « De Quine à Carnap : l'empirisme logique aujourd'hui », *Revue internationale de philosophie*, vol. 51, n° 202, 1997, p. 541-555.

nous nous sommes fixé : clarifier la manière dont certains de nos énoncés font sens de façon spécifique, en tant qu'ils remplissent une fonction informative. Rappelons toutefois que Schlick et Carnap ont eux-mêmes adopté une forme de holisme de la vérification, comme nous l'avons indiqué au début de cette section, ainsi qu'une position vérificationniste, sans avoir pour autant rejeté la pertinence de l'idée de signification cognitive d'un énoncé particulier. Une troisième voie doit donc être possible, qui se situe entre un vérificationnisme réductionniste et un vérificationniste holiste à la Quine.

3. Holisme modéré *vs* holisme radical

Afin de préciser la troisième voie du vérificationnisme, je prendrai pour point de départ cette citation de Dummett :

> Quine affirme que nous devons […] considérer non pas la proposition, mais la « théorie tout entière » comme véhicule premier du sens […] *cela ne peut nous interdire d'attribuer un sens à une proposition particulière, mais cela nous contraint seulement à reconnaître que saisir le sens d'une proposition impliquera en général de comprendre ses relations à d'autres propositions, c'est-à-dire ses rapports inférentiels*[1].

Dummett accorde à Quine qu'un énoncé n'a de sens qu'en tant qu'il appartient à un ensemble structuré d'autres énoncés avec lesquels il entretient certains rapports inférentiels. Mais contrairement à Quine, il n'admet pas qu'il est impossible de déterminer le sens d'un énoncé particulier d'un tel ensemble. Nous distinguerons alors deux questions :

a) l'énoncé *p* a-t-il une signification ?
b) que signifie l'énoncé *p* ?

Quine et Dummett s'accordent pour affirmer que l'on ne peut répondre à la première question que si l'on peut également y répondre pour les autres énoncés qui figurent dans le système inférentiel auquel *p* appartient. Dans cette mesure, ils admettent tous deux une forme de holisme sémantique. En revanche, alors que la seconde question n'a pas de sens pour Quine – puisqu'on ne peut attribuer une signification qu'à l'ensemble d'énoncés auquel appartient *p* et non à *p* lui-même –, Dummett affirme qu'il est tout à

1. M. Dummett, « The Significance of Quine's Indeterminacy Thesis », dans M. Dummett, *Truth and Other Enigmas*, Cambridge (Mass.), Harvard UP, 1978, p. 382.

fait possible d'y répondre, autrement dit, il est possible de déterminer le sens d'un énoncé donné. Sous-jacentes à ces deux approches, on trouve deux conceptions du holisme[1]. Selon la première, le holisme est défini « à partir du tout ». La propriété d'être vérifiable, comme celle d'avoir une signification, est ainsi définie par Quine pour le tout que constitue un ensemble d'énoncés. La seconde conception implique de définir le holisme en termes des relations qui valent entre les éléments d'un tout. La propriété d'être vérifiable, ou bien d'avoir une signification, sera ainsi définie pour un énoncé en tant qu'il entretient certaines relations avec d'autres énoncés du système auquel il appartient. Je propose d'appeler « holisme radical » la première forme de holisme et « holisme modéré » la seconde.

L'idée commune à ces deux approches est que la propriété concernée, disons P (par exemple, dans le cadre du holisme sémantique : « avoir une signification », ou bien, dans le cadre du holisme épistémologique : « être vérifiable ») est une propriété relationnelle. En d'autres termes, P est déterminée pour les éléments d'un système en tant que ceux-ci entretiennent certaines relations entre eux. En ce sens, on a bien affaire à une propriété non atomiste, puisqu'une chose ne peut avoir la propriété P que si d'autres choses ont également cette même propriété.

Dans l'ouvrage *Holism. A Shoper's Guide* déjà mentionné plus haut, Fodor et Lepore distinguent les propriétés atomistes des propriétés anatomistes d'une part, et des propriétés holistes d'autre part. Une propriété est anatomiste « dans le cas où, si une chose a cette propriété, alors au moins une autre chose a également cette propriété »[2]. En ce sens, « être un jumeau » est une propriété anatomiste. D'un autre côté, « des propriétés holistes sont des propriétés telles que, si quelque chose a ces propriétés, alors *beaucoup* d'autres choses doivent également les avoir »[3]. Ainsi, « être un nombre naturel » est un exemple de propriété holiste. La distinction entre propriétés holistes et propriétés anatomistes repose, on le voit, sur une différence de *degré* : seule l'extension de la classe de choses qui a la propriété en question varie dans un cas et dans l'autre. Or, à la différence de cette approche, la distinction que j'établis entre deux formes de holisme repose sur une distinction entre des propriétés de *nature* différente : alors

1. Je m'inspire ici d'une distinction introduite par M. Esfeld dans « Was besagt semansticher Holismus ? Zwei Möglichkeiten der Konzeptualisierung », dans G. Bertram und J. Liptow (eds.), *Holismus in der Philosophie. Ein zentrales Motiv der Gegenwartsphilosophie*, Weilerswist, Verlbrück Wissenschaft, 2002, p. 41.

2. J. Fodor and E. Lepore, *Holism. A Shoper's Guide*, *op. cit.*, p. 1.

3. *Ibid.*, p. 2.

que P est essentiellement relationnelle dans le cadre d'un holisme radical, elle n'est pas essentiellement relationnelle dans le cadre d'un holisme modéré. Par là, il faut entendre que, dans le cadre d'un holisme radical, P ne peut pas être spécifiée pour un élément donné du système, mais seulement pour le système considéré comme un tout. Cela ne signifie pas qu'on ne puisse dire qu'un élément du système possède P, seulement, il ne la possède qu'en tant qu'il fait partie de ce système. En revanche, dans le cas d'un holisme modéré, P n'est pas essentiellement relationnelle, au sens où elle peut être spécifiée pour un élément du tout. Dire qu'un élément possède P implique que l'élément soit dans certaines relations avec d'autres éléments qui ont également cette propriété, mais cela n'exclut pas que l'on puisse en principe spécifier cette propriété pour cet élément particulier du système.

Si l'on applique cette distinction aux questions (a) et (b) indiquées plus haut, on peut reformuler les deux approches du holisme radical et du holisme modéré de la façon suivante. Alors que, dans le cadre du holisme modéré, la propriété d'avoir une signification est relationnelle, mais de façon non essentielle (*i.e.* elle est spécifiable pour un élément donné du système), elle est essentiellement relationnelle dans le cadre d'un holisme radical (*i.e.* elle n'est pas spécifiable pour un élément donné). C'est pourquoi, dans le cadre du holisme radical, il est possible de donner une réponse positive à (a), alors qu'il n'est pas pertinent de poser la question (b). En outre, le sens même de la question (a) diffère selon le type de définition du holisme adopté, puisque la réponse que l'on donne à cette question suppose à chaque fois une caractérisation différente de la propriété d'avoir un sens. Il est important de souligner de nouveau que Quine admet tout à fait que l'on puisse répondre à la question (a), *i.e.* que l'on puisse dire d'un énoncé qu'il a un sens : « que les mots et les phrases dont on se sert, au sens courant "d'avoir un sens", aient un sens, je n'en disconviens pas »[1]. Ce qu'il rejette, c'est « uniquement » l'idée de signification propositionnelle, *i.e.* l'idée selon laquelle l'unité de signification serait une proposition ou un énoncé particuliers. Enfin, puisque l'on peut tout aussi bien défendre un holisme sémantique qu'un holisme de la vérification, la même différence d'approche vaut pour la propriété d'être vérifiable, et donc pour les questions a') un énoncé *p* est-il vérifiable ? et b') en quoi consiste la vérifiabilité d'un énoncé *p* ? Lorsque l'on adopte un holisme modéré, il s'avère non seulement possible de répondre à (a) et à (a') par l'affirmative, mais aussi d'apporter une réponse précise à (b) et à (b').

1. W.v.O. Quine, « Le mythe de la signification », art. cit., p. 139.

Nous sommes à présent en mesure de spécifier le schéma argumentatif qui s'oppose à celui du vérificationnisme réductionniste en en distinguant deux versions possibles, qui s'appuient respectivement sur l'une et l'autre des deux formes de holisme qui viennent d'être explicitées.

Quine défend la position suivante :

de 1') holisme épistémologique radical
et 2) principe vérificationniste du sens
il s'ensuit 3') holisme sémantique radical.

L'autre possibilité qui s'offre désormais à nous est la suivante :

de 1") holisme épistémologique modéré
et 2) principe vérificationniste du sens
il s'ensuit 3") holisme sémantique modéré.

Lorsqu'on adopte une forme de holisme modéré, il est tout à fait possible d'admettre que la propriété d'être vérifiable est déterminée pour un énoncé *p* par les relations inférentielles qu'il entretient avec d'autres énoncés du système, eux-mêmes vérifiables, sans pour autant nier qu'il soit possible de spécifier ce en quoi consiste la vérifiabilité de *p*. Il devient par conséquent possible de rejeter le réductionnisme de la vérification tout en continuant à défendre l'idée selon laquelle la signification cognitive d'un énoncé est déterminée par les conditions de sa vérification et sans embrasser les conclusions du holisme radical. Le holisme modéré permet ainsi de penser à nouveaux frais la notion de signification cognitive.

Nous n'avons cependant procédé jusqu'à présent qu'à un débroussaillage conceptuel : il nous faut encore montrer que nous disposons là d'une voie effectivement praticable. Défendre une conception vérificationniste de la signification cognitive sur la base d'un holisme modéré implique en effet que l'on puisse indiquer, parmi les relations inférentielles qui lient un énoncé à d'autres, certaines relations qui sont déterminantes pour établir sa vérifiabilité, ou pour déterminer sa signification cognitive. Or, comment est-il possible de sélectionner, parmi l'ensemble des relations inférentielles d'un système linguistique, celles qui comptent pour la vérifiabilité d'un énoncé ? C'est la question que nous allons examiner dans les deux chapitres qui suivent.

CHAPITRE 2

APPROCHE FORMELLE DE LA VÉRIFIABILITÉ

Nous avons montré qu'il était possible de rejeter une version réductionniste du vérificationnisme sans être pour autant acculé à un holisme radical : une version modérément holiste peut être défendue, qui consiste à affirmer que la teneur informative d'un énoncé à visée cognitive est déterminée par les relations inférentielles qu'il entretient avec d'autres énoncés du système auquel il appartient. Dans cette perspective, l'unité de signification est bien l'énoncé, même si la détermination de sa signification implique d'avoir recours à d'autres énoncés du même système. En outre, dans la mesure où la teneur informative d'un énoncé tient à sa capacité à dire quelque chose du monde dans lequel nous évoluons, sa vérification doit pouvoir être établie sur la base de certaines expériences. La vérifiabilité d'un énoncé peut par conséquent être plus précisément définie en faisant appel aux chaînes inférentielles qui le relient à des énoncés d'observation. Mais une telle caractérisation reste insuffisante. Deux questions doivent être examinées : 1) en quoi consiste une procédure de vérification ? 2) peut-on indiquer, pour chaque énoncé à visée cognitive, une certaine procédure de vérification canonique ? La possibilité d'un holisme modéré ne sera effective que si l'on peut donner une réponse satisfaisante à chacune d'entre elles.

1. UN POINT DE MÉTHODOLOGIE : POURQUOI LA JUSTIFICATION RÉSISTE À LA NATURALISATION

Pour un partisan de l'épistémologie naturalisée comme Quine, la question de savoir ce en quoi consiste une procédure de vérification ne semble pas poser problème, ou plutôt, elle ne fait pas l'objet d'une analyse qui utiliserait des outils proprement philosophiques : elle est au contraire résolue en pratique par les scientifiques ; la tâche du philosophe naturaliste consiste seulement à décrire comment s'effectue en fait la vérification – non pas d'énoncés, mais de théories ou d'ensembles d'hypothèses, si la thèse connexe du holisme radical est adoptée. L'approche que je suivrai pour ma part est tout autre. Elle ne se contente pas de *décrire* mais vise à *clarifier* ce que l'on entend par « procédure de vérification » et par « vérifiabilité ». Pour cela, elle se propose non seulement d'examiner la variété des pratiques sur la base desquelles nous tenons nos énoncés pour vérifiés, mais aussi, et plus fondamentalement, de mettre au jour les principes qui les sous-tendent. Afin de faire apparaître la spécificité et le bien-fondé de cette approche, je m'arrêterai dans un premier temps sur le programme naturaliste quinien pour en montrer les limites.

L'article intitulé « L'épistémologie naturalisée », paru en 1969, est consacré à la mise en place d'une nouvelle conception de l'épistémologie, présentée par Quine comme un tournant naturel, une fois reconnu l'échec de l'entreprise épistémologique sous sa forme traditionnelle, c'est-à-dire sous sa forme fondationnaliste. S'il n'est pas possible de fonder la connaissance, mais seulement de faire apparaître les relations qui valent de fait entre l'expérience et notre connaissance, Quine affirme qu'il est alors plus approprié de recourir aux sciences naturelles, en particulier à la psychologie, pour mener à bien un tel examen. Il suggère que la seule tâche que l'épistémologie puisse désormais remplir consiste à *décrire, au moyen de la science elle-même, le lien qui existe de fait* entre notre connaissance et l'observation[1]. Comme le note Sandra Laugier :

> L'épistémologie n'a plus pour mission de fonder notre connaissance, mais la tâche plus modeste d'examiner, avec l'aide de la science – les moyens du bord – comment l'homme est arrivé à la connaissance, a pu accomplir cette évolution. Nous ne pouvons pas faire autrement : pour chercher ce qu'est la connaissance, il faut utiliser la connaissance. C'est donc

1. Quine affirme en outre que, de ce point de vue, la connaissance mathématique n'occupe pas un statut distinct de celui de la connaissance empirique : « la totalité de ce qu'il est convenu d'appeler notre savoir ou nos croyances, des faits les plus anecdotiques de l'histoire et de la géographie aux lois les plus profondes de la physique atomique, ou même des mathématiques pures et de la logique, est une étoffe tissée par l'homme, et dont le contact avec l'expérience ne se fait qu'en bordure », « Les deux dogmes de l'empirisme », art. cit., p. 76. C'est là le sens du gradualisme ou continuisme quinien.

un principe d'immanence qui est revendiqué par Quine, contre tout fondationnalisme [1].

Le nouveau rôle de l'épistémologie prend appui sur une nouvelle méthodologie; toutefois, son principal problème reste finalement assez similaire à celui de l'épistémologie traditionnelle: il s'agit toujours de rendre compte du lien entre notre connaissance et nos stimulations sensorielles, certes sur le mode de la description et non plus sur celui de la fondation. Précisons que c'est parce que l'épistémologie n'a plus pour tâche de justifier la connaissance que la psychologie peut s'avérer être un outil fécond pour cette discipline.

> Se décharger ainsi du fardeau épistémologique sur la psychologie est une opération qu'au temps jadis on ne tolérait pas, pour cause de raisonnement circulaire [...] Cependant *ce genre de scrupules à l'encontre de la circularité n'est plus de mise une fois que nous ne méditons plus de déduire la science à partir d'observations. Si nous quêtons tout bonnement un lien entre observations et science*, nous serons bien avisés de faire flèche de toute information disponible, y compris celle que fournit la science même dont nous cherchons à comprendre le lien avec l'observation [2].

Or, il est manifeste que Quine ne met nullement en question la conception fondationnaliste de ce que signifie «justifier la connaissance». Il est conduit à la rejeter après avoir mis en lumière son caractère irréalisable, mais à aucun moment il n'en interroge le bien-fondé. Corrélativement, il ne semble pas envisager qu'il puisse y avoir une pertinence à poser, dans une perspective autre que fondationnaliste, la question de la justification de notre connaissance. En outre, le passage de l'épistémologie fondationnaliste à l'épistémologie naturalisée s'accomplit sur la base de deux idées centrales du programme empiriste que Quine retient et accepte sans les mettre en question, à savoir:

> 1) toute preuve qu'il *peut* y avoir pour la science *est* d'ordre sensoriel;
> 2) toute injection de signification dans les mots doit en fin de compte reposer sur des preuves sensorielles [3].

C'est parce qu'il admet inconditionnellement ces deux idées, et parce qu'aucune d'entre elles ne peut être défendue de manière satisfaisante dans le cadre de l'épistémologie fondationnaliste, que Quine est conduit à rejeter

1. S. Laugier, Préface, dans W.v.O. Quine, *Relativité de l'ontologie et autres essais*, Paris, Aubier, 2008, p. XXXVIII.

2. W.v.O. Quine, « L'épistémologie naturalisée », art. cit., p. 43.

3. *Ibid.*, p. 42-43.

ce cadre, c'est-à-dire à la fois l'idée selon laquelle l'épistémologie a pour rôle de *justifier* notre connaissance sur la base de l'expérience, et celle selon laquelle elle pourrait produire une telle justification en *définissant* ou en *déduisant* par des moyens formels les concepts et les énoncés de la science à partir de concepts et énoncés d'observation. Les deux principes du programme empiriste admis par Quine constituent donc le pivot autour duquel s'effectue le passage de l'épistémologie fondationnaliste à l'épistémologie naturalisée.

La défense produite par Quine en faveur de l'épistémologie naturalisée se voit renforcée par une thèse supplémentaire : celle de la sous-détermination des théories par rapport à l'expérience. Si l'épistémologie doit se contenter de décrire le lien causal entre stimuli sensoriel et connaissance, c'est alors en raison du fait que 1) toute justification possible est de nature exclusivement empirique et 2) notre connaissance dépasse toujours l'expérience, d'une manière telle qu'il n'est pas possible d'en donner une justification empirique définitive [1]. C'est donc en prenant au sérieux et en tentant de maintenir une conception fondamentalement empiriste de la connaissance et en adhérant à une conception radicalement empiriste de la justification que Quine est conduit à proposer la naturalisation de l'épistémologie. Autrement dit : l'empirisme constitue le fondement non questionné de l'épistémologie naturalisée.

Sur cette base, Quine prend note du fait que notre connaissance des phénomènes naturels est justifiée comme de quelque chose de non problématique : « Nous pouvons ne pas être en mesure d'expliquer pourquoi nous aboutissons à des théories qui sont confirmées, toujours est-il que nous aboutissons à des théories qui ont cette propriété » [2]. Il s'agit là cependant d'une acceptation aveugle, à laquelle on peut légitimement opposer que la question de savoir ce que cela signifie que de dire que nos théories sont confirmées, ou nos énoncés scientifiques justifiés, constitue un problème véritable auquel l'enquête épistémologique se doit d'apporter une réponse. Sans disposer d'une telle réponse, on est conduit à admettre comme justifié tout énoncé tenu pour tel dans n'importe quelle communauté prétendant détenir une connaissance véritable – comment réfuter alors les prétentions cognitives des créationnistes par exemple ?

1. Voir sur ce point W.v.O. Quine, « Sur les systèmes du monde empiriquement équivalents » (1975), trad. fr. S. Hutin et S. Laugier, dans S. Laugier et P. Wagner (éds.), *Philosophie des sciences*, *op. cit.*, vol. 2, p. 114-138.

2. W.v.O. Quine, « L'épistémologie naturalisée », art. cit., p. 47.

Différentes questions peuvent en outre être posées à l'égard du présupposé empiriste selon lequel toute justification est d'ordre exclusivement observationnel : en premier lieu, une telle restriction est-elle adéquate ? Les scientifiques font appel à des procédures de justification diverses, telles que l'inférence à la meilleure explication ou l'abduction ; en vertu de quoi devrait-on considérer ces dernières comme illégitimes ? Et même si on admettait que toute justification est de nature exclusivement empirique, qu'entend-on exactement par là ? Enfin, en admettant que la justification d'un énoncé de connaissance puisse être caractérisée en termes de ses rapports causaux à l'expérience [1], en vertu de quoi peut-on prétendre qu'il s'agit là d'une caractérisation adéquate ? En l'absence de réponses à ces questions, on n'a pas de compréhension claire de la justification empirique et, ce qui est plus grave, on ne dispose pas de critères pour distinguer les discours effectivement justifiés de ceux qui prétendent seulement l'être. Comment alors distinguer les affirmations du créationnisme de celles de la théorie de l'évolution ? ou le discours des astrologues de celui des astronomes ? Clarifier les ressorts de la justification se présente comme la condition d'une meilleure compréhension de la cohérence et de la spécificité de la connaissance du monde à laquelle nous pouvons légitimement prétendre. Cela permet plus généralement de contribuer à une meilleure compréhension de ce qui caractérise en propre la rationalité cognitive.

L'approche ici adoptée vise à donner toute son importance à la problématique de la justification en tant que notion requerrant clarification et explicitation. Cela n'implique ni un retour au fondationnalisme ni un renoncement à l'idée quinienne selon laquelle l'épistémologie n'a *pas* pour rôle de fournir une justification de la connaissance [2], mais cela conduit à s'interroger sur les conditions auxquelles nous tenons nos connaissances pour justifiées et sur le sens auquel il est pertinent de parler de justification dans différents contextes cognitifs. Autrement dit, alors que le scientifique produit une justification de ses énoncés, le philosophe a pour tâche d'expliciter ce que le scientifique accomplit ce faisant. Comme nous l'avons évoqué, différents types de justification sont à l'œuvre dans nos pratiques

1. C'est l'interprétation que J. Kim propose de la nouvelle tâche de l'épistémologie naturalisée dans « What is Naturalized Epistemology ? », *Philosophical Perspectives* 2, J.E. Tomberlin (ed.), Asascadero (Ca.), Ridgeview Publishing Co, 1988, p. 381-406.

2. De ce point de vue, ma position se distingue du naturalisme normatif défendu par L. Laudan et D. Stump, voir, par exemple, D. Stump, « Naturalized Philosophy of Science with a Plurality of Methods », *Philosophy of Science*, vol. 59, n° 3, 1992, p. 456-460, et L. Laudan, « Normative Naturalism », *Philosophy of Science*, 57, 1990, p. 44-59 et *Science and Relativism*, Chicago, University of Chicago Press, 1990.

cognitives et il importe de les distinguer et de les clarifier si l'on veut comprendre à la fois leur articulation et le type de rationalité qu'ils contribuent à établir. Autrement dit, que notre connaissance soit tenue de fait pour justifiée n'empêche pas que la question de ce que l'on entend par justification puisse être posée. Bien au contraire, il faut pouvoir lui apporter une réponse si l'on veut être en mesure de répondre aux contempteurs d'une connaissance objective du monde et il faut pouvoir procéder pour cela à un examen *réflexif* de nos pratiques cognitives. Or, ce type d'examen est précisément exclu par la revendication d'immanence de l'épistémologie naturalisée – et c'est la raison pour laquelle je m'y oppose ici. D'un autre côté, je m'accorde avec l'esprit de l'entreprise naturaliste de Quine pour maintenir que la clarification de ce en quoi consiste la justification ne saurait être obtenue *a priori*. Il n'est donc pas question d'énoncer des normes déterminant *a priori* ce qui doit valoir comme justifié, mais de déterminer, sur la base des pratiques scientifiques et des pratiques cognitives ordinaires, ce que cela signifie et ce que cela implique que de parler de justification dans différents contextes, scientifiques comme ordinaires[1]. On pourrait être tenté de souligner en ce point la parenté de la position esquissée avec l'élément pragmatique que l'on trouve également dans la perspective de Quine :

> Nous cherchons à comprendre la science en tant qu'institution ou que processus dans le monde, sans prétendre que cette compréhension passe en valeur la science qui en est l'objet. Cette attitude est du reste celle que Neurath préconisait déjà du temps du cercle de Vienne, par sa comparaison du marin obligé de refaire son bateau alors qu'il est dedans, en train de voguer sur la mer[2].

Il n'est pas anodin que Quine cite ici Neurath. Selon ce dernier, en effet, la connaissance ne doit pas être envisagée comme *représentation* du monde, mais comme une pratique humaine parmi d'autres. Sandra Laugier souligne également la contrepartie pragmatique de l'épistémologie naturalisée dans la philosophie de Quine :

> La science, comme la logique, pour Quine, est une sédimentation culturelle de notre activité et de notre discours. Quine nous propose à la fois de

1. Notons que le domaine de l'épistémologie ainsi conçu s'étend à la fois sur celui de la théorie de la connaissance et sur celui de la philosophie des sciences, selon le type de connaissance dont on interroge les modalités de justification et selon le type de pratiques que l'on prend comme point de départ de l'analyse.

2. W.v.O. Quine, « L'épistémologie naturalisée », art. cit., p. 17.

> concevoir « notre discours sur les phénomènes physiques comme un phénomène physique », et de voir nos inventions ou imaginations (*imaginings*) scientifiques « comme des activités à l'intérieur même du monde que nous imaginons » [...] La naturalisation de l'épistémologie nous fait concevoir la science, et avec elle l'épistémologie, comme une activité humaine et sociale [1].

Précisons toutefois, contre une assimilation trop rapide, que, selon la perspective que je défends ici, la connaissance n'est pas réduite aux pratiques sur la base desquelles elle se développe : ces dernières en sont certes les conditions d'acquisition et de constitution, mais elles ne constituent pas en elles-mêmes des connaissances. Par conséquent, si l'on devait préciser l'objet de l'enquête épistémologique de mon point de vue, on pourrait dire qu'il s'agit de mener une réflexion critique sur la connaissance en tant que résultat de l'ensemble des pratiques caractéristiques de l'entreprise scientifique ou de l'entreprise de connaissance du sens commun. Ce résultat consiste en un ensemble de connaissances des phénomènes naturels et de leur organisation, connaissances qui sont partagées par une communauté et auxquelles est donnée une expression systématique sous la forme de systèmes d'énoncés logiquement structurés – dont les théories scientifiques constituent la forme la plus aboutie. Les pratiques cognitives fournissent donc un point de départ pour l'analyse épistémologique ; elles ne sont cependant pas prises en considération pour elles-mêmes, mais seulement en tant qu'elles permettent d'expliciter les caractéristiques de leur résultat, à savoir de la connaissance qu'elles permettent d'obtenir, et qui demeure finalement au cœur de l'enquête épistémologique.

Lorsque l'on prend pour point de départ la diversité des pratiques cognitives, on est conduit à distinguer 1) les pratiques d'expérimentation, *i.e.* les cadres expérimentaux à l'intérieur desquels ont lieu les processus d'observation, de détection et de mesure qui permettent d'obtenir des données expérimentales ; 2) le test ou la formulation d'hypothèses sur la base des données obtenues ; 3) la formulation des différents types d'énoncés qui constituent une théorie scientifique : équations, hypothèses, principes, lois, etc. On peut également distinguer les connaissances acquises par expérience de celles acquises par la méthode de l'essai et de l'erreur, les connaissances acquises par témoignage, direct ou indirect, etc. Dès lors, l'idée d'une justification directement et exclusivement empirique apparaît

1. S. Laugier, *La Relativité de l'ontologie et autres essais*, *op. cit.*, préface, p. XXXVI-XXXVII.

inévitablement réductrice : il est clair que la notion de justification ne saurait être réduite, *pace* Quine, à celle de justification empirique. Mais cette dernière ne saurait non plus être réduite, *pace* les fondationnalistes, à celle d'une justification de type réductionniste, établie sur la base de la seule expérience. Le problème consiste alors à reconnaître la complexité du rôle joué par l'expérience pour la justification des énoncés à visée cognitive, et à en rendre raison de manière adéquate. Nous retrouvons finalement la question laissée en suspens à la fin du chapitre précédent.

2. VÉRIFIABILITÉ ET RECONSTRUCTION RATIONNELLE

Le vérificationnisme est habituellement tenu pour la contrepartie linguistique du principe empiriste selon lequel toute connaissance est dérivée de l'expérience. Or, il est intéressant de noter concernant ce point que les empiristes logiques, grands défenseurs du vérificationnisme s'il en est, se sont attachés à clarifier le sens auquel il est possible de tenir un énoncé pour vérifié sur la base de l'expérience tout en s'éloignant d'un empirisme traditionnel. Comme l'affirme Jacques Bouveresse :

> On reproche souvent aux empiristes viennois de ne pas se rendre compte que la science ne part du réel que pour s'en éloigner. Mais si les empiristes modernes ont pu donner à certains moments l'impression de chercher avant tout à annuler l'écart, il reste que leur entreprise a consisté en fait essentiellement à essayer de le *déterminer*, de comprendre dans quelle direction et par quels chemins et de quelle distance les concepts et les propositions de la science s'éloignent de l'expérience [1].

On notera deux points de rupture entre l'empirisme logique et l'empirisme classique : en premier lieu, il ne s'agit plus d'affirmer que toute connaissance est dérivée de l'expérience ; en second lieu, il est admis que l'expérience ne peut valider de manière ultime ni décisive nos connaissances acquises. Cela correspond à deux lectures possibles de la thèse de la sous-détermination des théories par l'expérience telle qu'elle est implicitement adoptée par les empiristes logiques.

En ce qui concerne le premier point, ces derniers reconnaissent qu'il n'est pas possible de réduire l'élaboration de la connaissance à un ensemble

1. J. Bouveresse, « La théorie et l'observation dans la philosophie des sciences du positivisme logique », dans F. Châtelet, *Le XIXe siècle. Histoire de la philosophie VIII*, Paris, Hachette, 1973, p. 81.

de procédures inductives et ils admettent en conséquence que la formulation d'hypothèses et de théories scientifiques implique une opération de l'esprit non formalisable, que l'on peut nommer intuition, acte de deviner, vision[1], etc. Dès 1923, Carnap annonce non sans quelque emphase la fin d'un empirisme pur dans le champ de l'épistémologie de la physique[2] :

> Après que la question des sources de la connaissance physique a été vivement débattue pendant une longue période, *on peut peut-être déjà dire aujourd'hui que l'empirisme pur a terminé son règne*. Que la construction de la physique ne puisse se reposer uniquement sur les résultats expérimentaux, mais qu'elle doive également faire usage de principes qui ne sont pas tirés de l'expérience, cela a en effet été annoncé par la philosophie depuis longtemps déjà[3].

Avec la logique inductive qu'il développera dans les années 1950, Carnap ne se départit pas de cette idée : ce qui est en jeu ce n'est pas le problème de l'acquisition de connaissances, mais celui de la logique qui gouverne les relations de justification entre des énoncés à prétention cognitive et des preuves empiriques[4].

D'un autre côté, admettre que notre connaissance est sous-déterminée par rapport à l'expérience rend d'autant plus pressante la nécessité de requérir dans un second temps la possibilité de confronter à l'expérience tout énoncé qui prétend avoir une visée cognitive : c'est en effet la condition à laquelle il est possible d'attribuer une valeur informative à nos hypothèses, et c'est la garantie qu'elles nous disent bien quelque chose sur le monde dans lequel nous évoluons. Cependant, là encore, ce qui vaut comme procédure de vérification ne peut être réduit à la simple confrontation aux résultats de l'expérience : mettre en place les conditions de possibilité d'une telle confrontation requiert de parcourir un certain chemin dans

1. *Cf.* par exemple M. Schlick, *Die Probleme der Philosophie in ihrem Zusammenhang*, *op. cit.*, p. 114-115; R. Carnap, *Les Fondements philosophiques de la physique* (1966), trad. fr. J.-M. Luccioni et A. Soulez, Paris, Armand Colin, 1973, p. 237 ; C. Hempel, *Éléments d'épistémologie* (1966), trad. fr. B. Saint-Sernin, Paris, Armand Colin, 1972, p. 20 *sq.*

2. On notera que le contexte scientifique de l'époque, notamment la révolution opérée en physique par les théories de la relativité d'Einstein, a joué un rôle fondamental pour la mise en place de l'épistémologie de l'empirisme logique. Voir par exemple les travaux de M. Friedman, *Rediscovering Logical Empiricism*, *op. cit.*, 1re partie, et Th. Ryckman, *The Reign of Relativity. Philosophy in Physics 1915-1925*, Oxford, Oxford UP, 2005.

3. R. Carnap, « Über die Aufgabe der Physik und die Anwendung des Grundsatzes der Einfachstheit », *Kant-Studien*, 28, p. 90, je souligne.

4. Voir notamment R. Carnap, « On Inductive Logic », *Philosophy of Science*, vol. 12, n° 2, 1945 et *Logical Foundations of Probability*, Chicago, University of Chicago Press, 1950.

le champ même de la connaissance. En d'autres termes, si la vérification et la justification de nos énoncés de connaissance doivent faire intervenir l'expérience, elles ne peuvent se réduire à une confrontation directe et immédiate avec cette dernière. C'est là le second point de rupture avec ce que Carnap appelait un « empirisme pur » : pour qu'il soit possible de confronter un énoncé cognitif à l'expérience, il faut établir les conditions d'une telle confrontation, et cela implique d'avoir recours à d'autres énoncés de connaissance. Comme on l'a déjà évoqué[1], on peut alors distinguer deux étapes dans toute procédure de vérification : la première consiste à obtenir des énoncés pouvant être confrontés à l'expérience, la seconde consiste dans la confrontation elle-même. La première étape est requise précisément dans la mesure où la connaissance dépasse la sphère de l'expérience.

Dans l'article intitulé « Testability and Meaning » (« Testabilité et signification »), publié en 1936 et 1937, Carnap examine de façon systématique la manière dont il est possible de caractériser les différentes procédures de vérification de différents types d'énoncés. Il procède pour cela à un examen détaillé des différents types de relations inférentielles qui peuvent valoir entre énoncés cognitifs et énoncés d'observation au titre de la première étape d'une procédure de vérification. L'objectif de Carnap est similaire à celui que nous poursuivons ici : il s'agit *d'expliciter* ce que l'on entend lorsque l'on parle de vérification et de vérifiabilité. Carnap reconnaît la pertinence du vérificationnisme lorsqu'il affirme en première approche :

> Du point de vue de l'empirisme [...] si nous savions ce que cela impliquerait que de trouver qu'une certaine phrase est vraie, alors nous saurions quelle est sa signification. [...] Ainsi, la signification d'une phrase est en un certain sens identique à la manière dont nous déterminons sa vérité ou sa fausseté ; et une phrase n'a de signification que si une telle détermination est possible[2].

Mais cela ne suffit pas : afin de donner corps à une telle position, il faut expliciter ce que l'on requiert au titre de la possibilité de la vérification. Ainsi, la vérifiabilité ne constitue pas une notion claire et distincte par elle-même et, pour cette raison même, elle doit être soumise à l'analyse

1. Voir la section 1.2 ci-dessus.

2. R. Carnap, « Testability and Meaning », *Philosophy of Science*, 3, 1936, p. 420.

philosophique[1]. Carnap va alors proposer une reconstruction rationnelle des notions de vérification et de vérifiabilité en établissant, à partir d'une analyse du langage de la science, des critères clairs pour leur application.

L'approche méthodologique esquissée dans la section précédente présente une certaine parenté avec celle de Carnap dans « Testability and Meaning » et, pour cette raison, je vais m'attacher à présenter les résultats auxquels ce dernier est parvenu dans cet article. Nous verrons qu'ils permettent de clarifier certaines caractéristiques essentielles de la vérifiabilité. Une précision s'impose toutefois avant d'aller plus loin. L'approche de Carnap est marquée par une conception spécifique de l'analyse philosophique : il s'agit d'élaborer des systèmes formels, déterminés chacun par un ensemble de règles explicites et appropriés à l'expression de la connaissance scientifique. L'objet de l'analyse carnapienne n'est donc pas le langage naturel tel qu'il est utilisé dans le cadre de la science ou de la vie ordinaire. Son analyse vise plutôt à s'interroger sur les conditions que devrait remplir un système formel afin de pouvoir exprimer adéquatement une théorie scientifique. Les systèmes formels ainsi élaborés doivent certes correspondre aux usages cognitifs du langage naturel, mais ils impliquent également un certain écart par rapport à ces derniers, précisément dans la mesure où ils permettent d'obtenir une plus grande précision et une plus grande rigueur dans l'expression.

Conformément à cela, la clarification de la notion de vérifiabilité proposée dans « Testability and Meaning » est obtenue en formulant des règles explicites pour des langages formels correspondant au langage de la science. Il apparaîtra par conséquent qu'elle présente une part d'idéalisation. Toutefois, dans la mesure où, comme nous l'avons vu, la propriété d'être vérifiable est établie pour un énoncé sur la base des rapports inférentiels qui le lient à des énoncés d'observation, l'approche formelle reste pertinente : elle permet de clarifier, pour un langage donné, le type de rapport inférentiel qui peut valoir entre un énoncé cognitif et des énoncés d'observation, sur la base duquel le premier peut être tenu pour vérifiable. Si l'on garde à l'esprit la part d'idéalisation qu'elle contient, on sera alors en mesure d'apprécier une telle approche à sa juste valeur : elle permet de mettre au jour de manière rigoureuse certaines caractéristiques essentielles du type de procédures sur la base desquelles on peut tenir un énoncé pour vérifiable. Examiner les résultats de l'analyse carnapienne nous permettra

1. Toutefois, au début des années trente, Carnap requiert la vérifiabilité des propositions scientifiques sans s'attacher à analyser au préalable cette notion : il s'agit là d'une différence majeure entre la position du début des années trente et celle de l'article de 1936/1937.

en outre de préciser à quoi tient le caractère idéalisé de cette dernière et cela nous conduira à déterminer de manière plus précise les facteurs qui doivent être pris en considération pour qu'une telle analyse s'avère véritablement pertinente.

Précisons encore que Carnap est bien conscient des limites d'une analyse exclusivement formelle pour parvenir à une clarification complète de la vérifiabilité : une telle clarification requiert en effet de pouvoir déterminer le statut des énoncés d'observation et des termes observables du langage considéré, et il s'agit là de questions dont l'examen implique de prendre en considération certains résultats des sciences empiriques. L'analyse de la vérifiabilité produite par Carnap dans « Testability and Meaning » comprend par conséquent deux moments distincts : le premier consiste à examiner les rapports inférentiels entre énoncés cognitifs et énoncés d'observation, et il utilise les outils de l'analyse formelle; le second consiste à déterminer les caractéristiques des énoncés d'observation et fait appel aux sciences empiriques. Nous retrouvons là les deux étapes de la vérification précédemment évoquées. La section qui suit est consacrée à un examen de la première étape, la question des énoncés d'observation sera quant à elle examinée au chapitre 6 ci-dessous.

3. VÉRIFIABILITÉ ET INFÉRENCES

Comme le note Carnap, le réquisit de vérifiabilité est utilisé pour sélectionner, parmi différents systèmes formels, celui ou ceux qui sont le mieux adaptés à l'expression de la connaissance scientifique du point de vue de l'empirisme.

> En tant qu'empiristes, nous requérons que le langage de la science soit restreint d'une certaine manière; nous requérons que les prédicats descriptifs, et en conséquence les phrases synthétiques, ne soient pas admis à moins d'avoir une certaine relation avec des observations possibles, une relation qui doit être caractérisée d'une manière appropriée [1].

La vérifiabilité représente donc une contrainte méthodologique que l'on fait peser sur le choix d'un système formel censé correspondre au langage de la science. Comme le note Richardson :

1. R. Carnap, « Testability and Meaning », art. cit., p. 188.

> On peut mener des recherches syntaxiques sur des langages variés indépendamment de tout souci pour l'observabilité ou la vérifiabilité des prédicats ou des phrases du langage. Carnap entreprend une telle recherche dans *La Syntaxe logique du langage* [...] Mais l'empirisme ne disparaît pas de l'image donnée par Carnap. Dans « Testability and Meaning », publié en 1936/1937, Carnap montre que l'engagement envers un programme tel que l'empirisme n'est pas un engagement en faveur d'une thèse exprimée dans un langage ou un autre. Ce n'est pas non plus une contrainte universelle sur la possibilité de langages bien-formés. C'est bien plutôt une proposition de faire usage de certains langages comme des langages dans lesquels on peut formuler la science empirique [1].

Inversement, ce qu'il faut entendre par « vérifiabilité » n'est pas clair indépendamment d'un ensemble de règles explicitement formulées. En d'autres termes, la notion de vérifiabilité n'a pas de définition précise tant que l'on ne dispose pas d'un ensemble de règles permettant de l'appliquer aux énoncés d'un langage donné. Dans « Testability and Meaning », Carnap se donne pour tâche de formuler de telles règles.

On voit que le réquisit de vérifiabilité et les systèmes de règles pouvant être choisis pour l'expression du langage de la science entretiennent un rapport de dépendance mutuelle : le réquisit doit être explicité par les règles d'un système formel s'il doit avoir un contenu clair et précis, et il a pour fonction de guider le philosophe qui se propose de construire, dans une perspective empiriste, un système formel correspondant au langage de la science. Il ne s'agit cependant pas d'un cercle vicieux. En effet, c'est uniquement lorsque l'on a besoin d'une définition précise de la vérifiabilité qu'il est nécessaire de recourir à des règles déterminées. Lorsqu'il s'agit en revanche d'établir une contrainte méthodologique valant comme ligne directrice pour l'élaboration d'un système formel adapté à l'expression de la connaissance scientifique, nos intuitions quant à ce qui vaut au titre de la vérifiabilité sont suffisantes. La sélection d'un système de règles donné se fera alors, selon le but poursuivi, en fonction du degré d'adéquation requis à notre intuition de départ quant à ce qui vaut au titre de la vérifiabilité, ainsi qu'en fonction des possibilités de description offertes par le système envisagé. Ainsi, c'est précisément parce qu'il y a un rapport de continuité entre

1. A. Richardson, *Carnap's Construction of the World*, *op. cit.*, p. 213. J. Bouveresse attire également l'attention sur cette idée essentielle : « Carnap préfère désormais [dans « Testability and Meaning »] présenter le principe de l'empirisme [...] moins comme une thèse que comme une "proposition ou un réquisit" pour le choix d'un langage de la science », dans « La théorie et l'observation dans la philosophie des sciences du positivisme logique », art. cit., p. 92.

la notion de vérifiabilité telle qu'elle se manifeste dans le langage naturel et telle qu'elle est déterminée dans un système formel que l'analyse formelle s'avère pertinente pour la préciser.

Quelles sont les différentes formes que peut prendre le réquisit de vérifiabilité ? Au terme de son examen dans « Testability and Meaning », Carnap en met au jour quatre versions possibles :

> 1) Réquisit de testabilité complète (*RTC*) : toutes les propositions synthétiques du langage de la science sont complètement testables ;
> 2) Réquisit de confirmabilité complète (*RCC*) : toutes les propositions synthétiques du langage de la science sont complètement confirmables ;
> 3) Réquisit de testabilité (*RT*) : toutes les propositions synthétiques du langage de la science sont testables (et pas nécessairement complètement testables) ;
> 4) Réquisit de confirmabilité (*RC*) : toutes les propositions synthétiques du langage de la science sont confirmables (et pas nécessairement complètement confirmables).

On obtient ces quatre versions en croisant les différentes modalités de la possibilité logique et de la possibilité empirique de la vérification. Du point de vue logique, la vérification d'une proposition peut être déterminée comme étant réductible à celle d'une classe de propositions soit de façon complète, soit de façon incomplète. La possibilité empirique de la vérification se divise de même en deux grandes catégories selon que les prédicats de base du langage considéré sont soit testables, soit confirmables. Examinons ce que signifient plus précisément chacun de ces termes.

La vérifiabilité est définie, pour un langage donné, sur la base des règles de formation de ce langage d'une part – elles déterminent quelles suites de signes sont admises comme expressions bien formées du langage –, et sur la base des règles de transformation ou règles d'inférence d'autre part – elles déterminent quelles inférences sont admises comme légitimes. Considérons pour commencer le second point. Au paragraphe 2 de « Testability and Meaning », Carnap distingue les différents types de relations inférentielles qui peuvent valoir dans un langage comme relations de confirmation [1] en un sens formel. Elles sont établies sur la base des règles d'inférence du système, ces dernières permettant de fixer les conditions logiques de la vérifiabilité. Les relations inférentielles considérées valent entre des propo-

1. Dans cet article, Carnap utilise le terme « confirmation » pour désigner l'ensemble des formes possibles de la vérification et il réserve le terme « vérification » pour les procédures de vérification réductionnistes.

sitions, respectivement des classes de propositions, et sont caractérisées au moyen de définitions formelles qui ont pour fondement la notion de conséquence telle qu'elle est définie par les règles de transformation du langage. Soit S une proposition du langage L, et C une classe de propositions de L, alors :

> *Définition 1.a.* Nous dirons que la confirmation de S est complètement réductible à celle de C, si S est une conséquence d'une sous-classe finie de C.
> *b.* Nous dirons que la confirmation d'une proposition S *non-contravalide* est directement incomplètement réductible à celle de C, si la confirmation de S n'est pas complètement réductible à celle de C, mais s'il y a une sous-classe infinie C' de C telle que les propositions de C' sont mutuellement indépendantes, et sont conséquences de S par *substitution uniquement*.
> *c.* Nous dirons que la confirmation de S est directement réductible à celle de C, si elle est complètement réductible ou directement incomplètement réductible à celle de C.
> *Définition 2.a.* Nous dirons que la *confirmation* de S est *réductible* à celle de C, s'il y a une série finie de classes C_1, C_2, … C_n telle que la relation de confirmation directement réductible vaut (1) entre S et C_1, (2) entre chaque proposition de C_i et C_{i+1} (i=1 jusqu'à n-1), et (3) entre chaque proposition de C_n et C.
> *b.* Nous dirons que la *confirmation* de S est *incomplètement réductible* à celle de C, si elle est réductible mais non complètement réductible à celle de C[1].

Carnap formule ensuite une série de définitions parallèles qui établissent les différents rapports de confirmation pouvant subsister entre les prédicats d'un langage[2]. Dire d'un prédicat P qu'il est confirmable signifie que toutes les propositions complètes pouvant être obtenues par substitution d'une constante à la variable x dans la fonction propositionnelle P(x) sont confirmables. Retenons ici que le concept de vérifiabilité reçoit de cette manière une définition précise, qui permet d'en établir les différentes modalités possibles au niveau inférentiel, à savoir réduction complète (définition 1a); réduction directe incomplète (définition 1b); réduction directe (définition 1c); réduction (définition 2a); réduction incomplète (définition 2b).

Une fois établies les définitions des différentes relations de confirmation, il faut distinguer les différents types de propositions, respectivement de prédicats, qui peuvent figurer dans un langage adapté à l'expression de

1. R. Carnap, « Testability and Meaning », art. cit., p. 435.
2. Cf. *ibid.*, § 6, déf. 4 et 5, p. 436.

la connaissance scientifique : à chaque type de propositions admis dans un langage, respectivement à chaque type de prédicats, correspondra en effet une procédure de confirmation spécifique. Toutes les catégories de propositions peuvent être rapportées selon Carnap à deux catégories fondamentales : 1) les propositions moléculaires et 2) les propositions de forme essentiellement généralisée. Il s'agit 1) de propositions formées « à partir d'une ou de plusieurs fonctions propositionnelles à l'aide d'aucun, d'un ou de plusieurs symboles de connexion (mais sans opérateurs) » – par exemple « x est rouge ou x est vert » –; 2) de propositions qui « ne peuvent être transformées en une forme moléculaire contenant les mêmes prédicats descriptifs », autrement dit de propositions qui ne peuvent être transformées en suites finies de propositions moléculaires. Ce sont les règles de formation d'un système formel qui déterminent quelles suites de signes en constituent des propositions légitimes et qui fixent en conséquence les différentes catégories de propositions qui y sont admises. Par conséquent, dans la mesure où les modalités de la vérification d'une proposition dépendent de la catégorie à laquelle cette dernière appartient, elles dépendent de manière essentielle des règles de formation du langage considéré.

Il s'avère que la confirmation d'une proposition moléculaire *p* est complètement réductible à celle d'une classe C de prédicats si les prédicats descriptifs qui figurent dans *p* appartiennent à cette classe C. Cela signifie que *p* est une conséquence d'une sous-classe finie de C. En d'autres termes, *p* est conséquence de chacune des propositions de la classe C : {P(a), P(b) … P(n), Q(a), Q(b), … Q(n)}, où n est un nombre fini et P et Q des prédicats descriptifs qui figurent également dans *p*. Inversement, on peut inférer de *p*, au moyen des règles de transformation du langage, chacun des énoncés {P(a), P(b) … P(n), Q(a), Q(b), … Q(n)}. La confirmation de la négation d'un énoncé universel *p* : (x)P(x) est complètement réductible à celle de la négation d'une proposition complète contenant P, par exemple P(a). Autrement dit, ¬(x)P(x) est conséquence de P(a). Il en va de même pour un énoncé existentiel *q* : (∃x)P(x) : la confirmation de *q* est complètement réductible à celle d'un énoncé P(a). En revanche, la confirmation d'un énoncé universel *p* est incomplètement réductible à celle des propositions complètes d'un prédicat descriptif P. Cela signifie qu'il existe une sous-classe infinie C : {P(a), P(b), …, P(n)}, où n tend vers l'infini, dont chacune des propositions est conséquence de *p*. De même, la confirmation de la négation d'un énoncé existentiel *q* est incomplètement réductible à celle des négations des propositions complètes de P, autrement dit, il existe une sous-classe infinie C : {¬P(a), ¬P(b), …, ¬P(n)}, où n tend vers l'infini, dont chacune des propositions est conséquence de ¬*q*.

Si l'on dispose d'un système de règles complet pour un langage formel qui contient des prédicats observationnels, il est alors possible, selon Carnap, d'indiquer pour tout type de proposition une procédure de confirmation spécifique : cela revient à indiquer quels sont ses rapports inférentiels avec des propositions contenant uniquement des prédicats observationnels comme prédicats descriptifs. En fonction du type de proposition considéré, les relations en jeu seront de nature différente, comme les définitions formelles des différents types de relations de confirmation le mettent en évidence. Ces définitions répondent en outre à un critère d'adéquation descriptive, dans la mesure où elles permettent de capturer, par exemple, les intuitions selon lesquelles « une proposition universelle n'est pas vérifiable, mais elle est falsifiable » et « une proposition existentielle est vérifiable, mais n'est pas falsifiable ». L'analyse formelle permet ainsi d'établir, sur la base de règles inférentielles explicites, une définition rigoureuse des modalités logiques des différents types de procédures de confirmation pouvant valoir pour différents types de propositions.

Il est important de noter que le sens même auquel on dira d'une proposition qu'elle est confirmable varie en fonction du type de procédure de confirmation qui vaut pour elle. De tels résultats correspondent-ils aux modalités effectives de la vérification dans le cadre de l'usage cognitif du langage naturel – que ce soit dans un contexte scientifique ou de sens commun ? Un premier élément de réponse positive consiste à souligner que nous ne tenons pas un énoncé singulier pour vérifiable au même titre qu'une généralisation empirique, et nous ne tenons pas une généralisation empirique pour vérifiable au même titre qu'un énoncé qui prétend avoir valeur de loi. En d'autres termes, le type d'énoncé auquel on a affaire détermine le type de vérification que l'on peut en attendre : c'est là une propriété de nos pratiques cognitives clairement mise en évidence par l'analyse formelle. De manière corrélative, la valeur informative de chacune des catégories d'énoncés cognitifs auxquels on peut avoir affaire n'est pas la même. Une loi ne nous informe pas au même titre ni dans le même sens qu'un énoncé singulier, même si ces deux types d'énoncés prétendent nous dire quelque chose sur une certaine configuration du monde. Il s'avère ainsi que l'analyse formelle de Carnap capture certains traits essentiels de nos pratiques cognitives.

Est-il cependant adéquat d'affirmer, comme le fait ce dernier, que la différence entre les conditions de vérification d'un énoncé singulier et celles d'un énoncé universel tiennent à ce que, dans le premier cas seulement, on peut *réduire* la vérifiabilité de l'énoncé à celle d'un ensemble fini d'énoncés contenant les mêmes prédicats descriptifs ? C'est ce que laisse entendre l'idée selon laquelle la confirmation d'un énoncé moléculaire est complètement réductible à celle d'une classe d'énoncés atomiques contenant les mêmes prédicats descriptifs. Considérons un exemple : « la Terre tourne sur elle-même en un jour et autour du soleil en 365 jours 1/4 ». Il semble bien que la condition à laquelle un tel énoncé pourra être tenu pour vérifié implique que la conjonction suivante le soit également : « la Terre tourne » et « la Terre tourne sur elle-même » et « la Terre tourne sur elle-même en un jour » et « la Terre tourne autour du Soleil » et « la Terre tourne autour du Soleil en 365 jours 1/4 ». L'idée selon laquelle la possibilité de vérifier un énoncé moléculaire peut être complètement rapportée à celle d'une classe d'énoncés atomiques contenant les mêmes prédicats descriptifs peut donc être considérée comme adéquate si elle est interprétée comme l'expression formelle de l'idée selon laquelle un énoncé complexe portant sur un fait particulier est tenu pour vérifiable à condition que chacun des énoncés atomiques qu'il implique et qui contient les mêmes prédicats descriptifs que lui puisse lui-même être tenu pour vérifiable. Inversement, si chacun des énoncés atomiques est tenu pour vérifiable, alors on peut en inférer de manière légitime que l'énoncé complexe formé par la conjonction de ces derniers est lui aussi vérifiable. Pour le dire brièvement, un énoncé qui porte sur un fait singulier est tenu pour vérifiable s'il est possible de vérifier chacune des affirmations qui le composent, et inversement – ce qui n'implique pas qu'il soit possible de *réduire* la justification de l'énoncé à celle de ses composés, contrairement à ce qu'affirmerait une position réductionniste du type de celles discutées ci-dessus au chapitre 1.

Par ailleurs, Carnap affirme que les conditions logiques de la confirmation d'un énoncé universel sont déterminées par la possibilité d'en déduire chacun des énoncés d'une classe infinie d'énoncés atomiques contenant les mêmes prédicats descriptifs. Il faut distinguer ici deux cas. Considérons le cas où l'on dit « tous les corbeaux sont noirs » en voulant affirmer par là que tous les corbeaux que l'on a vus jusqu'à présent sont noirs. Un tel énoncé est une généralisation empirique ayant un domaine d'objet limité : l'ensemble des corbeaux observés jusqu'à présent. Il s'agit par conséquent d'un énoncé qui peut être traduit en une conjonction finie d'énoncés atomiques dans lesquels figurent les mêmes prédicats descriptifs, « corbeau » et « noir ». Un tel énoncé sera tenu pour vérifiable si chacun de ces énoncés atomiques l'est. Considérons maintenant le cas où j'affirme « tous les corbeaux sont noirs » voulant dire par là que si je vois un oiseau qui est un corbeau, alors je peux dire par avance qu'il sera noir. Manifestement, un tel énoncé n'est pas équivalent au premier : il prétend avoir une valeur informative pour des cas non encore observés. On tiendra alors l'énoncé pour vérifiable s'il est possible de vérifier les prédictions qu'il permet de réaliser. Une condition de sa vérifiabilité – mais ce n'est pas la seule, on va le voir – est donc qu'il soit possible d'en inférer des prédictions qui contiennent les mêmes prédicats descriptifs et sont elles-mêmes vérifiables. L'analyse de Carnap est là encore pertinente – et l'on voit qu'il ne saurait être question d'une vérification définitive ni « absolue ».

Notons encore qu'il pourra être justifié d'asserter un tel énoncé entendu comme généralisation empirique si tous les corbeaux que l'on a observés jusqu'à présent dans des conditions variées étaient effectivement noirs, alors même qu'un énoncé semblable, s'il prétend porter sur des événements non observés, n'est pas justifié tant que les prédictions qu'il implique ne sont pas vérifiées. C'est là un point important : il ne suffit pas de considérer une suite de signes pour établir de manière précise les conditions de sa vérifiabilité, encore faut-il pouvoir déterminer le *rôle* qu'elle joue dans le système inférentiel où elle figure.

En outre, on ne sera pas bien avancé si l'on apprend que la vérifiabilité de l'énoncé : « Les forces d'interaction de très faible intensité qui s'exercent à distance entre les molécules, appelées forces de Van der Waals, conditionnent les arrangements des molécules et par conséquent les propriétés physiques des composés moléculaires » peut être rapportée à la vérifiabilité des énoncés : « des forces d'interaction de très faible intensité s'exercent à distance entre les molécules » et « les molécules s'ordonnent en arrangements spécifiques » et « ces arrangements sont conditionnés par les forces d'interaction qui s'exercent entre les molécules », etc. Encore faudra-t-il pouvoir établir la vérifiabilité de ces derniers. L'analyse de l'énoncé de départ ne constitue donc qu'une *condition préalable* à la reconstruction de ce qui vaut au titre de sa vérifiabilité d'un point de vue logique. Elle ne nous fait pas véritablement progresser dans la détermination de la manière dont *effectivement* on peut le vérifier. Pour cela, il est nécessaire de pouvoir établir ce qu'est une molécule, ce qu'est un arrangement, une force, une force de faible intensité, etc. Autrement dit, pouvoir vérifier un énoncé suppose de comprendre chacun de ses prédicats descriptifs.

Dans « Testability and Meaning », après avoir défini formellement les différents types de relations inférentielles qui peuvent valoir au titre de relations de confirmation, Carnap en vient à examiner les différentes procédures d'introduction de prédicats descriptifs dans un langage. On retrouve là le problème central de l'*Aufbau* : déterminer la façon dont des prédicats peuvent être introduits dans un langage sur la base de prédicats antérieurement définis et, de façon ultime, sur la base de la classe des prédicats primitifs du langage. Deux différences essentielles entre la position de Carnap dans « Testability and Meaning » et celle de l'*Aufbau* doivent être toutefois notées. La première concerne la caractérisation de la classe des prédicats primitifs. Dans l'article de 1936/1937, Carnap continue de requérir que ces derniers entretiennent un lien privilégié avec l'expérience – c'est la garantie de la possibilité d'une vérification *empirique* – mais il affirme désormais que de tels prédicats doivent être observables : il ne font plus référence à la sphère de l'expérience vécue d'un individu, comme c'était le cas dans l'ouvrage de 1928, mais portent sur les propriétés observables d'objets physiques. Il revient alors non plus à la philosophie mais aux sciences empiriques – à la biologie et la psychologie notamment – de préciser plus avant ce qu'il faut entendre par « observable ».

La seconde différence tient à ce que Carnap reconnaît à présent un autre mode d'introduction que les définitions explicites et les définitions d'usage : les définitions par réduction ou phrases réductives. Une définition explicite consiste à poser comme équivalents un prédicat descriptif P, le *definiendum*, et un ensemble d'autres prédicats descriptifs Q, R, etc., qui figurent dans le *definiens*, ce qui fournit une règle pour remplacer P par le *definiens* dans chacune de ses occurrences. La forme syntaxique du *definiens* détermine en outre le type d'inférences que l'on peut effectuer à partir d'une proposition contenant P :

> *Théorème 5.* Si « P » est défini par une définition D sur la base de C, « P » est réductible à C. Si D a une forme moléculaire, « P » est complètement réductible à C. Si D a une forme essentiellement généralisée, « P » est incomplètement réductible à C [1].

La définition d'un prédicat fournit ainsi une règle inférentielle spécifiant les conditions logiques de la vérification des propositions concernées. Mais Carnap note que certains prédicats descriptifs ne peuvent être introduits au moyen de définitions explicites, notamment les prédicats dispositionnels, tels que « visible », « audible », « fragile », « soluble », etc. Un examen attentif révèle en effet que l'usage de ces prédicats dans le langage naturel ne peut être capturé de façon appropriée par aucune forme de définition explicite. Soit « Q_3 » un prédicat signifiant « soluble dans l'eau » ; supposons que « Q_1 » et « Q_2 » sont déjà définis au sein du langage, que « $Q_1(x, t)$ » signifie « le corps x est plongé dans l'eau à l'instant t » ; et « $Q_2(x, t)$ » : « le corps x se dissout à l'instant t ». Admettons que « Q_3 » est introduit au moyen d'une définition explicite de la forme suivante :

1. R. Carnap, « Testability and Meaning », art. cit., p. 439.

$Q_3 \equiv (t)[Q_1(x, t) \supset Q_2(x, t)]$. Cette définition n'est nullement satisfaisante, car, comme le note Carnap, elle entre en conflit avec l'usage qui en est fait habituellement[1].

> Cette définition ne livrerait pas la signification visée de « Q_3 ». Car, admettons que c est une allumette particulière que j'ai complètement brûlée hier. Dans la mesure où l'allumette était en bois, je peux affirmer de manière correcte qu'elle n'était pas soluble dans l'eau; par conséquent, la proposition « $Q_3(c)$ » (S_1) qui affirme que l'allumette c est soluble dans l'eau est fausse. Mais si nous admettons la définition D, S_1 devient équipollent à « $(t)[Q_1(c, t) \supset Q_2(c, t)]$ » (S_2). Or l'allumette c n'a jamais été mise dans l'eau et dans l'hypothèse que nous avons faite, elle ne pourra jamais l'être. Toute proposition de la forme « $Q_1(c, t)$ » est donc fausse pour toute valeur de « t ». Par conséquent S_2 est vrai, et, en raison de D, S_1 est aussi vraie. « Q_3 » ne peut être défini par D, ni par aucune autre définition.

C'est la raison pour laquelle Carnap fait désormais appel aux phrases réductives. L'adéquation descriptive aux usages du langage naturel visés par la reconstruction rationnelle fonctionne, on le voit, comme une contrainte sur l'analyse formelle : les règles qui définissent les systèmes formels doivent être en adéquation avec l'usage du langage naturel qu'elles visent à formaliser. En d'autres termes encore, l'usage naturel fonctionne comme guide pour la reconstruction rationnelle. Il est alors plus approprié d'introduire le prédicat Q_3 de la façon suivante :

$$(R:)\ (x)(t)[Q_1(x, t) \supset Q_3(x) \equiv Q_2(x, t)]$$

Carnap distingue différents types de phrases réductives qui correspondent chacun à un mode d'introduction spécifique d'un prédicat descriptif dans un langage L à partir des prédicats déjà disponibles dans L (ces derniers étant eux-mêmes soit définis, soit membres de la classe des prédicats de base). Dans *La Syntaxe logique du langage* (1934), Carnap admettait la possibilité de faire figurer des propositions physiques au nombre des règles d'un langage[2]. Il en va de même ici : les phrases réductives sont soit des règles logiques, soit des principes physiques. Dans ce dernier cas, la définition est établie sur la base de certaines propriétés physiques des objets désignés par les prédicats concernés[3]. Carnap note encore que, la plupart du temps, un prédicat n'est pas introduit par une définition unique, mais par un

1. *Cf.* R. Carnap, « Testability and Meaning », art. cit., § 7.
2. *Cf.* R. Carnap, *La Syntaxe logique du langage*, *op. cit.*, § 51.
3. On discutera au chapitre 7 la possibilité d'admettre certaines phrases soit au titre de définitions, soit au titre d'énoncés de connaissance. *Cf.* sections 7.4 et 7.5.

ensemble de phrases réductives ayant chacune une forme particulière. Cette possibilité correspond au fait que, en pratique, une propriété peut être par exemple mesurée au moyen de méthodes diverses, à chacune desquelles on fera correspondre une définition d'un certain type. Ainsi, l'intensité d'un courant électrique peut être mesurée en examinant la déviation d'une aiguille magnétique ou la chaleur produite dans un conducteur ou encore la quantité d'argent qui se dégage d'une solution. Une phrase réductive appropriée sera introduite pour correspondre à chacun de ces cas. Jacques Bouveresse note à ce propos :

> Les énoncés de réduction formulent des critères « opérationnels » d'application pour certains termes ; et dans la mesure où le progrès de nos connaissances et de nos techniques nous permet de disposer de critères nouveaux, nous pouvons énoncer des propositions de réduction supplémentaires [...] Sur ce point, les conceptions opérationnistes de Carnap s'écartent notablement de celles de Bridgman. Celui-ci insiste, en effet, tout particulièrement sur le fait que chaque terme scientifique doit être introduit par un critère opérationnel unique [...] Carnap adopte une attitude qui a l'avantage d'éviter une prolifération monstrueuse des termes et d'être plus conforme aux démarches effectives de la science lorsqu'il admet, pour un même terme, une pluralité et même éventuellement un nombre indéfini de « définitions » opérationnelles [1].

Une fois établies les différentes manières dont il est possible d'introduire un prédicat dans un langage L, Carnap est finalement en mesure de dresser la liste des différents types de symboles qui sont susceptibles de figurer dans un langage L :

> 1. *symboles primitifs de L* [*i.e.* symboles introduits directement, sans être définis au moyen d'autres symboles],
> 2. *symboles introduits indirectement*, c'est-à-dire les symboles introduits par les chaînes introductives sur la base de symboles primitifs ; ici nous établissons les distinctions suivantes :
>   a. *symboles définis*, introduits par des chaînes de définitions,
>   b. *symboles réduits*, c'est-à-dire les symboles introduits par des chaînes introductives contenant au moins une phrase réductive ; ici nous devons encore distinguer :
>   α. *les symboles L-réduits*, dont les chaînes contiennent seulement des L-paires de réduction,

1. J. Bouveresse, « La théorie et l'observation dans la philosophie des sciences du positivisme logique », art. cit., p. 114-115.

β. *les symboles P-réduits*, dont les chaînes contiennent au moins une P-paire de réduction [1].

Chacun de ces modes d'introduction permet de fixer des règles spécifiques grâce auxquelles on peut traduire une proposition dans laquelle figure un prédicat descriptif P en une autre proposition dans laquelle figurent seulement les prédicats sur la base desquels P est introduit. Le mode d'introduction d'un prédicat descriptif permet donc de déterminer quelles inférences sont admises comme valides dans L et contribue de ce fait à déterminer les conditions de la vérification d'une proposition descriptive de L. En d'autres termes, les conditions de la vérification d'un énoncé dépendent non seulement du type d'énoncé auquel on a affaire, mais aussi de la manière dont sont définis les termes descriptifs qui y figurent.

Une différence essentielle doit être notée entre définitions explicites et phrases réductives : à la différence d'un prédicat introduit par une définition explicite, un prédicat introduit par une phrase réductive ne peut être éliminé dans chacune de ses occurrences. Il n'est défini que pour les cas où l'on a établi la vérité de l'antécédent de la définition. Dans tous les autres cas – lorsque l'antécédent est faux, ou bien lorsqu'on ne connaît pas sa valeur de vérité –, Carnap affirme que le sens du prédicat reste indéterminé[2], ce qui revient à requérir que la procédure qui conduit à la vérification d'un prédicat puisse effectivement être réalisée pour que celui-ci ait un sens. En d'autres termes, cela revient à affirmer qu'une phrase dans laquelle figure le prédicat doit pouvoir être effectivement vérifiée pour être admise comme vérifiable. On peut néanmoins considérer qu'une telle exigence est trop forte. Le propre d'un énoncé dans lequel figure un terme dispositionnel est certes de ne pouvoir être vérifié sur la base d'observations que dans les cas où certaines conditions expérimentales sont effectivement réalisées ; mais cela n'implique pas que l'on ne puisse déterminer la *possibilité* de sa vérification en indiquant les circonstances dans lesquelles de telles observations *pourraient* être réalisées. Nous verrons par la suite que Carnap admet bien au nombre des prédicats vérifiables des prédicats introduits sur la base de phrases réductives dont l'antécédent fixe des conditions d'observation réalisables, mais pas *techniquement* réalisables. Or, dans la mesure où nous pouvons indiquer, pour de nombreux prédicats, les conditions de leur vérification sans être en mesure de réaliser ces conditions, il me semble plus adéquat d'affirmer qu'il suffit de savoir

1. R. Carnap, « Testability and Meaning », art. cit., p. 447.
2. *Ibid.*, § 8, p. 445.

quel *type* de procédure *pourrait* être réalisé afin de vérifier un énoncé dans lequel figure le prédicat pour être à même de l'accepter comme vérifiable. Un énoncé tel que « ce morceau de sucre est soluble dans l'eau » est vérifiable dans la mesure où nous sommes capables d'indiquer le type de procédure sur la base de laquelle il pourrait être vérifié ; une telle indication suffit à établir sa vérifiabilité de principe et à expliciter ainsi sa valeur informative. J'admettrai par conséquent que les phrases réductives permettent de déterminer, dans la perspective de la reconstruction formelle, une procédure de vérification en principe réalisable. Le sens auquel cette procédure est réalisable sera examiné plus précisément lorsqu'il sera question de la nature de la possibilité de la vérification[1].

Notons encore que les modes d'introduction des prédicats spécifiés par Carnap dans « Testability and Meaning » ne sont pas exhaustifs. Certains prédicats – et la majorité de ceux que l'on rencontre dans les théories physiques – ne peuvent être introduits sur la base de prédicats primitifs mais sont définis par les principes de la théorie dans laquelle ils figurent. On peut penser à des termes comme « masse gravitationnelle » et « masse inerte » tels qu'ils figurent dans la théorie de la relativité générale : ces termes y sont définis par le principe d'équivalence. À la liste précédemment formulée des types de prédicats pouvant figurer dans un langage, il faut par conséquent ajouter les prédicats introduits au moyen de postulats théoriques et déterminés par les relations qu'ils entretiennent entre eux telles qu'elles sont fixées par ces derniers. Dans les années cinquante, Carnap admet la légitimité d'un tel mode d'introduction[2]. Il reste toutefois nécessaire de déterminer les relations qui valent entre ce type de prédicats et certains prédicats observables du langage si l'on veut pouvoir déterminer les conditions *empiriques* de la vérification des premiers. On fera pour cela appel à des règles de correspondance[3]. Cela signifie que les prédicats théoriques ne peuvent être introduits de manière appropriée que si l'on dispose de l'ensemble des règles qui valent pour eux, *i.e.* postulats théoriques et règles de correspondance. Mais l'idée selon laquelle la signification d'un prédicat descriptif est déterminée en partie par les relations qui le lient aux autres prédicats du même langage ne vaut pas seulement pour les prédicats théoriques. Tous nos termes ont une signification déterminée de manière

1. *Cf.* chap. 4 ci-dessous.

2. *Cf.* R. Carnap, *Introduction to the Philosophy of Science*, *op. cit.*, chap. 23; « Beobachtungssprache und theoretische Sprache », *Dialectica*, XII, Neuchâtel, 1958, p. 236-248.

3. Voir par exemple R. Carnap, *Introduction to the Philosophy of Science*, *op. cit.*

structurelle par les relations conceptuelles qu'ils entretiennent avec les autres termes du même langage – ou, plus spécifiquement, avec d'autres termes pertinents d'un même sous-ensemble linguistique. Ainsi, la signification d'un prédicat dispositionnel tel que « soluble » est déterminée non seulement par ses relations à des termes observationnels, mais aussi par les relations conceptuelles qu'il entretient avec d'autres termes tels que « se dissoudre », « placé dans l'eau », etc. Cela signifie que la distinction entre prédicats théoriques et prédicats observationnels ne saurait être effectuée sur la base de leur mode d'introduction. Elle implique plutôt de prendre en considération le type de contexte dans lequel peuvent figurer les prédicats en question, et il se peut qu'en fonction du contexte envisagé, un prédicat tel que « soluble » puisse valoir soit comme observable soit comme théorique. La distinction n'est par conséquent ni fixe ni hermétique dans le cadre du langage naturel. La décision de tracer une frontière nette entre deux catégories de prédicats, théoriques et observationnels, peut certes s'avérer pertinente lorsqu'un certain degré de précision est requis par l'usage cognitif considéré, mais cela signifie qu'elle ne vaut que pour un certain type d'usage ou de contexte.

Le point important qu'il nous faut retenir au terme de ce chapitre est le suivant : la procédure de vérification d'un énoncé, *i.e.* la possibilité d'en inférer des énoncés d'observation, dépend 1) de la forme propositionnelle de ce dernier, 2) de la manière dont ses prédicats descriptifs sont définis. Or, pour un énoncé donné, ce sont les règles spécifiques du langage auquel il appartient qui permettent de déterminer (1) et (2). En outre, les règles de transformation permettent de caractériser les inférences qui valent comme procédures de vérification de cet énoncé dans le système considéré. Il s'avère par conséquent possible de sélectionner, grâce aux règles linguistiques formulées pour un énoncé dans un langage donné, les inférences proprement constitutives de sa vérifiabilité.

CHAPITRE 3

APPROCHE PRAGMATIQUE DE LA VÉRIFIABILITÉ

Il est apparu que les conditions de la vérification d'un énoncé à visée cognitive pouvaient être déterminées, dans le cadre d'un système linguistique donné, sur la base du type de chaîne inférentielle qui le lie à des énoncés d'observation conformément aux règles linguistiques qui valent pour lui. Une telle caractérisation a été obtenue du point de vue de l'analyse formelle, selon lequel le langage est considéré sous l'aspect d'un système d'énoncés formellement structuré par des règles explicites. Une telle approche comporte une part d'idéalisation : elle implique de mettre de côté l'ancrage pragmatique du langage et sa plasticité corrélative. Afin de compléter notre discussion, nous devons par conséquent examiner à présent la possibilité d'une caractérisation pragmatique de la vérifiabilité dans le cadre du langage naturel.

1. VÉRIFIABILITÉ ET MÉTHODE DE TEST

Comment procède-on en pratique pour vérifier un énoncé à visée cognitive dans le cadre d'un usage ordinaire du langage naturel ? Considérons pour commencer quelques exemples. Soit l'énoncé *b* « Le village de Wissant est un endroit extrêmement riche en témoignages du passé ». D'un point de vue pragmatique, vérifier un tel énoncé consiste à réaliser certaines actions nous permettant d'observer des objets se situant sur le site du village et datant d'époques antérieures à la nôtre. On se rendra par exemple sur le site mentionné et on cherchera à déterminer si l'on peut y trouver des objets des âges passés. Si l'on sait par ailleurs que l'on a découvert de nombreux objets préhistoriques sur le site du village ; que l'on a mis au jour les ruines d'un port antique; que l'on peut observer les restes d'un fort médiéval le long de la D240 à l'entrée du village; qu'une partie du mur de l'Atlantique a été conservée au bout de la digue; ou encore que, sur la plage elle-même, se trouvent de nombreux blockhaus datant de la seconde guerre mondiale, le type d'actions nous conduisant à des observations permettant de vérifier l'énoncé sera à chaque fois précisé; à savoir, se rendre à l'entrée du village, se rendre sur la plage, etc.

Admettons que l'on doive maintenant déterminer la procédure de vérification d'un énoncé tel que *p* : « il y a un pamplemousse sur la table de la cuisine ». Là encore, on considèrera qu'il peut être vérifié si l'on se rend dans la cuisine, que l'on regarde sur la table, que l'on observe un objet de forme sphérique aplati aux pôles, de couleur jaune orangé, etc. De cette manière, on indique une procédure pour déterminer si les conditions auxquelles *p* pourrait être tenu pour vérifié sont remplies ou non. Si l'on suit cette procédure et que l'on parvient à des observations adéquates, l'énoncé sera effectivement tenu pour vérifié. La vérifiabilité doit donc être distinguée de la vérification effective : la procédure sur la base de laquelle on établit la vérifiabilité d'un énoncé se limite aux actions devant être réalisées afin de pouvoir établir s'il peut être tenu pour vrai ou non. De telles actions doivent nous placer dans des conditions telles que certaines observations peuvent être faites, sur la base desquelles l'énoncé sera tenu pour vérifié ou non – en un sens qui reste à préciser. Seule la première étape compte pour établir la manière dont l'énoncé peut être vérifié – ce qui fait l'objet de notre présent examen –, la seconde détermine quant à elle les conditions de sa vérification effective.

Considérons encore un énoncé tel que « la tour de Pise mesure 53 mètres d'un côté, et 55 mètres de l'autre ». Afin d'établir sa procédure de vérification, nous devons indiquer la manière dont on peut mesurer l'édifice en question. Les actions en lesquelles consiste une telle procédure sont du type : régler un appareil de mesure optique, installer l'appareil à telle distance de l'édifice, puis à telle autre, etc. Prenons enfin l'énoncé *g* : « C'est la reconnaissance de l'antigène par les cellules immunocompétentes, directement ou via les cellules présentatrices d'antigène (CPA), qui active le système immunitaire ». On déterminera là encore la procédure sur la base de laquelle *g* pourra être tenu pour vérifiable en indiquant les actions qui peuvent être réalisées afin d'être en mesure d'observer la corrélation entre la reconnaissance d'un antigène par certaines cellules et l'action immunitaire qui s'ensuit : installer et régler un microscope polarisant, préparer un échantillon de sang, etc.

Dans chacun de ces cas, la procédure de vérification est déterminée par les actions grâce auxquelles on serait en mesure de procéder à des observations permettant d'accepter l'énoncé en question comme vérifié ou infirmé. En d'autres termes, la procédure est établie de manière à ce que l'on puisse obtenir des énoncés d'observation, sur la base desquels les énoncés concernés pourraient être tenus pour vérifiés. Il n'est pas nécessaire que l'on indique une procédure effectivement réalisable : dans le cadre du langage naturel, ordinaire comme scientifique, ce qui importe c'est de pouvoir indiquer une certaine marche à suivre nous permettant, le cas échéant, de vérifier notre énoncé[1]. Oswald Hanfling défend une telle interprétation lorsqu'il affirme :

> Une méthode implique d'agir. Et cela est également vrai des méthodes de vérification. Pour vérifier qu'il y a un morceau de métal dans la valise, ou une table dans la pièce d'à côté, je dois faire quelque chose ; et la connaissance de ce que je dois faire fait partie de ce qui est requis pour que je comprenne l'énoncé. Dans certains cas, l'action consiste à faire quelque chose *à* l'objet sur lequel porte l'énoncé ; par exemple, conduire une voiture pour vérifier qu'elle fera du 150 kilomètres/heure[2].

Affirmer un énoncé dans le but de transmettre une connaissance sur un certain fait ou sur une certaine configuration d'évènements du monde implique donc de pouvoir indiquer, si besoin est, une procédure de vérification et, de même, comprendre l'énoncé implique de savoir comment procéder pour le vérifier.

L'approche pragmatique de la vérifiabilité dont nous esquissons ici les prémisses trouve son origine dans les écrits de Peirce. Ce dernier conçoit en effet la procédure qui conduit à accepter un énoncé comme vrai en termes du type d'actions auquel son énonciation nous engage.

> Pour développer le sens d'une pensée, il faut [...] simplement déterminer quelles habitudes elle produit, car le sens d'une chose consiste simplement dans les habitudes qu'elle implique. Le caractère d'une habitude dépend de la façon dont elle peut nous faire agir non pas seulement dans telle circonstance probable, mais dans toute circonstance possible, si improbable qu'elle puisse être. Ce qu'est une habitude dépend de ces deux points : *quand* et *comment* elle fait agir. Pour le premier point : *quand* ? tout stimulant à l'action dérive d'une perception ; pour le second point *comment* ? le but de toute action est d'amener au résultat sensible [...] Il n'y a pas de

1. Nous examinerons dans le chapitre qui suit les différents sens de la possibilité en jeu dans la notion de vérifiabilité.

2. O. Hanfling, *Logical Positivism*, New York, Columbia UP, 1987, p. 27.

> nuance de signification assez fine pour ne pouvoir produire une différence dans la pratique [1].

Cette citation témoigne de ce que le sens d'une pensée est déterminé par les conséquences qu'elle a dans la pratique sur nos habitudes, autrement dit, par les actions auxquelles elle est susceptible de nous conduire. Ces actions et habitudes ont pour caractéristique de s'insérer dans un contexte empirique spécifique et Peirce assimile en outre procédure de vérification et signification : en indiquant les actions qui nous permettraient de vérifier des énoncés à visée cognitive, on indique leur signification. De ce point de vue, ce que signifie un énoncé tel que *g* sera déterminé par les actions qui devraient être réalisées pour que l'on soit en mesure de l'accepter. J'affirmerai pour ma part, au chapitre 5 ci-dessous, que si la possibilité d'indiquer une procédure de vérification permet d'établir qu'un énoncé a une signification cognitive, ce sont les *conditions* de sa vérification qui permettent d'indiquer quelle est sa signification. Mais n'anticipons pas trop.

Dans certains de ses écrits, Schlick adopte une conception de la vérifiabilité semblable à celle qui vient d'être exposée. Il insiste à plusieurs reprises sur l'idée selon laquelle un énoncé est vérifiable si l'on peut indiquer une *méthode de test* pour cet énoncé :

> Partout où nous affirmons quelque chose, nous devons être capables, au moins en principe, de dire comment la vérité de notre affirmation peut être testée, sans quoi nous ne savons pas de quoi nous parlons [2].
>
> L'essentiel pour nous est qu'une phrase n'a un sens que lorsque l'on a une méthode à portée de main pour vérifier cette phrase [...] Dans la vie quotidienne, nous savons exactement ce que les phrases veulent dire, parce que nous pouvons toujours indiquer la voie de leur vérification. Il en va de même avec les phrases de la science ; on connaît toujours la voie au moyen de laquelle on peut établir qu'elles sont correctes. On sait exactement comment nous devrions procéder pour nous convaincre qu'une certaine montagne en Afrique a une hauteur déterminée [3].

Schlick considère que l'indication par Einstein d'une méthode de vérification pour l'énoncé « deux événements a et b ayant lieu à deux

1. C.S. Peirce, « Comment rendre nos idées claires ? » (1879), dans C.S. Peirce, *Textes anti-cartésiens*, trad. fr. J. Chenu, Paris, Aubier, 1984, p. 297.

2. M. Schlick, *Forme et contenu*, *op. cit.*, p. 160.

3. M. Schlick, *Die Probleme der Philosophie in ihrem Zusammenhang*, *op. cit.*, p. 169-170.

endroits distants sont simultanés» illustre clairement le fait que la vérifiabilité d'un énoncé détermine sa signification cognitive[1].

> Le cas le plus célèbre d'une formulation explicite de notre critère est la réponse d'Einstein à la question «Que voulons-nous dire lorsque nous parlons de deux événements qui se produisent simultanément en des endroits distants ? ». Cette réponse consistait à décrire une méthode expérimentale, par laquelle on constate effectivement la simultanéité de deux événements de ce type[2].

On notera enfin que, inversement, nous n'attribuons aucune signification cognitive à un énoncé pour lequel nous ne pouvons indiquer une procédure de vérification. C'est là encore un point mis en lumière par Schlick lorsqu'il s'intéresse à des énoncés tels que «les animaux ont une conscience», «je suis seul à ressentir ma douleur», etc. De tels énoncés ne nous disent rien sur aucun fait du monde tant que nous ne sommes pas en mesure d'indiquer les actions sur la base desquelles nous serions en mesure de réaliser certaines observations permettant de les tenir pour vérifiés. Si en revanche on peut indiquer de telles actions, on peut par là même leur attribuer une signification cognitive.

> L'une des tâches les plus importantes de la philosophie est d'analyser comment le mot «conscience» doit être interprété s'il doit faire sens dans différents contextes. Nous savons qu'il doit bien entendu indiquer une structure. En gardant cela à l'esprit, nous pouvons aisément donner une interprétation non métaphysique de notre question : «Les animaux sont-ils des êtres conscients?». Si ce doit être une question véritable, légitime, elle ne peut signifier autre chose que: «Le comportement des animaux présente-t-il une certaine structure ? ». À présent, c'est devenu un problème véritable qui peut recevoir une réponse précise. Celle-ci bien sûr ne sera pas donnée par le philosophe, mais par le biologiste. C'est son travail que de définir soigneusement le genre de structure en question (il la décrira probablement en termes de «stimuli» et de «réponses»), et de *déterminer dans chaque cas, par observation, si oui ou non un animal ou un être humain particulier présentent, dans des circonstances particulières, cette structure déterminée*[3].

1. Pour l'exposé détaillé d'une telle méthode, on se reportera aux chapitres 9 et 23 de l'ouvrage de A. Einstein, *La Relativité. Théorie de la relativité restreinte et générale. La relativité et le problème de l'espace* (1956), trad. fr. M. Solovine, Paris, Payot-Rivages, 2001.
2. M. Schlick, «Meaning and Verification» (1936), dans M. Schlick, *Philosophical Papers*, vol. 2, Dordrecht, Reidel, 1979, p. 459.
3. M. Schlick, *Forme et contenu*, *op. cit.*, p. 166-167, je souligne.

Nous retiendrons que la procédure de vérification d'un énoncé peut être caractérisée en termes des actions qui doivent être réalisées pour parvenir à sa vérification, ces actions fournissant une méthode expérimentale de test. On pourrait toutefois se demander si une telle caractérisation est véritablement satisfaisante. Est-il possible d'indiquer, pour tout énoncé à visée cognitive, quelles actions devraient être réalisées afin de pouvoir le tenir pour vérifié ? Et le champ des actions possibles n'est-il pas délimité de manière trop large pour qu'une telle caractérisation soit pertinente lorsqu'il s'agit de préciser quelle est la signification cognitive d'un énoncé particulier ?

2. Vérifiabilité et règles d'usage

Dans la perspective de l'analyse formelle, il est apparu que la vérifiabilité d'une proposition était déterminée sur la base des règles du système linguistique auquel elle appartient et qui valent pour elle[1]. Une telle caractérisation permet de capturer un trait essentiel du fonctionnement du langage : son caractère normatif. Maîtriser un langage, c'est en effet maîtriser un ensemble d'usages et de pratiques linguistiques, reconnus et admis comme légitimes par la communauté linguistique considérée, et qui sont régis par certaines normes. La compréhension que nous avons des termes et des phrases de notre langage dépend ainsi de notre compréhension des normes qui en régissent les usages[2]. Inversement, si l'on ne maîtrise pas certaines normes, ou que l'on en a une maîtrise défaillante, on peut, dans certaines situations, ne pas comprendre ou mal comprendre certains énoncés. Par exemple, il est d'usage en Suisse alémanique de dire à une personne comment on se prénomme afin de l'inviter au tutoiement. L'énoncé « je m'appelle Verena », dans un contexte approprié, a donc pour fonction d'instaurer de nouvelles modalités discursives. Par conséquent, comprendre cet énoncé dans un contexte de ce type implique de connaître la norme correspondante. Si on ne la connaît pas, on continuera à vouvoyer la personne, sans comprendre pourquoi elle répète qu'elle se prénomme Verena trois fois dans une même soirée. Ne connaissant pas la norme, on n'est pas en mesure de reconnaître l'usage dans lequel l'énoncé est employé, en conséquence de quoi on n'a qu'une compréhension partielle et

1. *Cf.* chapitre précédent.

2. Nous argumenterons en faveur d'une telle position dans le chapitre 7 ci-dessous.

finalement défaillante de l'énoncé. Il est ainsi manifeste que nos usages et nos pratiques linguistiques sont gouvernés par certaines normes dont la maîtrise est nécessaire pour une bonne compréhension du discours. L'hypothèse que je voudrais mettre à l'épreuve dans cette section consiste à maintenir plus spécifiquement que comprendre des énoncés ayant une visée cognitive implique de maîtriser les normes qui déterminent la manière dont ils peuvent être vérifiés. C'est donc l'idée d'une normativité de la vérifiabilité qui sera discutée.

On peut défendre différentes conceptions, plus ou moins appropriées, de la normativité du langage naturel. Dans les années trente, Schlick adopte une position normative que l'on peut qualifier de forte lorsqu'il affirme :

> Il n'y a qu'une seule façon de donner un sens à une phrase, d'en faire une proposition : nous devons indiquer les règles qui déterminent comment elle doit être employée [...] pour le dire encore autrement : le sens d'une proposition est sa méthode de vérification [1].
> Le sens d'une proposition n'est rien d'autre que les règles que nous avons données pour son application, et à vrai dire de manière explicite ou par l'usage de la langue ordinaire [...] le sens est l'ensemble des règles d'application ou la méthode de vérification (les deux signifient la même chose) [2].
> Indiquer le sens d'une phrase revient à indiquer les règles selon lesquelles la phrase doit être utilisée, et c'est la même chose que d'indiquer la manière dont elle peut être vérifiée (ou falsifiée) [3].

Ces citations témoignent de ce que la procédure de vérification d'un énoncé cognitif est conçue par Schlick comme étant déterminée par (et même équivalente à) des règles spécifiques, qu'il appelle « règles d'application ». Or, on peut douter qu'il soit possible de déterminer, au moyen de règles et pour tout énoncé à visée cognitive du langage naturel, une procédure spécifique de vérification. Deux objections sont possibles : la première vise l'idée selon laquelle la procédure de vérification d'un énoncé cognitif est déterminée par des règles, la seconde vise l'idée selon laquelle on peut indiquer, pour tout énoncé cognitif, une procédure spécifique sur la base de laquelle sa vérifiabilité puisse être établie. Je discuterai l'une après l'autre chacune de ces objections.

1. M. Schlick, *Forme et contenu*, *op. cit.*, p. 76.
2. M. Schlick, *Die Probleme der Philosophie in ihrem Zusammenhang*, *op. cit.*, p. 167/169.
3. M. Schlick, « Meaning and Verification », art. cit., p. 458.

1. On notera en premier lieu que, si nous pouvons indiquer au moyen de règles d'application la procédure de vérification d'un énoncé à visée cognitive, il est néanmoins toujours possible que les résultats obtenus au terme de cette procédure ne nous permettent pas de parvenir à vérifier effectivement l'énoncé. Est-ce là une raison concluante pour rejeter l'idée selon laquelle certaines normes permettent d'indiquer une procédure de vérification pour les énoncés cognitifs ? C'est en tout cas la conclusion à laquelle on devrait être conduit selon la critique formulée par Friedrich Waismann dans un article consacré à « La vérifiabilité ».

> Supposez que je dise « mon ami est là-bas ». Qu'en serait-il si, en m'approchant pour lui serrer la main, il disparaissait soudain ? « Ce n'était donc pas mon ami, mais une sorte d'hallucination ». Mais supposez que je le voie à nouveau quelques secondes plus tard, que je puisse prendre sa main, etc. Alors ? « Mon ami était donc bien là, et sa disparition était une sorte d'hallucination ». Mais imaginez qu'après quelque temps, il disparaisse (ou semble disparaître à nouveau) – que vais-je dire alors ? Avons-nous des règles prêtes pour toutes les possibilités imaginables ? [...] Le fait que, dans de nombreux cas, il n'y ait rien de tel qu'une vérification concluante est lié au fait que la plupart de nos concepts empiriques ne sont pas délimités dans toutes les directions possibles [1].

Waismann rapporte l'indétermination d'une procédure de vérification au fait que, lorsque l'on réalise effectivement les actions qui devraient conduire à la vérification de l'énoncé conformément à ce que prévoient les règles d'application qui valent pour lui, il est possible que l'on se trouve dans des circonstances ne correspondant pas à celles auxquelles on devrait parvenir selon la procédure indiquée. Il voit dans cette possibilité le signe d'une indétermination fondamentale de nos concepts empiriques, pour lesquels nous ne disposerions pas de règles d'application qui vaillent dans tous les contextes d'usage possibles. Autrement dit, la réalisation de certaines actions au titre d'une certaine procédure de vérification peut toujours nous conduire à des résultats totalement imprévus par les règles d'application des termes descriptifs en question. Il serait donc vain de vouloir déterminer à l'avance, au moyen de règles, tous les cas d'application possibles d'un concept. Il serait également vain d'affirmer qu'une procédure de vérification est déterminée par un ensemble de règles : un tel exemple vise à mettre en échec toute tentative de systématisation sur ce point.

1. F. Waismann, « La vérifiabilité » (1945), trad. fr. D. Chapuis-Schmitz, dans S. Laugier et P. Wagner (éds.), *Philosophie des sciences*, *op. cit.*, vol. 1, p. 328.

Comme le souligne Waismann, l'exemple qu'il donne met en lumière le fait que « nous ne pouvons jamais entièrement exclure la possibilité qu'une situation imprévue se présente ». Les règles d'application des termes de l'énoncé « mon ami est là-bas » prévoient que je serais en mesure de le vérifier si je me rendais sur le lieu indiqué et que je réalisais certaines observations sur la base desquelles je pourrais formuler un ensemble d'énoncés d'observation tels que : « je vois mon ami », « je touche sa main », « j'entends sa voix », etc. Mais il est toujours possible, lorsque je réalise les actions prévues, que je me trouve confronté à une situation qui n'était, elle, pas prévue.

De même, pour l'énoncé *a* : « le logement comporte trois pièces », les règles d'usage de l'énoncé et les règles d'application de ses termes prévoient que je puisse réaliser certaines actions, au terme desquelles je serais dans les conditions appropriées pour obtenir des énoncés d'observation d'un certain type. Lorsque je réalise effectivement le type de procédure indiquée, il est possible que j'arrive dans une grande pièce au milieu de laquelle se trouvent deux cloisons s'élevant à mi-hauteur et n'établissant qu'une séparation partielle entre différents espaces. Dans ce cas, tiendrais-je *a* pour vérifié ou non ? La citation de Waismann laisse penser que la réponse à cette question reste indéterminée. Même plus : Waismann invite à conclure que si la question de la vérification de *a* ne peut être tranchée, il est également problématique de considérer que l'on dispose d'une procédure de vérification à proprement parler. Face à des résultats imprévus, nous ne saurions pas quoi faire de notre énoncé de départ, nous serions dans l'incapacité de dire si oui ou non il est vérifié et, par conséquent, si oui ou non il était vérifiable. On pourrait alors vouloir affirmer plus généralement qu'il est tout à fait vain de vouloir faire de la vérifiabilité une propriété déterminée par des règles : seul le contexte spécifique de l'occurrence d'un énoncé permet de répondre à la question de sa vérifiabilité, et donc de sa teneur cognitive. En d'autres termes, les circonstances de l'usage échappent à toute tentative de systématisation, ce qui rend finalement vaine l'idée de normativité linguistique et l'idée corrélative selon laquelle la signification cognitive d'un énoncé peut être anticipée par rapport à son usage effectif dans un contexte donné.

Deux types de réponses sont possibles. En premier lieu, le fait qu'il y ait des exceptions aux règles, *i.e.* le fait qu'il puisse arriver que les résultats obtenus n'aient pas été anticipés par les règles d'application des termes, ne permet pas de conclure à l'absence de règles. De ce qu'il y a des exceptions aux règles de grammaire on ne conclut pas qu'il n'y a pas de règles de grammaire, ni qu'elles ne sont pas utiles pour identifier les composants d'une phrase ou pour effectuer la conjugaison d'un verbe. Il en va de même ici : on peut bien admettre qu'il y a des exceptions aux règles d'application dans la mesure où celles-ci ne permettent pas d'anticiper tous les contextes d'usage d'un terme ni tous les résultats possibles d'une procédure de vérification, mais cela ne signifie pas qu'il n'y a pas de telles règles pour autant, ni, *a fortiori*, qu'elles ne sont pas utiles pour déterminer les conditions *normales* d'application et d'usage de nos termes descriptifs.

Par conséquent, et en second lieu, il nous faut distinguer deux types de normes : 1) les normes qui déterminent une procédure de vérification pour un énoncé et qui peuvent être formulées explicitement par les règles d'usage qui valent pour lui ; et 2) les normes qui déterminent les conditions auxquelles un énoncé pourra être tenu pour vérifié et qui peuvent être formulées quant à elles par des règles d'application des termes descriptifs de l'énoncé. Les possibilités d'exceptions indiquées par Waismann concernent le deuxième type de normes, les règles d'application, et non les règles d'usage. Autrement dit, les exceptions éventuelles concernent non pas la procédure de vérification elle-même, mais ses résultats. Nous savons en effet comment procéder pour tester dans des contextes spécifiques les énoncés « le logement comporte trois pièces » ou « mon ami est là-bas », et c'est bien cela qui compte pour établir et déterminer leur vérifiabilité. L'exemple de Waismann ne met donc pas en cause l'idée selon laquelle nous pouvons indiquer, sur la base de certaines normes linguistiques, une procédure de test pour un énoncé à visée cognitive. Autrement dit, le fait que les résultats d'une procédure de test ne puissent être anticipés alors même que nous disposons d'une telle procédure ne saurait nous conduire à abandonner l'idée selon laquelle il est possible de déterminer la signification cognitive d'un énoncé sur la base de la possibilité de sa vérification.

Comment procéderions-nous dans le genre de situation décrit par Waismann ? Comme il le note lui-même, si, en accomplissant la procédure de test indiquée par les règles d'usage, nous étions confrontés à des résultats imprévus par les règles d'application des termes, « il faudrait que nous modifiions notre définition » [1]. Autrement dit, nous serions conduits à modifier les définitions de nos termes de façon à inclure le nouveau cas rencontré. Ainsi, si l'on se trouvait dans une pièce délimitée de manière seulement partielle en trois espaces distincts, on choisirait d'accepter *a* comme vérifié ou non selon la compréhension du terme « pièce » qu'il nous semblerait adéquat de privilégier dans les circonstances qui nous

1. F. Waismann, « La vérifiabilité », dans S. Laugier et P. Wagner (éds.), *Philosophie des sciences*, *op. cit.*, vol. 1, p. 329.

intéressent. Dans des cas de ce genre, nous effectuons un choix quant à l'extension qu'il nous semble pertinent de donner au terme incriminé dans le contexte concerné et, par conséquent, quant aux caractéristiques des circonstances dans lesquelles nous sommes prêts à accepter notre énoncé comme vérifié. Le contexte spécifique de l'occurrence de l'énoncé joue donc un rôle non négligeable pour la compréhension que nous jugeons adéquate de privilégier.

En outre, les définitions de nos termes jouent un rôle essentiel dans l'interprétation des résultats d'une procédure de test. En fonction des définitions que nous choisissons pour « pièce » ou « ami », nous considérons que les résultats des procédures de test des énoncés dans lesquels ils figurent permettent ou non de les tenir pour vérifiés. Les définitions des termes d'un énoncé à visée cognitive ont donc une influence directe sur ses *conditions* de vérification. Il ne s'agit pas d'une remarque triviale, dans la mesure où cela conduit à inclure les définitions parmi les règles linguistiques constituant le cadre normatif d'un langage : alors que les règles d'usage déterminent pour un énoncé cognitif une certaine procédure de vérification, les définitions déterminent les conditions auxquelles on acceptera l'énoncé comme vérifié. La vérifiabilité d'un énoncé est donc déterminée sur la base de ces deux types de normes.

2. La seconde objection s'appuie sur le fait que l'on dispose la plupart du temps d'une grande variété de procédures de test pour un même énoncé. L'énoncé *p* : « Obama a été investi président des États-Unis » pourrait être vérifié en lisant dans le journal un article relatant l'événement, en regardant des vidéos de l'événement sur internet, en entendant à la radio que le président élu a répété le serment à la Maison Blanche le lendemain de la cérémonie d'investiture, etc. [1]. Schlick est tout à fait conscient du problème que pose la possibilité de disposer pour un même énoncé de plusieurs procédures de test.

> Il y a différentes façons de vérifier une proposition de physique. Ainsi la masse et la charge d'un électron peuvent être déterminées de douze ou

1. On notera à ce propos que le fait qu'il ait été nécessaire de procéder à la répétition du serment *dans le strict respect des règles établies* peut être interprété en faveur de la position ici défendue : dans la mesure où, lors de la cérémonie d'investiture, l'événement ne s'était pas déroulé exactement comme le prévoient les normes permettant de tenir *p* pour vérifié sans conteste possible, il s'est avéré nécessaire de répéter le serment de façon à ne pas laisser place au doute quant aux résultats d'une procédure de vérification de *p*. La répétition du serment visait donc à réaliser de manière entièrement conforme aux règles la procédure prévue pour pouvoir affirmer d'une personne qu'elle est président des États-Unis d'Amérique.

> quatorze façons indépendantes les unes des autres. Mais si le sens d'une proposition est la méthode de sa vérification – comment faut-il comprendre cela ? D'une façon générale, comment peut-on dire *qu'une* proposition est vérifiée de différentes manières [1] ?

On pourrait maintenir que la diversité des procédures de vérification disponibles pour un même énoncé fait obstacle à l'idée selon laquelle il est possible de déterminer par avance sa vérifiabilité sur la base d'une procédure spécifique. Il ne serait finalement pas possible d'apporter une réponse précise à la question de savoir quelle procédure de vérification vaut pour un énoncé donné. En ce sens, cette seconde objection semble bien plus sérieuse que la première pour une position vérificationniste du type de celle que nous voulons défendre.

Deux types de cas peuvent être distingués : 1) les cas où il est possible de déterminer à l'avance différentes procédures de vérification pour un même énoncé et 2) les cas où on ne peut indiquer pour l'énoncé en question qu'un type de procédure général, ce dernier pouvant être précisé par la suite sur la base du contexte d'énonciation. J'affirmerai qu'aucun des deux ne met en cause l'idée d'une normativité de la vérifiabilité. En ce qui concerne le premier, il est en effet tout à envisageable que les règles d'usage qui valent pour un énoncé établissent que différentes manières de procéder sont équivalentes et peuvent être indistinctement indiquées afin de spécifier sa vérifiabilité. Ainsi, les règles qui déterminent l'usage cognitif d'un énoncé tel que « ce corps mesure 10cm » établissent que différentes procédures de vérification sont possibles, qui sont toutes appropriées pour le vérifier. Il est tout aussi approprié de mesurer l'énoncé au moyen d'une règle graduée que de le mesurer au moyen d'un appareil de mesure optique. On remarquera néanmoins que les résultats de ces différentes procédures peuvent ne pas coïncider : ceux obtenus au moyen d'une simple règle graduée seront moins précis que ceux obtenus au moyen d'un appareil de mesure plus perfectionné. C'est alors le contexte de l'énonciation qui permettra de déterminer quelle est la procédure la mieux adaptée étant donné le degré de précision requis, et la teneur informative de l'énoncé sera précisée de manière correspondante. Il n'en reste pas moins qu'il est possible de déterminer par avance la teneur informative de l'énoncé, en indiquant les différentes méthodes de test susceptibles de conduire à sa vérification effective dans différents contextes d'usages.

1. Dans B. McGuiness, *Wittgenstein et le Cercle de Vienne : d'après les notes de Friedrich Waismann*, *op. cit.*, p. 135-136.

Qu'en est-il du cas où seule une procédure de vérification vague et imprécise peut être indiquée ? Reprenons l'exemple de l'énoncé « le village de Wissant est un endroit extrêmement riche en témoignages du passé ». Notre compréhension des termes de l'énoncé nous permet d'affirmer qu'il est vérifiable si on se rend dans un certain village et que l'on peut y observer des objets dont il est possible d'établir qu'ils datent d'époques reculées. De quelle manière on se rend sur le site (à pied ou à cheval), quels objets on peut y observer (des blockhaus ou des fossiles), de quelle manière on établit la datation de ces derniers et avec quel degré de précision, cela reste indéterminé. Cependant, certaines normes linguistiques permettent bien d'indiquer un certain type de procédure de vérification et de délimiter un certain domaine au sein duquel on pourra tenir l'énoncé pour vérifié. Cela suffit pour établir sa vérifiabilité, et partant, sa valeur cognitive. Il apparaît ainsi que cette dernière est déterminée avec un degré de précision proportionnel à celui établi par les normes linguistiques.

Notons encore que le type de procédure requis pour pouvoir établir qu'un énoncé est vérifiable peut être rendu plus précis lorsque l'on dispose d'autres connaissances pertinentes. Le contexte cognitif dans lequel l'énoncé est formulé vient ainsi compléter la détermination normative établie indépendamment de toute particularité contextuelle. Si l'on sait ou si l'on apprend que Wissant a été un port important dans l'Antiquité et qu'il a connu une grande activité portuaire (voyageurs et marchandises) jusqu'au XIIIe siècle, qu'un fort fut construit au Moyen Âge à l'entrée du port, que les allemands occupèrent le site de juin 1940 à septembre 1944, que le commandement militaire allemand décida de construire le « mur de l'atlantique » pour se protéger d'un éventuel débarquement des alliés, etc., alors le type de procédure à suivre pour vérifier l'énoncé de départ pourra être déterminé de manière plus fine et plus précise. Et si on se contentait effectivement de nous dire que le village de Wissant est riche en témoignages du passé, il est fort probable que nous ne soyons pas satisfaits, que nous voulions en savoir plus pour pouvoir faire quelque chose de cet énoncé. Sans doute demanderions nous à notre informateur qu'il précise la teneur informative de son énoncé en nous donnant plus de détails sur la manière dont il faudrait procéder pour le vérifier.

Ainsi se manifeste le caractère holiste de la vérifiabilité : indiquer la manière dont on peut vérifier un énoncé implique d'avoir recours à d'autres énoncés de connaissance également vérifiables. Pour le dire autrement : un énoncé n'est vérifiable que dans un certain contexte cognitif. Cette idée correspond à la caractérisation de la propriété « être vérifiable » à laquelle nous sommes parvenus au terme de notre discussion dans le premier chapitre : il s'agit bien 1) d'une propriété relationnelle (*i.e.* elle implique que d'autres énoncés soient également vérifiables) et 2) d'une propriété spécifiable pour un énoncé donné – dans la mesure où elle est déterminée sur la base des normes linguistiques qui valent pour lui. Il résulte de notre discussion que l'idée selon laquelle un énoncé a une signification cognitive si l'on peut indiquer, sur la base de certaines normes, la manière dont on pourrait le vérifier, n'est pas mise en péril par le fait qu'il puisse être vérifié de différentes manières.

3. Les définitions ostensives comme règles d'introduction des concepts

Lorsque nous avons adopté l'approche formelle pour caractériser la vérifiabilité, il est apparu que les règles de transformation applicables à une proposition devaient correspondre aux règles de formation qui valent pour elle et pour les termes qui y figurent. Je voudrais revenir à présent, dans le cadre de l'approche pragmatique, sur l'idée parallèle selon laquelle les normes qui déterminent la procédure de vérification d'un énoncé dans un contexte donné doivent correspondre aux définitions sur la base desquelles sont introduits les termes descriptifs qui y figurent. Nous allons voir que le rôle accordé par Schlick aux définitions ostensives dans certains de ses écrits va clairement dans ce sens : de telles définitions peuvent être considérées comme établissant les conditions expérimentales sur la base desquelles un énoncé dans lequel figurent les termes définis pourra être tenu pour vérifié. Ces définitions s'avèrent alors influer en retour le type de procédure de vérification qui peut être indiqué pour un énoncé à visée cognitive dans lequel figurent les termes qu'elles introduisent.

Dès la *Théorie générale de la connaissance* et jusqu'à ses derniers écrits, Schlick conçoit les définitions ostensives, qu'il appelle également définitions concrètes, comme un mode spécifique de définition des concepts cognitifs. L'interprétation qu'il en donne et le rôle qu'il leur attribue varient subtilement d'un texte à l'autre, mais ce qui nous intéresse ici c'est l'idée, développée dans les textes des années 1930, selon laquelle ces définitions fonctionnent lors de l'apprentissage du langage et sont établies pour apprendre à un individu la manière dont on peut utiliser un terme. On trouve une telle caractérisation dans l'article de 1936 intitulé « Meaning and Verification » :

> Les « règles grammaticales » consisteront en partie en des définitions ordinaires, c'est-à-dire des explications de mots au moyen d'autres mots, et en partie en ce qu'on appelle des définitions « ostensives », c'est-à-dire des explications au moyen d'une procédure qui place les mots dans leur usage effectif. La forme la plus simple de définition ostensive est un geste indicatif, combiné avec la prononciation du mot, comme lorsque l'on apprend à un enfant la signification du son « bleu » en lui montrant un objet « bleu » [1].

Le rôle des actes de monstration que sont les définitions ostensives est plus précisément décrit par Schlick dans les conférences *Forme et contenu*, prononcées à Londres en 1932 :

> le processus grâce auquel une phrase reçoit son sens [...] n'a rien de mystérieux : il consiste à définir l'usage des symboles qui figurent dans la phrase. Pour ce faire, on indique à chaque fois les circonstances exactes dans lesquelles, conformément aux règles d'un certain langage, les mots devraient être employés. Pour enseigner ces règles, il faut les mettre réellement en application dans des situations déterminées : il faut *montrer* dans la réalité les circonstances auxquelles elles correspondent. Il est certes possible de donner une description verbale de n'importe quelle situation; mais il est impossible de *comprendre* la description si une sorte de lien n'a pas été au préalable établi entre les mots et le reste du monde. Cela ne peut être accompli que par certains actes (des gestes par exemple), actes qui mettent nos mots et nos expressions en corrélation avec certaines expériences.

Les définitions ostensives jouent un rôle privilégié dans les situations d'apprentissage du langage comme l'illustre la suite de cette citation :

> Ainsi, si je prononce une phrase et si vous me demandez ce que je veux dire par là (peut-être en haussant les épaules ou bien en me regardant d'un air vague), je devrai vous répondre en traduisant la phrase dans un langage que vous comprenez, ou, si vous ne comprenez encore aucun langage, je devrai vous en enseigner un. Cela implique certains actes de notre part : je dois vous soumettre à certaines expériences. Toute votre compréhension future se fera en vertu de ces expériences, et, de cette façon, tout sens est essentiellement rapporté à l'expérience [2].

Schlick souligne que l'acquisition des concepts se fait *à l'occasion* de certaines expériences. Les actes de monstration ou définitions ostensives ont ici clairement pour fonction de déterminer la manière dont nos concepts doivent être utilisés lorsque l'on a pour objectif de décrire certaines choses

1. M. Schlick, « Meaning and Verification », art. cit., p. 458.
2. M. Schlick, *Forme et contenu*, *op. cit.*, p. 76.

ou certains faits qui nous entourent. Elles fixent par là-même les conditions expérimentales auxquelles on tiendra pour vérifié un énoncé dans lequel figurent les termes ainsi introduits. Autrement dit, en fixant les conditions d'application des termes descriptifs, les définitions ostensives déterminent les conditions de l'usage cognitif d'un énoncé dans lequel ils figurent et elles fixent de ce fait les conditions de la vérification de ce dernier.

Les définitions ostensives déterminent en outre, selon Schlick, les circonstances *futures* de la compréhension et de l'usage de nos termes. Jouant un rôle essentiel lors de l'apprentissage des concepts, elles influent sur les conditions auxquelles, face à de nouvelles expériences, on sera prêt à tenir pour vérifiés les énoncés cognitifs dans lesquels figurent les termes ainsi introduits. De la sorte, ce que l'on attend et admet comme vérification possible d'un énoncé dépend de la manière dont on a appris à utiliser les concepts qui y figurent. Si l'on a appris à utiliser le mot « pièce » dans certaines circonstances, on s'attendra à ce que, lorsqu'on rencontre de nouveau ce terme dans un énoncé tel que « ce logement comporte trois pièces », l'énoncé soit vérifié conformément à l'usage appris. La propriété pour un énoncé d'être vérifiable est donc déterminée par la façon dont nous avons appris à utiliser les termes qui y figurent et le type de procédure de vérification requis pour un énoncé doit nous placer dans les conditions où, *normalement*, il est possible de le vérifier. On peut donc dire que les définitions ostensives fixent certaines *normes* pour l'usage de nos termes, ce qu'exprime Schlick en disant qu'elles font partie du système des règles qui déterminent un langage.

> L'explication ostensive est une règle pour l'application d'un mot. Il est caractéristique d'une règle que l'on s'y conforme lors de l'action. [...]
> Les définitions ostensives sont également en un certain sens des règles pour l'utilisation des mots. [...]
> Nous avions parlé de la définition ostensive et nous parlons à présent d'autres types de règles. Nous introduisons seulement quelques cas représentatifs; nous voulons en quelque sorte placer les définitions ostensives dans un voisinage, et nous le faisons pour montrer que les définitions ostensives ne sont qu'un type de règles que nous avons dans notre langage [1].

En contribuant à fixer le type de circonstances concrètes dans lesquelles un énoncé pourra être tenu pour vérifié, les définitions ostensives constituent donc un type de règles essentiel pour la détermination de la vérifia-

1. M. Schlick, *Logik und Erkenntnistheorie*, *op. cit.*

bilité lorsque cette propriété est conçue en termes de procédure de test. Cela signifie que la notion de *définition* ostensive doit être comprise en un sens particulier : il ne s'agit pas tant d'établir la signification d'un terme à proprement parler, que d'indiquer les conditions auxquelles un énoncé dans lequel figure le terme ainsi introduit peut être tenu pour vérifié. Cependant, l'idée de définition ostensive, même ainsi interprétée, ne va pas sans poser problème. Certaines conditions doivent être remplies pour que de telles définitions puissent remplir la fonction spécifique que je leur ai assignée, et, afin de préciser quelles sont ces conditions, je voudrais discuter à présent différentes objections qui pourraient être soulevées en ce point.

1. On pourrait objecter tout d'abord qu'un acte de monstration isolé ne peut suffire à identifier les conditions de vérification d'un énoncé dans lequel figure le terme introduit. Cette objection d'inspiration wittgensteinienne est formulée par Hanfling de la façon suivante :

> On ne peut pas considérer qu'une définition ostensive rende compte de façon exhaustive de la signification d'un mot au sens où une définition verbale le peut. [...] Si j'ignore complètement la signification de *W*, alors, en apprenant que *cet* objet (qui est montré du doigt) est *W*, je *peux* apprendre le sens de ce mot, mais je peux aussi ne pas l'apprendre. Car si j'ignore complètement sa signification, je peux ne pas savoir quelles propriétés de l'objet mon enseignant veut signifier lorsqu'il le montre du doigt. Dans le *Cahier Bleu*, Wittgenstein a imaginé une personne en train d'essayer d'expliquer le mot « tove » en montrant un crayon du doigt et en disant « ceci est tove ». Veut-il dire « c'est un crayon », « c'est rond », « c'est dur », « c'est le nombre un » [1] ?

On trouve des éléments de réponse à ce type d'objection dans le texte d'un cours non publié de Schlick, datant du milieu des années 1930, et dans lequel ce dernier affirme qu'il est nécessaire de procéder à des actes de monstration divers et variés afin que l'identification puisse avoir lieu avec succès :

> Comment B parvient-il à la compréhension du mot « rouge » ? Il le comprend du fait qu'on lui montre un cube rouge et qu'en faisant cela on lui énonce le mot « rouge ». Mais il est encore toujours possible qu'il comprenne cette explication de manière différente (« rouge » pourrait par exemple signifier « cube », « anguleux », « pierre », etc.). Afin d'éviter de telles méprises, on indique par exemple différents objets de couleur rouge, en répétant à chaque fois le mot « rouge », jusqu'à ce que B comprenne le

1. O. Hanfling, *Logical Positivism*, *op. cit.*, p. 22.

> mot « rouge », c'est-à-dire jusqu'à ce qu'il puisse l'utiliser correctement également dans des cas futurs [1].

Cette citation indique que les définitions ostensives peuvent fonctionner correctement et remplir leur objectif à condition d'être répétées dans des circonstances variées, dans lesquelles l'objet ou la propriété désignés par le terme ainsi introduit apparaissent à chaque fois sous différents angles et dans différents rapports, de façon à ce qu'ils soient identifiés comme ce qui reste invariant sous ces modifications. La répétition des actes de monstration dans des circonstances variées permet de mettre au jour l'aspect saillant du contexte qui rend pertinent l'usage du terme – et il s'agit aussi bien du contexte empirique que du contexte discursif. La répétition des actes de monstration dans des contextes variés qui correspondent à autant de cas d'application possibles du terme se présente donc comme une première condition du bon fonctionnement des définitions ostensives.

Cet aspect du fonctionnement des définitions ostensives a une conséquence intéressante : il permet que ces dernières soient enrichies lors de l'apparition de nouveaux contextes ou circonstances qui n'avaient pas été envisagées auparavant. Nous avons vu que Carnap admettait, dans « Testability and Meaning », la possibilité d'enrichir la chaîne introductive d'un prédicat descriptif d'un langage formel par de nouvelles phrases réductives ou définitions. Il en va de même ici : les définitions ostensives ne fixent pas à l'avance tous les usages légitimes d'un terme, elles déterminent seulement des usages-types et peuvent par conséquent être enrichies au cours de l'évolution du langage, ou plus simplement au cours de la pratique discursive des locuteurs. Nous retrouvons la contrepartie de l'idée selon laquelle l'ensemble des résultats possibles d'une procédure de vérification ne peut être anticipé par avance : des résultats imprévus peuvent se manifester lors de circonstances d'usage nouvelles. Sur la base de ces résultats, nous serons conduits à étendre nos définitions, afin de prendre en considération ces nouveaux cas et pouvoir déterminer avec une plus grande précision ceux dans lesquels des énoncés contenant les termes définis seront tenus pour vérifiés.

Ainsi se manifeste clairement la détermination mutuelle des règles d'usage et des définitions de nos termes : les deux s'accordent pour fixer certaines conditions d'application types pour nos énoncés et pour nos termes descriptifs. Il apparaît en outre que la signification cognitive dépend tout autant du type de règle établi que du type de contexte dans lequel l'énoncé est ou peut être employé, les premières et les seconds exerçant les uns sur les autres une influence mutuelle.

1. M. Schlick, *Logik und Erkenntnistheorie*, *op. cit.*

> Chaque mot a une signification définie seulement dans un contexte défini auquel il correspond; dans tout autre contexte, il n'aura pas de signification, à moins que nous ne donnions de nouvelles règles pour l'usage du mot dans le nouveau cas [1].

Autrement dit, un contexte ne vaut comme contexte d'usage que s'il peut être pris en charge par, ou s'inscrire dans, une certaine forme de normativité linguistique; inversement, un contexte d'usage nouveau conduira à introduire de nouvelles normes ou à modifier certaines normes existantes. Le type de normes d'usage ainsi posé n'est donc pas rigide mais plastique, au sens où les normes doivent pouvoir s'adapter aux contextes particuliers dans lesquels nous employons nos termes. Cette plasticité découle de la possibilité toujours présente que de nouveaux cas apparaissent, qui n'avaient pas été prévus à l'avance, et elle garantit par conséquent la pertinence des normes établies.

Parmi ces nouveaux cas non anticipés, on peut distinguer différents types de situations. En premier lieu, il y a les cas où le nouveau contexte dans lequel un terme est employé est suffisamment proche des contextes-types déterminés par les définitions ostensives. Dans un cas de ce genre, il ne sera pas nécessaire d'introduire de nouvelles normes explicites si la norme d'usage fixée par les définitions ostensives est suffisamment plastique pour pouvoir prendre en charge des contextes présentant une certaine variation – cela est rendu possible par le fait que les définitions n'ont pour rôle que d'indiquer le *type* de contexte dans lequel on peut utiliser le terme en question, cela permet en effet certaines déviations par rapport à la norme établie. En second lieu, il y a les cas dans lesquels la déviation par rapport à la norme est telle qu'il semblera nécessaire de préciser ou de faire préciser ce qui est visé par l'usage du terme dans un tel contexte. C'est le genre de cas que Schlick semble avoir en tête dans la citation précédente. Le recours à de nouvelles règles ou la nécessité d'expliciter la norme se présentent comme nécessaires en raison du fait que les caractéristiques saillantes du contexte-type ne sont pas présentes ou le sont sous une forme non attendue.

Remarquons encore que le champ de déviation intégré dans la norme fixée par les définitions ostensives n'est pas déterminé de manière tranchée : il est bien plutôt laissé à l'appréciation des locuteurs. En fonction du type d'usage visé et du type de contexte considéré, on pourra par exemple demander de préciser ce que l'on veut dire lorsque l'on affirme que Pluton est une planète. Dans certains contextes, la norme implicite qui vaut à l'ordinaire pour le terme « planète » sera suffisante, mais dans

1. M. Schlick, « Meaning and Verification », art. cit., p. 457.

des contextes qui requièrent un degré de précision plus élevé, il pourra s'avérer nécessaire de fixer des critères d'application du terme plus restreints[1]. De façon similaire, si l'usage d'un terme par notre interlocuteur nous paraît éloigné de celui que nous aurions fait du même terme dans le même contexte, nous pouvons lui demander de préciser ce qu'il veut dire par là. Ainsi, si ma mère dit du voisin qu'il est un peu simplet et que j'ai eu par ailleurs une discussion avec ce même voisin sur la réforme de la définition du terme « planète » et que, par conséquent, conformément à l'usage-type du terme « simplet » que j'ai appris et que je maîtrise, je n'emploierais pas ce terme à propos du voisin, je demanderais à ma mère de préciser ce qu'elle veut dire par là. Autrement dit, je lui demanderais de préciser les critères d'application qu'elle admet pour ce terme, afin de comprendre ce qu'elle veut dire. Il me serait ainsi possible de déterminer les conditions de vérification de son énoncé et de déterminer corrélativement si oui ou non je suis prête à le tenir pour vrai.

Dans tous les cas, les définitions ostensives fonctionnent comme des outils qui permettent d'indiquer l'usage type d'un terme dans des contextes types, et cet objectif est atteint en faisant varier les circonstances ou les contextes dans lesquels le terme peut être utilisé, afin de mettre en lumière les caractères saillants visés par le terme. En aucun cas il ne s'agit de délimiter de manière exhaustive des conditions d'application *sine qua non* pour le terme en question. Les définitions ostensives doivent donc être comprises comme fixant une certaine norme pour l'usage de nos termes, cette norme étant plastique, au sens qui vient d'être indiqué.

2. Une seconde condition qui doit être remplie pour que les définitions ostensives puissent fonctionner correctement dans le cadre de l'apprentissage du langage est que l'individu qui apprend sache ce que l'on veut lui apprendre. On peut penser ici à l'exemple d'Helen Keller, aveugle, sourde et muette, à qui on a tenté d'apprendre un langage à partir de certains gestes de monstration. Pour ce faire, on lui faisait par exemple toucher de l'eau, tout en faisant dans sa main certains signes censés désigner l'eau préalablement touchée. L'élève ne maîtrisant aucun langage ne savait pas au départ quel était le but visé par ce processus – qui était de ce fait tenu en échec. Hanfling souligne également, toujours dans une veine wittgensteinienne, que la réussite de l'apprentissage par définitions ostensives suppose que l'on ait connaissance du fonctionnement des conventions de désignation qui rendent possible ce type de définitions :

1. Voir ci-dessous la section 7.7, p. 219-221.

> Tout cela ne signifie pas que l'enseignement [des concepts] par ostension ne fonctionne pas. Cela fonctionne, car, normalement, l'apprenti sait bien de quelles caractéristiques on veut parler, et il connaît la convention qui consiste à montrer du doigt et il sait quel est son but. Cela signifie, cependant, que [l'apprenti] apporte dans cette situation une compréhension du langage dont l'enseignement par ostension ne peut rendre compte [1].

S'il s'agit d'apprendre une langue étrangère lorsque l'on maîtrise déjà sa langue maternelle, l'usage des définitions ostensives n'est pas problématique. C'est bien de cette manière que l'on procède effectivement lorsque l'on apprend de nouveaux termes, et cela vaut d'ailleurs également pour sa propre langue : on apprend à utiliser et à comprendre un nouveau terme en apprenant le type de contexte dans lequel il peut être employé. En outre, l'ostension n'est pas nécessairement réalisée de manière concrète : si on maîtrise une partie suffisamment étendue de la langue, il est possible de s'enquérir verbalement du type de cas ou de circonstances dans lesquels le terme en question pourra être utilisé. La fonction que remplissent les définitions ostensives peut par conséquent être également prise en charge par des moyens discursifs. Si en revanche on pense à l'apprentissage du petit enfant (ou d'Helen Keller[2]), la situation est plus complexe : l'enfant devra non seulement apprendre une langue particulière, mais également ce que c'est que de maîtriser un langage. Il s'agit là d'un processus complexe dont il est manifeste que les définitions ostensives ne peuvent suffire à rendre compte. Quel est précisément le processus par lequel on apprend un langage, c'est là un problème qui dépasse largement le cadre de notre examen et qui requerrait pour pouvoir être traité des investigations empiriques poussées sur les capacités cognitives humaines. Contentons-nous de retenir qu'il est nécessaire que l'apprenti sache ce qu'est un langage et comment le langage fonctionne pour que les définitions ostensives puissent remplir leur rôle avec succès.

Une autre objection consiste à souligner qu'il est problématique d'utiliser des définitions ostensives dans le cas de termes qui ne désignent rien d'observable. Schlick note que « dans la plupart des cas, la définition ostensive est d'une forme plus compliquée ; nous ne pouvons montrer du doigt un objet correspondant aux mots "parce que", "immédiat", "hasard",

1. O. Hanfling, *Logical Positivism*, *op. cit.*, p. 22.

2. C'est seulement après un certain nombre de répétitions du processus que l'aveugle a été en mesure de mettre en relation l'eau touchée et le signe correspondant. Cependant, d'autres processus psychologiques ont dû jouer, suscités peut-être par la répétition des définitions ostensives, afin que ces dernières puissent atteindre leur but.

“encore”, etc. Dans ces cas, nous requérons la présence de certaines situations complexes, et le sens des mots est défini par la manière dont nous les utilisons dans ces différentes situations »[1]. Cela nous donne l’occasion de souligner qu’une définition ostensive consiste à établir l’usage légitime des termes introduits, et non à fixer le type de référence observationnelle des termes. Il s’agit bien de déterminer les conditions standards dans lesquelles un énoncé contenant les termes introduits pourra être justifié dans le cadre d’un usage cognitif, et non de déterminer la référence des termes en question. Il serait alors moins trompeur, et plus conforme à la position ici défendue, de parler de définitions d’usage plutôt que de définitions ostensives.

On notera finalement que de telles définitions doivent être complétées par des définitions structurelles, et ce même dans le cas des termes observationnels[2]. Une des raisons pour lesquelles il faut pouvoir maîtriser un langage afin que les définitions d’usage fonctionnent tient au fait que ces dernières ne constituent qu’un type particulier de règles linguistiques, qui ne peut remplir son rôle qu’en conjonction avec les autres règles du langage. Ainsi, la définition d’usage est pertinente pour établir les conditions expérimentales de la vérification d’un énoncé cognitif et pour déterminer en retour le type d’action qui peut nous conduire à sa vérification. Mais le sens de l’énoncé doit également être déterminé de manière structurelle, par des règles proprement linguistiques, et nous verrons dans le chapitre qui suit que cela constitue une autre condition de la possibilité de la vérification.

Nous pouvons dire pour conclure cette section que les définitions d’usage permettent de fixer les conditions auxquelles un énoncé dans lequel figurent les termes qu’elles introduisent peut être tenu pour vérifié, en établissant le type de circonstances canoniques dans lesquelles ces termes peuvent être utilisés pour véhiculer une connaissance sur le monde. Ces définitions sont en outre partagées par les membres d’une communauté linguistique puisque c’est en son sein que s’effectue l’apprentissage. Cela signifie que les conditions auxquelles un énoncé dans lequel figurent les termes ainsi introduits sera accepté comme justifié sont déterminées dans le cadre de cette communauté linguistique.

Nous avons ainsi répondu, d’un point de vue pragmatique, aux deux questions formulées à la fin du premier chapitre : celle de la caractérisation de la procédure de vérification d’un énoncé et celle de la possibilité

1. M. Schlick, « Meaning and Verification », art. cit., p. 458.

2. Voir ci-dessus section 2.3.

d'indiquer pour tout énoncé, dans un contexte donné, une procédure de vérification standard sur la base de laquelle sa vérifiabilité puisse être établie. Il est apparu que les règles et les définitions d'usage jouaient un rôle déterminant puisque c'est grâce à elles que différents types de procédure de vérification peuvent être indiqués pour nos énoncés cognitifs.

4. COMPLÉMENTARITÉ DES DEUX APPROCHES

Nous sommes parvenus à une caractérisation de la procédure de vérification selon deux perspectives : la première consistait à s'interroger sur les caractéristiques de la vérifiabilité du point de vue d'une analyse formelle, la seconde sur les caractéristiques de la vérifiabilité selon une approche pragmatique. La question que je voudrais examiner à présent est celle de leur rapport : ces deux perspectives sont-elles complémentaires ou au contraire mutuellement exclusives ? Chacune est représentative d'une approche particulière des problèmes philosophiques : celle de la philosophie formelle et celle de la philosophie du langage ordinaire. L'enjeu qui se profile ici est donc celui du rapport de ces deux approches philosophiques.

Les deux perspectives examinées ont fait apparaître le rôle essentiel joué par certaines normes linguistiques dans la détermination de la vérifiabilité. C'est grâce à de telles normes qu'il est possible 1) de déterminer les différents types de procédures de vérification qui valent pour différents types d'énoncés cognitifs, 2) de défendre l'idée selon laquelle il est possible d'indiquer, pour tout énoncé de ce type, une procédure de vérification sur la base de laquelle sa signification cognitive puisse être déterminée en termes des conditions de sa vérification. Dans le cadre de l'approche formelle, ces normes prennent la forme de règles de transformation déterminant quelles procédures inférentielles fixent les conditions de la vérification d'une proposition; dans le cadre de l'approche pragmatique, il s'agit de règles d'usage déterminant une procédure de test en termes d'actions. Or, il est apparu à plusieurs reprises qu'il était possible d'établir un parallèle entre le rôle des règles de formation et de transformation d'un système formel d'une part, et le rôle des définitions et des règles d'usage du langage naturel d'autre part. La pertinence de l'approche formelle est assurée par ce parallèle : les propriétés qu'elle permet de mettre au jour entretiennent un rapport de correspondance avec celles qui peuvent être observées dans le langage naturel. La différence entre les deux approches tient alors à ce que, dans le cadre de l'approche formelle, la plasticité du langage naturel est pour ainsi dire mise entre parenthèse, au profit d'une analyse qui s'intéresse à l'état du langage à un moment donné, dans un usage spécifique et indépendamment de toute variation contextuelle. Le domaine dans lequel l'approche formelle est pertinente pour clarifier les propriétés de nos énoncés est ainsi délimité par un certain type d'usage et un certain type d'objectif poursuivi, à savoir, en ce qui nous concerne ici, l'usage *cognitif*.

L'analogie entre les deux approches se manifeste en outre, pour ce qui est des caractéristiques des normes linguistiques, selon deux dimensions étroitement reliées : en premier lieu, il est apparu que les règles d'usage et les définitions d'usage d'une part, les règles de transformation et les règles de formation d'autre part, devaient être dans un rapport de correspondance mutuelle. En second lieu, définitions d'usage et règles de formation d'un côté, règles d'usage et règles de transformation de l'autre, remplissent des fonctions analogues. Les premières déterminent les conditions auxquelles un énoncé peut être tenu pour vérifié, les secondes déterminent une procédure permettant de constater si ces conditions sont finalement bien remplies ou non. La vérifiabilité apparaît ainsi comme une propriété complexe, régie par deux types de normes linguistiques fonctionnant de manière conjointe.

La caractérisation ici proposée des normes qui gouvernent la vérifiabilité trouve un écho dans la caractérisation par Dummett des conventions qui gouvernent l'usage des énoncés assertoriques d'un langage :

> La saisie de la signification des énoncés du langage et des expressions qu'ils contiennent ne peut consister que dans la capacité à en faire un usage correct. [...] En ce qui concerne les élocutions [*utterances*] considérées d'un point de vue tout à fait général, la dichotomie entre les deux aspects de leur usage tient à la distinction qui existe entre les conventions qui régissent les circonstances dans lesquelles elles sont faites de manière appropriée et celles qui régissent à la fois les réponses de l'auditeur et ce à quoi le locuteur s'engage lui-même en s'exprimant. Schématiquement parlant, la dichotomie tient à la distinction entre les conditions de l'élocution et ses conséquences [1].

Selon la perspective adoptée, on pourrait dire que les règles de formation ou définitions d'usage contribuent à fixer les conditions de l'assertion légitime d'un énoncé, alors que les règles de transformation ou règles d'usage en fixent les conséquences. Pour asseoir la comparaison, on peut mentionner cette description que donne Prawitz de la position de Dummett :

1. M. Dummett, *Philosophie de la logique* (1978), trad. fr. F. Pataut, Paris, Minuit, 1991, p. 83-88.

> L'idée de Dummett est que les règles qui gouvernent l'usage d'une énonciation peuvent être réparties en deux classes. Pour chaque énonciation, il y a un type de règles qui donnent les conditions auxquelles il est correct de faire l'énonciation [il s'agit des règles d'introduction], et un autre type de règles qui nous disent comment l'énonciation doit être prise, quelle réaction à cette énonciation est correcte [il s'agit des règles d'élimination]. Dans le cas où l'énonciation est une assertion, le premier type de règles énonce une condition d'assertabilité pour la phrase, de quel type de raisons on a besoin pour qu'il soit correct de faire l'assertion, et le second type de règles énonce les conséquences de l'assertion, ce que l'on peut en inférer de manière correcte, et c'est aussi ce à quoi le locuteur s'engage en faisant l'assertion [1].

Dummett note de plus que les deux types de conventions « doivent se déterminer mutuellement », elles doivent être « en harmonie » [2], au sens où ce à quoi nous engage l'assertion d'un énoncé doit être le pendant des conditions auxquelles il est correct d'asserter l'énoncé selon les règles d'introduction. Nous avons vu qu'il en va de même dans le cas des règles d'usage et des définitions d'usage d'une part, des règles de formation et de transformation d'autre part : en assertant un énoncé à visée cognitive nous nous engageons à pouvoir indiquer une certaine procédure qui nous permettrait de tenir l'énoncé pour vérifié conformément à ses conditions de vérification telles qu'elles sont fixées par la manière dont les termes et expressions qui y figurent ont été introduits.

Il y a cependant deux différences essentielles, semble-t-il, entre la perspective de Dummett et celle ici défendue. Tour d'abord, selon Dummett, les règles d'introduction et d'élimination nous permettent certes de reconnaître ce qui vaut comme vérification canonique d'un énoncé cognitif, mais elles ne fournissent pas de procédure de vérification pour tout énoncé. En revanche, les règles de formation et de transformation permettent bien, telles que je les ai thématisées, de déterminer à chaque fois quel type de procédure de vérification est valable pour un énoncé donné ; elles établissent les différentes étapes inférentielles par lesquelles on peut passer de manière légitime d'un énoncé cognitif à des énoncés d'observation et vice-versa. De façon similaire, les règles d'usage permettent d'indiquer, pour un énoncé donné, un type de procédure déterminé par les actions qui peuvent être réalisées afin que l'on soit en mesure de le

1. D. Prawitz, « Quine and Verificationism », art. cit., p. 488.
2. M. Dummett, *Philosophie de la logique*, *op. cit.*, p. 88.

vérifier. Il reste toutefois à préciser le sens auquel nous disposons à chaque fois d'une procédure de vérification réalis*able*, et c'est là la seconde différence d'avec la position dummettienne : il ne s'agit pas pour nous de déterminer les conditions auxquelles un énoncé *est* vérifié, mais celles auxquelles il *pourrait* l'être.

Avant d'examiner le sens de la possibilité ici en jeu, soulignons encore un point tout à fait essentiel de notre approche : ce que l'on entend par vérifiabilité d'un énoncé dépend des règles qui valent pour lui dans un certain contexte, que ce soit dans le cadre d'un système formel ou dans les circonstances spécifiques de son énonciation. En d'autres termes, le sens même du réquisit de vérifiabilité pour un énoncé donné dépend du type de procédure sur la base duquel on peut le tenir pour vérifié, et cela dépend à son tour des règles qui valent pour lui dans un certain contexte, linguistique ou empirique. Le fait que les règles ne soient pas indépendantes du contexte a une conséquence importante : il n'est en aucun cas possible de parvenir à une vérification définitive et absolue d'un énoncé à visée cognitive. Les règles fixent certains standards sur la base desquels on peut tenir un énoncé pour vérifié, mais on peut se méprendre lors du processus d'application des règles, ou bien certaines révisions peuvent être requises qui viendraient modifier les conditions d'acceptation de l'énoncé en question. On peut par exemple se méprendre sur le degré de précision requis dans un certain contexte : alors qu'il peut être adéquat de dire que la France est hexagonale lorsqu'il s'agit de faire deviner à son neveu de cinq ans où se situe la France sur une carte d'Europe, une telle indication ne serait probablement pas appropriée dans le cadre d'un article de géographie. Les conditions auxquelles on sera prêt à tenir l'énoncé pour effectivement vérifié ne seront pas les mêmes dans les deux cas, et il est possible qu'un énoncé accepté pour vérifié dans un certain contexte ne le soit pas dans un autre. Cependant, que l'énoncé en question soit vérifiable, cela demeure inchangé dans les deux cas, puisqu'il est possible à chaque fois de le vérifier en examinant la forme d'une représentation graphique de la France sur une carte par exemple, ou bien une photographie satellite. On voit ici l'importance de la distinction entre la vérifiabilité entendue comme critère de signification cognitive, et la vérifiabilité entendue comme principe. Je reviendrai sur cette distinction au début du chapitre 5.

Dans tous les cas, il est manifeste que le caractère plastique des normes, la possibilité de les modifier ou de les réviser au vu de résultats imprévus, ainsi que le rôle déterminant du contexte d'occurrence de l'énoncé pour l'identification des règles pertinentes, sont autant de facteurs qui vont à l'encontre d'une vérification définitive. Cela vient finalement sceller l'impossibilité d'un réductionnisme de la vérification, déjà mise au jour dans le premier chapitre pour d'autres raisons.

Le caractère ouvert de la vérification d'un énoncé se présente également comme une bonne raison pour rejeter une autre forme de réductionnisme : un réductionnisme sémantique cette fois. C'est un point que Peirce a également reconnu dans le cadre propre de sa pensée : il est tout à fait conscient du caractère inépuisable des effets pratiques d'une série de signes et cela le conduit à rejeter, comme le note Christiane Chauviré, l'idée d'une détermination ultime du sens de nos énoncés :

> L'anti-réductionnisme de Peirce trouve une de ses meilleures expressions dans une double théorie de l'indétermination du sens, abordée du point de vue sémiotique et du point de vue pragmatiste. La première rejette l'idée d'un signifié ultime venant déterminer la série des interprétants, la seconde affirme que le *meaning* pragmatiste, inépuisable, réside dans le futur. Dans les deux cas, la signification apparaît comme un *would-be*, un Troisième sans contours nets qu'on peut seulement déterminer de plus en plus sans parvenir à une détermination totale [1].

On peut s'associer à Peirce pour rejeter un réductionnisme sémantique qui viserait à déterminer de manière *a priori* et définitive la signification d'un énoncé. Toutefois, j'ajouterai à cela que certaines normes linguistiques permettent de déterminer *en amont* le type de teneur informative auquel un énoncé peut prétendre ; le contexte particulier de son occurrence, s'il s'agit d'un usage correct ou approprié, permet ensuite de compléter cette première détermination effectuée au niveau linguistique. Il est en outre apparu à plusieurs reprises que la vérifiabilité d'un énoncé pouvait être déterminée indépendamment de sa vérification effective. En ce sens, la valeur informative d'un énoncé peut échapper au type d'indétermination qui touche une conception du sens ou de la signification en termes de vérification effective – même si, par ailleurs, la plasticité des normes qui déterminent la vérifiabilité laisse ouvert un certain intervalle de jeu.

Revenons pour finir à la question de la complémentarité des deux approches, formelle et pragmatique, de la vérifiabilité. Dans le cadre de l'approche pragmatique, nous avons établi que les règles d'usage déterminaient, pour un énoncé donné, le type de procédure standard pouvant être accompli afin de réaliser certaines observations sur la base desquelles il

1. Ch. Chauviré, *Peirce et la signification. Introduction à la logique du vague*, Paris, PUF, 1998, p. 77.

pourrait être tenu pour vérifié. Que faut-il en conclure en ce qui concerne la relation de vérification entre les énoncés d'observation qui peuvent être ainsi obtenus et l'énoncé de départ? Pour quelles raisons peut-on considérer que les énoncés d'observation que l'on pourrait obtenir de cette manière permettent bien de tenir pour vérifié l'énoncé cognitif qui nous intéresse?

J'affirmerai que c'est précisément parce qu'il est possible de reconstruire sous forme d'inférences, conformément à l'approche formelle, la relation entre énoncés cognitifs et énoncés d'observation correspondants que l'on peut considérer que ces derniers permettent de tenir les premiers pour vérifiés. Lors de l'usage naturel du langage, nous n'effectuons pas réellement les inférences requises, mais elles doivent pouvoir être effectivement explicitées et réalisées si les énoncés d'observation auxquels nous parvenons permettent véritablement de tenir nos énoncés cognitifs pour vérifiés. De cette manière, l'approche formelle permet d'expliciter certaines caractéristiques que nous attribuons à nos énoncés dans le cadre de l'usage que nous en faisons naturellement: on considérera que les énoncés d'observation obtenus au terme d'une procédure de test confirment bien un énoncé cognitif *parce qu'*une reconstruction de ce type est possible. Par conséquent, la détermination de la vérifiabilité en termes de procédure inférentielle entre des énoncés cognitifs et des énoncés d'observation n'est pas substituable à la caractérisation pragmatique de la vérifiabilité en termes de procédure de test. Au contraire, la caractérisation formelle de la procédure de vérification est nécessaire pour compléter sa détermination en termes d'actions. Pour le dire autrement, la propriété pour un énoncé d'être vérifiable n'est explicitée de manière adéquate et complète que lorsque l'on combine les deux perspectives.

Les deux types d'approches philosophiques que représentent chacune de ces deux perspectives gagnent à être ainsi envisagées dans un rapport de complémentarité plutôt que de concurrence. On peut en effet considérer que chacune d'elles prend pour objet d'étude différents aspects du fonctionnement du langage et permet par conséquent d'expliciter différentes caractéristiques et propriétés de nos énoncés et de leurs rapports mutuels. En ce qui concerne la vérifiabilité, alors que l'approche formelle se concentre sur les relations inférentielles qui peuvent valoir comme relations de vérification, l'approche pragmatique privilégie les pratiques linguistiques et leur inscription dans un contexte pragmatique. Pour ce qui nous intéresse ici, j'ai montré que l'approche formelle permettait de compléter les caractéristiques mises au jour par l'approche pragmatique, et notre examen a fait apparaître que les caractérisations de la procédure de vérification auxquelles nous sommes parvenus selon chacune de ces perspectives pouvaient être articulées afin de donner une image adéquate et exhaustive de la manière dont nous attribuons à des énoncés cognitifs la propriété d'être vérifiables. Il s'agit bien à chaque fois de la même propriété, présentant les mêmes caractéristiques – *i.e.* caractère relationnel et non définitif –, mais déterminée à partir de deux perspectives différentes et complémentaires.

CHAPITRE 4

DES POSSIBILITÉS DIVERSES ET VARIÉES

Nous avons examiné dans les deux chapitres qui précèdent de quelle *manière* il était possible de parvenir à la vérification d'un énoncé. Nous devons préciser à présent de quelle nature est la *possibilité* ici en jeu. Il s'agit d'une question complexe, pour plusieurs raisons. Tout d'abord, la question de la possibilité se déploie aux différents niveaux qui constituent une procédure de vérification : 1) est-il possible de procéder aux inférences requises pour vérifier un énoncé? 1') est-il possible de réaliser les actions requises pour vérifier un énoncé?; 2) est-il possible de réaliser les observations sur la base desquelles un énoncé pourrait être tenu pour vérifié?, 2') est-il possible de produire les conditions qui nous permettraient de réaliser les observations sur la base desquelles un énoncé pourrait être tenu pour vérifié? De plus, à chaque fois, plusieurs conceptions de ce que l'on entend par « possibilité » peuvent être défendues : possibilité technique, possibilité physique et possibilité logique[1]. Pour complexifier encore les choses, il n'est pas sûr que chaque type d'énoncé puisse être vérifié au même sens de « pouvoir ». Ainsi, on peut admettre qu'il est tout aussi

1. Dans une lettre adressée à Schlick, datant du 23 janvier 1935, Carnap distingue de manière similaire différents sens de la possibilité de la vérification : « je voudrais proposer que nous évitions l'expression "fondamentalement invérifiable", et que nous la séparions en deux cas, celui de la possibilité physique et celui de la possibilité logique. Nous avons alors en tout 3 [corrigé : « 4 »] cas de non-vérifiabilité : la vérification est 1) seulement impossible en pratique (l'exemple de la lune), 2) physiquement impossible (l'exemple de la propriété E), 3) logiquement impossible (ce sont les cas que tu as en vue). [La dernière expression entre parenthèses est barrée, et remplacée par la formulation suivante : "les conditions sont contra-d[ictoires], 4) nullement indiquées (par exemple des expressions contraires à la syntaxe)"] », ASP RC 029-27-06.

possible de vérifier un énoncé portant sur le futur qu'un énoncé existentiel, ou encore un énoncé singulier, mais que ces énoncés sont à chaque fois vérifiables en un sens différent. Cela signifie que non seulement les types de procédures de vérification qui valent pour chacun d'eux sont différents, mais aussi les réponses aux questions de la possibilité de leur vérification. Clarifier les différents sens auxquels on peut admettre qu'il est possible de vérifier un énoncé à visée cognitive : voilà donc la nouvelle tâche à laquelle nous nous voyons confrontés.

1. Possibilité technique et possibilité pratique de la vérification

Le premier sens de la possibilité que nous examinerons, pour l'écarter aussitôt, est celui de la possibilité technique. Il est techniquement possible de réaliser une certaine action ou une certaine procédure si nous sommes en mesure, dans l'état actuel de nos connaissances, d'effectuer les opérations requises. En 1930, il était techniquement impossible de se rendre sur la lune : les moyens nécessaires à l'accomplissement d'une telle opération n'étaient pas disponibles (navettes spatiales, bases de lancement, scaphandres, etc.). De même, avant l'apparition du microscope, il était techniquement impossible d'observer le comportement de micro-organismes. La possibilité technique est ainsi liée au développement de la recherche scientifique et des technologies qu'elle permet de mettre au point. En ce sens, il s'agit d'une possibilité de nature contingente, dont les limites peuvent être repoussées au cours de l'évolution de nos connaissances. Étant donné la nature et l'étendue de nos connaissances actuelles, il nous est tout à fait possible d'imaginer l'extension du domaine de ce qui est techniquement possible, et nous assistons même régulièrement à une telle extension [1]. Par conséquent, une telle possibilité peut être écartée lorsqu'il s'agit de préciser le réquisit de vérifiabilité : le domaine des énoncés que nous tenons pour vérifiables inclut des énoncés dont la vérification effective n'est pas nécessairement techniquement réalisable au moment de leur formulation.

C'est un point déjà admis par les défenseurs viennois du vérificationnisme. Dans une lettre adressée à Schlick et datée du 23 janvier 1935,

1. On peut penser à la mise au point de nouveaux outils d'expérimentation, comme l'accélérateur de particules LCH à Genève ou, dans un autre domaine, la mise au point de la fécondation *in vitro*, etc.

Carnap reconnaît par exemple que l'énoncé « il y a un cratère sur la face cachée de la lune » est techniquement invérifiable, mais qu'il n'est pas pour autant invérifiable « en principe ». Quelle est alors cette possibilité « de principe » requise au titre de la vérifiabilité ?

Un autre sens, proche de la possibilité *technique*, est celui de possibilité *en pratique*. Il peut par exemple être en pratique impossible de procéder aux actions nécessaires pour vérifier l'énoncé « des documents classés secret défense sont conservés dans une chambre forte scellée sous la bibliothèque nationale », pourtant, nous ne dirions pas qu'il est invérifiable, dans la mesure précisément où nous pouvons indiquer une certaine procédure en termes des actions à effectuer ou des inférences qui pourraient être établies entre cet énoncé et des énoncés d'observation venant le justifier, et nous pouvons également indiquer le type d'observations qui devraient être réalisées si l'énoncé devait pouvoir être tenu pour vérifié. Schlick décrit un cas analogue en ces termes :

> De prime abord, on pourrait dire qu'une proposition est vérifiable si les faits réels sont tels qu'ils nous permettent de découvrir – pour peu que nous le voulions – si elle est vraie ou fausse. En ce sens, il me serait impossible de vérifier l'énoncé « On peut trouver de l'or dans la terre, à 100 mètres sous ma maison », car un grand nombre de circonstances empiriques m'interdisent de savoir s'il est vrai ; et pourtant, cette affirmation n'est certainement pas un non-sens [1].

Les énoncés universels pour lesquels une procédure de vérification complète impliquerait de réaliser une série infinie d'inférences ou d'actions, ou encore d'observations, peuvent également être comptés au nombre des énoncés techniquement ou pratiquement invérifiables en ce sens. Nos capacités ne nous permettent pas de les vérifier de manière exhaustive, mais on ne dira pas pour autant qu'ils sont en principe invérifiables – même plus, on tiendra une vérification partielle pour suffisante et caractéristique de ce type d'énoncés. De manière générale, les énoncés cognitifs pour lesquels nous pouvons indiquer une procédure de vérification et déterminer le sens auquel il est possible de réaliser, au terme de cette procédure, certaines observations, pourront être admis au nombre des énoncés vérifiables, même si nous ne sommes pas en mesure, pour des raisons contingentes, techniques ou pratiques, de procéder à leur vérification. On peut ainsi conclure sur ce point avec Schlick :

1. M. Schlick, *Forme et contenu*, *op. cit.*, p. 78.

> Nous disons qu'une proposition est vérifiable si nous sommes capables de *décrire* une façon de la vérifier, peu importe que la vérification puisse être effectivement accomplie ou non : il suffit que nous soyons capables de *dire* ce qu'il faut faire, même si personne ne sera jamais en mesure de le faire [1].

Il reste à caractériser de façon positive le type de possibilité en jeu.

2. Possibilités logiques

Notons en premier lieu que l'on n'admet comme vérifiables que des phrases bien formées d'un langage. Une suite de signes construite de manière arbitraire ne saurait valoir comme phrase à proprement parler, et par conséquent, on ne saurait l'utiliser comme énoncé cognitif, ni lui attribuer la propriété d'être vérifiable. Une première condition de la possibilité de la vérification, qui s'établit en amont si l'on peut dire, est par conséquent de nature logique ou linguistique : il faut que l'on dispose d'une phrase bien formée. On peut affirmer que si la propriété d'être vérifiable s'applique aux énoncés à visée cognitive, la question de savoir si une certaine entité linguistique est vérifiable ou non concerne quant à elle les phrases d'un langage donné.

Notons qu'une telle condition vaut également pour les phrases utilisées comme ordres, souhaits, questions, etc. Autrement dit, le réquisit selon lequel une phrase doit être bien formée pour pouvoir être utilisée de manière correcte s'applique à tous les types d'usage linguistique, et pas seulement à l'usage cognitif ou informatif. La possibilité linguistique que nous examinons ici vaut donc plus largement pour la possibilité d'un usage linguistique correct quelconque. Dans la lettre à Schlick mentionnée plus haut (*cf.* note 1, p. 103), Carnap affirme pour sa part qu'une phrase n'est « logiquement vérifiable » que si elle est logiquement bien formée, c'est-à-dire non contradictoire. En effet, nous n'admettrons pas comme vérifiable une phrase telle que « il pleut ou il ne pleut pas », pas plus que nous ne serions prêts à lui accorder une quelconque valeur informative. Il en irait de même pour une phrase telle que « mon ami est mort après-demain », « la dame portait une robe rouge qui était vert vif », « le campanile mesure 40 mètres et 45 mètres de haut », etc. De ces phrases, Schlick affirme qu'elles « violent à l'évidence les règles qui gouvernent, en français ordinaire,

1. M. Schlick, *Forme et contenu*, *op. cit.*, p. 78.

l'usage des mots qui y figurent »[1]. La non-contradiction requise n'est donc pas seulement de nature logique, au sens étroit du terme, mais inclut également la non-contradiction telle qu'elle pourrait être définie par rapport aux règles d'usage du langage considéré.

Pour préciser les choses, deux conditions doivent être ajoutées à celle de la non-contradiction logique au titre de la possibilité linguistique d'un usage correct : 1) les termes de la phrase doivent avoir une certaine signification établie dans le cadre du langage concerné, 2) ils doivent être agencés de façon à constituer une phrase pouvant être utilisée afin de produire un certain type d'énoncé, à visée cognitive en l'occurrence. Or, ce sont les définitions du langage d'une part et certaines règles de formation d'autre part qui permettent de considérer que l'on a bien affaire à des phrases bien formées – les exemples discutés par Schlick et indiqués ci-dessus violent cette seconde condition.

On notera cependant que les règles de formation ne sont pas toujours ni exhaustives, ni contraignantes. « Sel ! » prononcé à table sur un ton de voix péremptoire peut fonctionner comme ordre de faire passer le sel. Dans des cas de ce genre, certaines conventions partagées par les interlocuteurs concernés viennent pallier la déficience ou le non respect des règles de formation – même si, par ailleurs, il serait aussi tout à fait légitime de répondre : « je ne comprends pas, est-ce que tu pourrais faire une phrase s'il te plaît ? ». En ce qui concerne les énoncés à visée cognitive toutefois, il semble bien que l'on doive avoir affaire à des phrases bien formées si l'on veut pouvoir déterminer les conditions de leur vérification. Exceptions mises à part, une locution verbale ou un mot isolés ne suffiront pas à transmettre une information sur le monde, alors que certaines conventions peuvent les faire fonctionner comme ordre, défense, souhait, etc.

La première condition est également importante : seule une phrase dont il est possible de déterminer la signification des termes peut être tenue pour vérifiable. Autrement dit, on ne sera pas en mesure d'indiquer la vérifiabilité d'une phrase dont on ne comprend pas certains des termes qui y figurent. Nous avons examiné dans le chapitre précédent le rôle des définitions ostensives sur ce point. Je voudrais insister à présent sur le fait que la signification de nos termes est fixée non seulement par ses conditions d'usage telles qu'elles sont établies par les définitions ostensives, mais aussi, au niveau linguistique, par les relations conceptuelles qu'ils entretiennent avec un certain nombre d'autres termes du langage[2]. Ainsi, les

1. M. Schlick, « Meaning and Verification », art. cit., p. 465-466.

2. Voir ci-dessus, fin de la section 2.3.

termes d'une théorie scientifique sont définis par les relations qu'ils entretiennent entre eux telles qu'elles sont fixées par les postulats de la théorie. Par exemple, dans le cadre de la mécanique newtonienne, le terme « force » appliqué à un corps est défini par le produit de la masse de ce corps par l'accélération qu'il subit. Mais cela vaut également pour les termes observationnels, tels que les termes de couleur : « vert » est défini structurellement par les relations qu'il entretient avec les autres termes de couleur, tels que « bleu » et « jaune », mais aussi avec les termes du vocabulaire technique des longueurs d'onde – en revanche, les relations de « vert » avec des termes tels que « marteau » et « clou » ne seront pas pertinentes pour sa définition. Kuhn décrit de manière similaire cette caractéristique de la signification des termes linguistiques :

> Comme « phlogistique », « élément », etc., « doux/douce » et « esprit » appartiennent tous deux à des faisceaux de termes reliés entre eux, dont un certain nombre doit être appris ensemble [...] dans le cas de « doux/douce », le faisceau comprend, par exemple, « mou/molle », un mot plus proche que « doux/douce » de l'anglais « *soft* », mais qui s'applique aussi au temps chaud et humide. Ou encore, dans le faisceau d'« esprit », considérez le terme « disposition ». Celui-ci empiète sur « esprit » dans le domaine des attitudes et des aptitudes, mais s'applique aussi à l'état de santé ou à l'ordre des mots dans une phrase [1].

La question de la vérifiabilité ne peut donc se poser que pour une suite de signes ayant chacun une signification déterminée structurellement au niveau linguistique. Autrement dit, il faut que soit réglée la question de savoir si la suite de signes en question constitue une phrase recevable avant de pouvoir déterminer si elle est vérifiable – par « phrase recevable », on entend une suite de signes ayant chacun une signification structurellement déterminée et agencés conformément à certaines règles de formation. On a bien là une condition proprement linguistique de la vérifiabilité.

Lorsqu'il requiert la « possibilité logique » de la vérification, Schlick a en vue tout autre chose et il vaut la peine de s'arrêter sur sa conception afin d'en noter les limites. Comme exemple d'énoncé logiquement vérifiable, Schlick cite « les rivières coulent vers l'amont » et il affirme :

> Tout ce que je peux décrire ou définir est logiquement possible – et les définitions ne sont aucunement liées aux lois de la nature. La proposition « les rivières coulent vers l'amont » est douée de sens, mais elle s'avère être

1. Th. Kuhn, « Commensurabilité, communicabilité, comparabilité » (1982), trad. fr. M. Coelho, dans S. Laugier et P. Wagner (éds.), *Philosophie des sciences*, *op. cit.*, vol. 2, p. 309.

> fausse parce que le fait qu'elle décrit est *physiquement* impossible. Cela ne privera pas une proposition de son sens si les conditions que je stipule pour sa vérification sont incompatibles avec les lois de la nature ; je pourrais prescrire par exemple des conditions qui ne seraient remplies que si la vélocité de la lumière était plus grande qu'elle ne l'est en réalité, ou si la loi de conservation de l'énergie n'était pas valable, etc. [1].

Schlick rapporte la possibilité de la vérification d'un énoncé non pas directement à la possibilité de disposer d'une certaine *procédure*, mais à la possibilité qu'existe le *fait* décrit par l'énoncé. Il est tout à fait explicite sur ce point : « j'appelle "logiquement possible" un fait ou un processus s'il peut être *décrit*, *i.e.* si la phrase qui est censée le décrire obéit aux règles de la grammaire que nous avons stipulées pour notre langage »[2]. Un énoncé est vérifiable selon Schlick s'il est possible de concevoir le fait qu'il décrit et d'imaginer les circonstances dans lesquelles nous pourrions réaliser des observations sur la base desquelles on le tiendrait pour vérifié. La citation qui vient d'être mentionnée indique en outre que c'est au moyen des règles de notre langage que nous pouvons établir ces circonstances. Schlick parle de règles et de possibilité « logiques », mais il est manifeste que le sens de « logique » ici en jeu n'est pas le sens restreint selon lequel la logique détermine les inférences valides d'un système de propositions[3]. Les règles logiques comprennent également, selon Schlick, les règles d'usage et les définitions ostensives que nous avons examinées dans les sections précédentes. Ces règles fixent les circonstances empiriques de l'usage légitime de nos termes et, par conséquent, elles déterminent les situations expérimentales lors desquelles une phrase peut être assertée de façon légitime – on voit ce qu'il peut y avoir de non orthodoxe dans une telle conception du domaine de la logique.

Par ailleurs, les circonstances qui permettent de vérifier un énoncé au sens de Schlick doivent certes pouvoir donner lieu à certaines observations, elles ne sont cependant pas nécessairement compatibles avec la connaissance que nous avons par ailleurs de la nature. Ainsi, selon Schlick, l'énoncé « le corps C a la propriété E » serait vérifiable même si nous

1. M. Schlick, « Meaning and Verification », art. cit., p. 467.

2. *Ibid.*, p. 465.

3. Sur l'extension du domaine du logique dans la perspective de Schlick, et son rapport avec la position de Wittgenstein sur le même point, voir J. Bouveresse, « Moritz Schlick et le problème des propositions synthétiques *a priori* », dans F. Nef et D. Vernant, *Le Formalisme en question*, Paris, Vrin, 1998, p. 215-243 ; et P. Simons, « Wittgenstein, Schlick, and the Apriori », dans P. Simons, *Philosophy and Logic in Central Europe from Bolzano to Tarski. Selected Essays*, Dordrecht-Boston-Londres, Kluwer Academic Publishers, 1992.

définissions la propriété E comme se manifestant seulement lorsque le corps C est irradié avec des rayons dont la vitesse est supérieure à celle de la lumière. Une telle définition suffirait à prescrire les conditions dans lesquelles nous pourrions tenir l'énoncé pour vérifié, car nous pouvons très bien imaginer, toujours selon Schlick, le fait décrit par cet énoncé et les observations qui pourraient être réalisées pour le vérifier, même si ces conditions ne sont pas compatibles avec les lois de la nature. Le domaine des énoncés doués de sens devient ainsi pour Schlick le domaine des énoncés logiquement vérifiables, selon la compréhension étendue du terme « logique » qu'il adopte.

> Je ne pense pas par exemple que nous puissions être accusés de proférer des non sens si nous parlons d'un univers à dix dimensions, ou d'êtres possédant des organes sensoriels et ayant des perceptions entièrement différents des nôtres ; et pourtant, il ne semble pas correct de dire que nous sommes capables « d'imaginer » de tels êtres et de telles perceptions, ou un monde à dix dimensions. Mais nous *devons* être capables de dire dans quelles circonstances *observables* nous pourrions asserter l'existence des êtres ou des organes sensoriels auxquels nous avons fait référence [1].

La seule restriction envisagée par Schlick est que l'on puisse indiquer les conditions dans lesquelles un énoncé pourrait être tenu pour vérifié, ces conditions devant *pouvoir* donner lieu à des observations – toujours selon le sens étendu de la possibilité logique qu'il adopte. De ce fait, des énoncés qui affirmeraient l'existence d'un monde à dix dimensions ou d'organes sensoriels distincts des nôtres auraient bien un sens selon sa compréhension du réquisit de vérifiabilité.

Cependant, si nous pouvons admettre que de tels énoncés ont un sens, serions-nous pour autant disposés à leur accorder un sens *cognitif*? Comme Schlick l'admet lui-même, de tels énoncés ne prétendent pas valoir pour notre monde mais pour un monde fictionnel ou simplement envisageable. Ils n'ont par conséquent pas de valeur informative en ce qui concerne le monde dans lequel nous évoluons. Il s'avère donc que n'importe quel énoncé portant sur des faits dont on peut concevoir qu'ils puissent donner lieu à certaines observations seraient admis au nombre des énoncés en principe vérifiables selon la définition schlickéenne de la possibilité logique. Or, même en admettant qu'une telle compréhension de la possibilité puisse fournir une base satisfaisante à une compréhension vérificationniste du sens en général, il est manifeste que cela ne permet en rien de rendre compte

1. M. Schlick, « Meaning and Verification », art. cit., p. 469.

de l'idée de signification *cognitive* d'un énoncé. Le caractère problématique d'une telle extension du domaine du sens cognitif est encore plus manifeste lorsque l'on considère l'exemple suivant :

> On ne trouvera pas plus de difficulté que dans le cas de la face cachée de la lune lorsque nous discuterons, comme autre exemple significatif, la question de l'« immortalité », que le Professeur Lewis appelle, et qui est habituellement appelée, un problème métaphysique. Je prends pour acquis que « immortalité » n'est pas supposé signifier vie sans fin (car cela pourrait être dénué de sens en raison de l'implication de l'infini), mais que nous avons affaire à la question de la survie après la « mort ». Je pense que nous pouvons être d'accord avec le Professeur Lewis lorsqu'il dit à propos de cette hypothèse : « Notre compréhension de ce qui la vérifierait ne manque pas de clarté ». En effet, je peux facilement imaginer être témoin des funérailles de mon propre corps, et continuer d'exister sans corps, car rien n'est plus simple que de décrire un monde qui diffère du notre seulement par l'absence des données que j'appellerais parties de mon propre corps [1].

Manifestement, les énoncés admis par Schlick comme étant en principe vérifiables recouvrent aussi les énoncés habituellement admis comme métaphysiques, pourvu que nous indiquions les conditions dans lesquelles nous serions en mesure de les vérifier. La conception de la vérifiabilité ainsi défendue est par conséquent bien trop libérale pour s'appliquer de manière spécifique aux énoncés cognitifs. Elle ne permet pas de singulariser les modalités spécifiques de la signification des énoncés à visée *cognitive*. La raison est que les conditions de possibilité de la vérification ainsi comprise ne sont pas compatibles avec la connaissance que nous avons du monde dans lequel nous vivons et de la manière dont les choses et les événements sont configurés dans notre monde. Or, comme nous avons eu l'occasion de le souligner[2], notre connaissance forme un système et, par conséquent, un énoncé ne sera admis comme ayant une visée proprement cognitive que s'il s'accorde avec les autres énoncés du système. Je maintiendrai par conséquent, contre le type de conception défendu par Schlick, qu'une condition nécessaire pour admettre qu'un énoncé est vérifiable est que l'attribution de cette propriété à cet énoncé soit compatible avec l'attribution de cette propriété aux autres énoncés pertinents du système de notre connaissance qui sont en relation avec lui. Si l'on veut respecter nos intuitions sur ce point, il faut admettre que le caractère systématique de notre connaissance vient exercer une contrainte sur les modalités de signification

1. M. Schlick, « Meaning and Verification », art. cit., p. 470.
2. Voir ci-dessus, début du chapitre 1.

propres à nos énoncés cognitifs, autrement dit, que la signification cognitive que nous attribuons à un énoncé n'est pas indépendante de ce que nous admettons par ailleurs au titre de notre connaissance du monde. Cela nous conduit à examiner la possibilité physique de la vérification.

3. Possibilité physique de la vérification

On pourrait définir une telle conception de la possibilité comme suit : un processus ou un événement est physiquement possible si son existence est compatible avec notre connaissance de la configuration des choses et du comportement des événements dans le monde. On peut dire par exemple qu'un événement est physiquement possible si son occurrence est compatible avec les lois de la nature d'une théorie donnée. La possibilité physique est ainsi définie par rapport à notre connaissance du monde, et non par rapport à la possibilité que les états de choses ou les événements en question existent effectivement dans le monde. On pourrait nommer possibilité « naturelle » ce dernier type de possibilité, définie indépendamment de nos capacités à l'appréhender ou à la cerner. Notons également que la possibilité physique peut concerner aussi bien la réalisation d'une certaine procédure de vérification que les observations pouvant être effectuées au terme de cette procédure.

Soit l'énoncé « le corps C se dissout lorsqu'on l'irradie avec des rayons d'une vitesse supérieure à celle de la lumière ». La procédure par laquelle il serait possible de tester un tel énoncé, l'irradier avec des rayons supérieurs à la vitesse de la lumière, n'est pas compatible avec le principe physique de la théorie de la relativité selon lequel aucune onde ne peut avoir une vitesse supérieure à celle de la lumière. En ce sens, la procédure est physiquement irréalisable. Néanmoins, si nous pouvions parvenir à réaliser une telle procédure, il serait physiquement possible d'observer la dissolution du corps C : les observations requises pour vérifier l'énoncé ne sont quant à elles pas incompatibles avec le principe physique en question. Considérons à présent l'énoncé « l'eau d'une bouteille placée pendant six heures au congélateur est à l'état de vapeur ». La procédure par laquelle on peut vérifier un tel énoncé est physiquement réalisable, en revanche, les observations qui permettraient, au terme de cette procédure, de tenir l'énoncé pour vérifié sont incompatibles avec notre connaissance du comportement des corps physiques.

Ces deux exemples soulèvent les deux questions suivantes : 1) la procédure de vérification d'un énoncé doit-elle être physiquement possible ?

et 2) doit-il être physiquement possible de réaliser les observations permettant de tenir un énoncé pour vérifié ? Pour Schlick, nous avons vu que ni l'un ni l'autre ne sont requis[1]. Nous admettrons avec lui que les observations qui permettent de tenir un énoncé pour vérifié ne sont pas nécessairement *physiquement* possibles au sens défini ci-dessus. On ne peut en effet requérir que les observations auxquelles on est susceptible de parvenir au terme d'une procédure de vérification soient nécessairement compatibles avec notre connaissance de la nature, ni avec les principes scientifiques que nous admettons, car cela reviendrait à supposer que notre connaissance du comportement des phénomènes naturels est exhaustive et définitive. Or on ne peut pas exclure que l'on soit amené à observer des événements contraires à notre connaissance actuelle de la nature. D'une certaine manière, c'est le sens même du problème de l'induction : rien ne peut nous assurer que les régularités que nous avons observées jusqu'à présent seront également observées dans le futur. Par conséquent, on ne peut exclure *a priori* que nous puissions observer un jour que l'eau d'une bouteille placée pendant 6 heures dans un congélateur en bon état de fonctionnement soit à l'état de vapeur. De telles observations, si elles étaient répétées et répétables, pourraient nous conduire à modifier certaines lois physiques. Pour prendre un exemple dans l'histoire des sciences, Tycho Brahé a réalisé, à la fin du XVIe siècle, une série d'observations de la trajectoire des planètes qui étaient incompatibles avec les lois aristotéliciennes du mouvement encore admises à cette époque. Sur la base de ces observations, Kepler a été conduit à formuler de nouvelles lois, généralisées ensuite par Newton dans sa théorie de la gravitation. Il est ainsi manifeste qu'une des conditions du progrès scientifique est que les observations que l'on peut obtenir au terme de procédures de vérification puissent être incompatibles avec les lois de la nature et plus généralement avec la connaissance que nous avons du monde. Par conséquent, une conception adéquate de la vérifiabilité ne saurait requérir que les observations sur la base desquelles on peut tenir un énoncé pour vérifié soient physiquement possibles au sens discuté ici.

Qu'en est-il de la possibilité de la *procédure* de vérification ? Requérir la possibilité physique de la procédure de vérification revient à dire qu'un énoncé est vérifiable si l'ensemble des actions qui nous mettraient en situation de réaliser les observations sur la base desquelles on pourrait le tenir

1. Il est apparu en outre que Schlick mettait l'accent sur la possibilité que soient réalisées les *circonstances* pouvant donner lieu à des observations, et non pas sur la possibilité de la *procédure* de vérification.

pour vérifié est compatible avec notre connaissance du monde. L'idée selon laquelle la vérifiabilité d'une phrase est établie par rapport à la possibilité physique d'une certaine procédure de vérification s'accorde avec le caractère relationnel de la propriété d'être vérifiable : une phrase est vérifiable si l'on peut également établir que d'autres phrases le sont, et c'est à cette condition que l'on a affaire à des phrases pouvant valoir comme énoncés à visée cognitive. J'affirmerai par conséquent que le réquisit de la possibilité physique de la procédure de vérification est adéquat pour rendre compte de la teneur informative de nos énoncés à visée cognitive.

Carnap défend une position similaire lorsqu'il s'oppose à la possibilité logique de la vérification telle que Schlick la conçoit : « en opposition à la position de Schlick, je réitère l'affirmation de ma conception antérieure selon laquelle nous devons admettre la possibilité physique » [1]. Ainsi, selon Carnap, un énoncé dont la procédure de vérification entrerait en contradiction avec les lois de la nature ne serait pas admis au nombre des énoncés vérifiables.

> Quelqu'un pourrait vouloir définir un prédicat « E » par la méthode expérimentale suivante : nous voulons dire qu'un corps a la propriété E lorsqu'il présente tel et tel comportement quand il est irradié avec des rayons cathodiques d'une vitesse supérieure à celle de la lumière. Il me semble que cela correspondrait mieux à l'usage courant si nous disions que cela n'est pas une indication de sa méthode de vérification, et donc si nous disions que la phrase « ce morceau de fer a la propriété E » n'est pas vérifiable, et certes non pas seulement techniquement invérifiable (comme l'est la phrase au sujet du cratère sur la face cachée de la lune), mais fondamentalement invérifiable [2].

La vérifiabilité d'un énoncé cognitif s'avère devoir être compatible, selon Carnap, avec la connaissance que nous avons à un moment donné de la configuration des événements naturels impliqués dans la procédure de vérification.

On voit là les termes d'un désaccord important entre les positions de Carnap et de Schlick quant à la notion de *possibilité* de la vérification et, par conséquent, quant à l'extension du domaine des énoncés vérifiables. J'ai souligné que la possibilité logique de la vérification, définie au sens de Schlick, ne permettait pas de rendre compte de la teneur informative des énoncés à visée cognitive. Néanmoins, il faut reconnaître à présent qu'en

1. R. Carnap, « Replies », dans P.A. Schilpp, *The Philosophy of Rudolf Carnap*, *op. cit.*, p. 877.

2. R. Carnap, lettre à M. Schlick du 23 janvier 1935, ASP RC 029-27-06.

défendant une telle conception, Schlick a le souci de définir la vérifiabilité d'une manière telle que l'extension de la classe des phrases vérifiables (*i.e.* des énoncés à visée cognitive) ne dépende pas de l'état contingent de notre connaissance à un moment donné.

Si en effet on requiert la possibilité physique de la procédure de vérification, on doit être prêt à admettre que la classe des phrases vérifiables puisse varier lorsque notre connaissance évolue, en particulier lorsque l'on passe d'un paradigme scientifique à un autre et que l'on est conduit à modifier en conséquence certaines lois de la nature. Pour reprendre l'exemple discuté plus haut, si l'on rejette le principe selon lequel aucune onde n'a une vitesse supérieure à celle de la lumière, il devient possible de procéder à la vérification de l'énoncé affirmant qu'un corps possède la propriété E. On peut néanmoins admettre qu'il s'agit d'une conséquence non problématique, puisqu'elle découle naturellement de la caractérisation de la vérifiabilité obtenue à partir d'un examen de nos pratiques cognitives et du fonctionnement du langage, à savoir 1) le sens auquel on peut parler de vérifiabilité dépend du système cognitif considéré et 2) la propriété d'être vérifiable est une propriété relationnelle.

L'histoire des sciences fournit des exemples de phrases dont le statut s'est vu modifié une fois que l'on a pu indiquer une procédure de vérification physiquement réalisable. Il en va ainsi d'une phrase telle que « les événements A et B sont simultanés dans le référentiel R, dans R', A précède B » – comme Schlick l'admet lui-même[1]. Une telle phrase est admise comme vérifiable dans le cadre de la théorie de la relativité d'Einstein, alors qu'elle ne l'est pas dans le cadre de la physique newtonienne. Inversement, un énoncé auparavant admis comme vérifiable sur la base d'un certain état de la connaissance peut s'avérer non vérifiable ultérieurement : on peut penser à un énoncé tel que « ce corps est chargé en phlogistique ». Les chimistes avant Lavoisier pouvaient indiquer une procédure de vérification physiquement réalisable qui permettait de considérer que cet énoncé avait une signification cognitive, ce qui a été mis en question par l'explication nouvelle des phénomènes de combustion une fois découverts les processus d'oxygénation.

On notera enfin qu'admettre la possibilité physique de la procédure de vérification permet de reconnaître comme vérifiables les phrases qui portent sur le futur ou sur le passé. On peut spécifier la manière dont ces phrases peuvent être vérifiées en indiquant une procédure compatible avec

1. *Cf.* ci-dessus, section 3.1.

notre connaissance de la nature, même si nous ne sommes pas en mesure, d'un point de vue technique ou pratique, de réaliser la procédure requise. Une telle conception de la possibilité de la vérification permet donc de souligner 1) que ce qui vaut comme énoncé vérifiable peut être amené à varier au cours de l'évolution de notre connaissance, 2) que la vérifiabilité d'un énoncé est une propriété relationnelle, qui doit être spécifiée sur la base de l'état actuel de notre connaissance. De cette manière seulement on peut parvenir à une compréhension de la vérifiabilité qui en fasse une propriété à la fois suffisamment compréhensive et propre aux énoncés à visée cognitive.

4. Observations réalisables et observations testables

Revenons à présent sur la question de savoir en quel sens il doit être possible de procéder aux observations requises au terme d'une procédure de vérification. Il est apparu que de telles observations n'étaient pas nécessairement compatibles avec l'état de notre connaissance à un moment donné, mais que les conditions de l'observation elles-mêmes devaient être physiquement possibles. Nous sommes alors face à l'alternative suivante : 1) doit-on être capable de produire les conditions d'une telle observation, ou bien 2) peut-on se contenter d'admettre que l'observation puisse être réalisée – sans que l'on soit nécessairement en mesure d'en produire les conditions ? Dans « Testability and Meaning », Carnap envisage ce problème lorsqu'il examine les conditions empiriques de la confirmation. Il montre que les énoncés d'observation auxquels on parvient au terme d'une procédure inférentielle valant comme condition logique de la confirmation peuvent être de deux types, qui correspondent chacun à une modalité spécifique de la possibilité de l'observation : ils sont soit testables, si nous disposons d'une méthode nous permettant de réaliser les conditions requises pour pouvoir effectuer les observations qui permettraient de les vérifier ; soit confirmables, si nous sommes en mesure de vérifier l'énoncé sur la base d'observations, sans être capables de produire nous-mêmes les conditions auxquelles ces dernières pourraient se dérouler.

Cette distinction est illustrée par un exemple. Soit le prédicat Q_1 qui signifie « avoir une maladie M ». Carnap affirme :

> Supposons que « $Q_1(c)$ » signifie qu'il se trouve, au point spatio-temporel c, une personne ayant une certaine maladie. Nous supposons que nous

> connaissons à la fois les symptômes pour l'occurrence de cette maladie et pour sa non-occurrence, par conséquent, « Q_1 » est confirmable. Il se peut même que nous connaissions une méthode au moyen de laquelle nous sommes capables de découvrir avec certitude si une personne donnée, à un temps donné, a cette maladie; si nous connaissons une telle méthode, « Q_1 » est non seulement confirmable, mais aussi testable, et même complètement testable. Nous supposerons, cependant, que « Q_1 » n'est pas réalisable, c'est-à-dire que nous ne connaissons pas à présent de méthode pour produire cette maladie.

Il poursuit sa description de la manière suivante :

> Supposons de plus que des observations cliniques des cas de cette maladie montrent qu'il y a deux classes de cas de ce type, l'une caractérisée par l'apparition d'un certain symptôme, c'est-à-dire par un prédicat observable ou même testable, disons « Q_2 », l'autre par l'absence de ce symptôme, c'est-à-dire par « $\neg Q_2$ ». Si cette distinction s'avère pertinente pour le développement futur de la maladie et pour ses conséquences, les médecins peuvent souhaiter classer toutes les personnes en deux classes : celles qui sont disposées à avoir le symptôme Q_2 si elles attrapent la maladie Q_1, et celles qui ne le sont pas, c'est-à-dire celles qui présentent $\neg Q_2$ si elles ont Q_1. La première classe pourrait être désignée par « Q_3 » et par conséquent la seconde par « $\neg Q_3$ ». Alors « Q_3 » peut être introduit par la phrase de réduction bilatérale « $Q_1 \supset (Q_3 \equiv Q_2)$ » [1].

Dans ce cas, on dira que Q_3 est confirmable mais pas testable : le prédicat Q_1 n'étant pas réalisable, nous ne disposons pas de méthode nous permettant de réaliser les conditions auxquelles nous serions en mesure de réaliser les observations requises pour confirmer un énoncé tel que *p* : « cette personne appartient à la classe qui ne présente pas le symptôme Q_2 lorsqu'elle développe la maladie Q_1 ». Cet énoncé n'en serait pas moins confirmable : si la personne avait effectivement contracté la maladie, nous serions en mesure de le tester. L'impossibilité de réaliser les conditions requises pour réaliser les observations nécessaires à la confirmation de *p* est ici de nature technique, mais non physique. Nous pourrions imaginer que la recherche en médecine se développe et que nous parvenions à trouver une méthode pour inoculer artificiellement la maladie; dans ce cas, *p* deviendrait testable. Mais, pour des raisons pratiques cette fois, plus exactement pour des raisons éthiques, il est vraisemblable que nous ne réaliserions pas l'inoculation, même si nous le pouvions physiquement. Autrement dit, il est fort probable que nous ne procédions pas à l'effectuation des conditions

1. R. Carnap, « Testability and Meaning », art. cit., p. 160.

requises pour réaliser les observations permettant de tester *p*. Dans les deux cas cependant, l'énoncé est bien vérifiable, et il a en ce sens une teneur informative, même si nous ne sommes pas en mesure, pour des raisons de nature pratique, de le tester. Carnap conclut que « cet exemple montre qu'un prédicat non-testable peut néanmoins être confirmable, et même complètement confirmable, et que son introduction et son usage peuvent être utiles pour les buts de la recherche scientifique empirique »[1].

Les énoncés portant sur des événements futurs ou passés peuvent également être rangés sous cette catégorie. Nous ne disposons pas de méthode nous permettant de produire les conditions requises pour réaliser les observations sur la base desquelles nous pourrions les tenir pour vérifiés ou non; nous pouvons cependant indiquer des procédures de vérification physiquement réalisables pour ces énoncés. Par conséquent, ils sont bien vérifiables – même s'ils ne sont pas testables, au sens défini par Carnap.

Récapitulons les résultats de notre discussion sur la nature de la *possibilité* de la vérification : afin de rendre compte de la signification cognitive des différents types d'énoncés à visée informative, nous devons admettre que ces énoncés sont vérifiables au sens où nous pouvons indiquer pour eux une procédure de vérification physiquement réalisable, mais pas nécessairement techniquement ni pratiquement réalisable. D'un point de vue formel, nous devons indiquer les inférences qui valent comme relations de vérification entre un énoncé à visée cognitive et des énoncés d'observation, même si d'un point de vue technique ou pratique nous ne sommes pas en mesure de réaliser chacune des inférences requises. Une procédure de vérification envisagée comme série d'actions physiquement réalisables nous permettrait en outre de parvenir aux conditions dans lesquelles nous serions en mesure de procéder à des observations sur la base desquelles nous pourrions tenir l'énoncé pour vérifié. Mais il n'est pas nécessaire que nous disposions d'une méthode nous permettant de produire les conditions requises pour réaliser les observations en question, même s'il doit être là encore physiquement possible que ces observations aient lieu – l'impossibilité de disposer d'une telle méthode étant de nature technique. Enfin, les observations elles-mêmes ne sont pas nécessairement compatibles avec la connaissance dont nous disposons : c'est là une condition du progrès de notre connaissance.

On pourrait objecter que la réponse apportée à la question de la nature de la possibilité en jeu dans la notion de vérifiabilité est bien trop complexe

1. R. Carnap, « Testability and Meaning », art. cit., p. 161.

pour être éclairante. J'affirme au contraire que, loin d'être problématique, une telle complexité ne fait que refléter la complexité de la notion de signification cognitive et qu'elle correspond à la diversité des énoncés utilisés afin de transmettre une connaissance sur le monde. Loin d'être un obstacle à la clarification, la complexité de l'analyse se présente comme une garantie d'adéquation au fonctionnement effectif de notre langage dans son usage cognitif.

CHAPITRE 5

VÉRIFICATIONNISME, SENS ET RÉFÉRENCE

Le premier chapitre de ce travail a permis de mettre en place une version holiste modérée du vérificationnisme, selon laquelle la propriété pour un énoncé d'être vérifiable est relationnelle et spécifiable. Les différentes modalités possibles de la vérifiabilité ont ensuite été examinées selon deux perspectives, formelle et pragmatique. On a ensuite précisé les différents sens auxquels il était pertinent de requérir la *possibilité* de la vérification. De cette manière, la version holiste modérée du vérificationnisme a gagné quelque substance et une certaine plausibilité. Mais il nous faut clarifier à présent le statut exact du vérificationnisme et de la version particulière que nous en avons défendue. Cette dernière permet-elle de défendre une conception adéquate de ce en quoi consiste la signification cognitive d'un énoncé? ou bien ne fournit-elle qu'un outil pour identifier les énoncés doués de signification cognitive? Chacune des branches de cette alternative correspond à une façon différente d'appréhender le vérificationnisme: comme principe ou comme critère. Alors qu'un principe permet de déterminer en quoi consiste la signification cognitive, un critère permet de distinguer les énoncés doués de signification cognitive de ceux qui en sont dépourvus. Nous allons tenter de préciser dans ce chapitre le rôle exact qui peut être attribué au vérificationnisme.

1. LE VÉRIFICATIONNISME COMME CRITÈRE

Ses origines viennoises conduisent à associer le vérificationnisme au problème de la démarcation: pour les empiristes logiques, le vérificationnisme fonctionnait avant tout comme critère et sa mise en place avait pour objectif d'établir une frontière nette entre le domaine des énoncés doués d'une signification cognitive véritable et le domaine des pseudo-énoncés, c'est-à-dire des suites de signes qui semblent à première vue transmettre une connaissance alors qu'en réalité elles relèvent soit de la métaphysique, soit de nos modes de représentation linguistiques ou formels, mais ne portent en aucun cas sur des événements ou des objets du monde. Je voudrais discuter dans un premier temps la pertinence d'une telle conception et montrer que le vérificationnisme ainsi conçu comme critère a encore un rôle important à jouer de nos jours.

En tant que critère, le vérificationnisme peut remplir deux rôles connexes mais distincts : en premier lieu, il permet de délimiter le domaine des énoncés qui exercent une fonction cognitive en mettant au jour leurs caractéristiques propres; en second lieu, il permet d'écarter les énoncés qui prétendent remplir une telle fonction de manière abusive. Selon cette dernière perspective, le vérificationnisme permet de démasquer les énoncés auxquels on pourrait être tenté d'attribuer une valeur cognitive de manière abusive. C'est en ce sens que l'on peut comprendre la critique de la métaphysique par les empiristes logiques : il ne s'agissait pas tant de rejeter dogmatiquement la métaphysique que de dénoncer la prétention de certains métaphysiciens à livrer une connaissance d'un type particulier sans être en mesure de rendre compte de la teneur informative de leurs énoncés. La notion de *pseudo*-énoncés est révélatrice à cet égard : il s'agit bien de mettre au jour les phrases qui se présentent sous la forme d'énoncés délivrant une connaissance sur le monde, alors qu'elles remplissent en réalité une autre fonction. Dans cette optique, le vérificationnisme permet de dévoiler la confusion des genres.

D'un autre côté, on pourrait objecter que le vérificationnisme ainsi conçu vise à imposer de manière *a priori* et non justifiée certaines normes sur ce qui doit être compté au nombre des énoncés cognitifs et ce qui doit en être exclu. Plutôt que de lever certaines confusions quant au statut de nos énoncés, le vérificationnisme ne ferait que rejeter dogmatiquement certains énoncés au profit d'autres; il se contenterait de ranger abusivement nos énoncés sous des catégories hermétiques. Contre ce type d'objection, je maintiendrai que l'entreprise vérificationniste bien comprise peut s'avérer un outil fécond pour clarifier le statut de nos énoncés. Il ne s'agit pas d'imposer une catégorisation théorique *a priori* mais de proposer une manière d'expliciter un certain type d'usage de nos énoncés et de clarifier les modalités de signification qui sont propres à cet usage. Dans la mesure où le vérificationnisme n'est pas utilisé pour exclure mais pour clarifier, je propose d'appeler « constructif » l'usage du vérificationnisme que je défends ici.

Différents types de faits peuvent être mentionnés qui donnent à une telle compréhension du vérificationnisme toute sa pertinence. Tout d'abord, il est fréquent que les locuteurs d'une communauté linguistique parlent comme s'il s'agissait de transmettre certaines informations ou certaines connaissances sur le monde, alors qu'en réalité ils ne font qu'exprimer leurs opinions, leurs croyances ou leurs préjugés. On peut penser à des situations variées, allant de mon frère qui m'assure que l'absolu est vraiment parfait pour lui, au prêtre qui maintient que l'âme survit après la mort ou que l'avortement est une pratique diabolique. Dans des cas de ce genre, le locuteur s'efforce de laisser penser qu'il est question de connaissances factuelles véritables, alors qu'un examen plus attentif révèle qu'il s'agit d'histoires que l'on se raconte à soi-même, de croyances, ou de propos d'illuminés. Certains éléments du contexte peuvent être utilisés pour camoufler une phrase sous l'habit d'un énoncé à valeur cognitive : le ton de voix sur lequel elle est prononcé, la position sociale ou professionnelle du locuteur par rapport à celle de ses interlocuteurs et l'autorité qui en découle, ou encore, pour des phrases écrites, le type de revue ou de livre dans lequel les phrases sont imprimées. Divers éléments peuvent être ainsi détournés afin de conférer un statut en apparence cognitif ou informatif à des phrases qui ne le sont pas. Face à ces stratégies, le vérificationnisme se présente comme un outil qui permet de mettre en lumière le caractère pseudo-cognitif de ces phrases : si la personne n'est pas en mesure d'indiquer une procédure permettant de vérifier ses propos, au sens explicité dans les chapitres qui précèdent, ceux-ci sont dépourvus de signification cognitive.

Un autre exemple est fourni par le créationnisme, théorie prétendument scientifique de la manière dont le monde a été créé, et dont l'influence est particulièrement grande – et préoccupante – outre-atlantique. Différentes stratégies sont utilisées par les défenseurs de cette conception pour donner à leurs phrases l'apparence de connaissances véritables ; en particulier, ils font une large place à l'utilisation détournée d'éléments contextuels pour donner à penser qu'il s'agit d'énoncés ayant véritablement une valeur informative. Cependant, si l'on s'interroge sur le type de procédure de vérification qui pourrait être indiqué pour un énoncé tel que « les espèces naturelles ont été créées par Dieu telles que nous pouvons les observer aujourd'hui », on s'aperçoit qu'il n'est pas possible d'obtenir une réponse satisfaisante : nous ne disposons pas de procédure physiquement réalisable (*cf.* § 4.3) qui nous permettrait d'aboutir à des conditions dans lesquelles un tel énoncé pourrait être tenu pour vérifié. Cela ne signifie pas que les énoncés qui expriment des idées apparentées au créationnisme ne puissent être utilisés dans certains contextes et à certaines fins, seulement il doit être clair qu'il ne s'agit pas là d'énoncés ayant une valeur cognitive. Ainsi, en enjoignant d'indiquer une procédure de vérification pour les énoncés qui prétendent délivrer une connaissance sur le monde, le vérificationnisme permet de déceler les cas dans lesquels la prétention à l'expression et à la transmission de connaissances est abusive.

On pourrait néanmoins rétorquer qu'un partisan du créationnisme serait en mesure d'indiquer une procédure de vérification du type : regardez autour de vous, observez la diversité des créatures et leur adaptation remarquable à leur milieu, c'est là une preuve empirique suffisante de la création du monde par Dieu. Il pourrait en effet présenter ces observations comme un témoignage du fait que la nature a été créée par un être intelligent selon un certain dessein. La question que l'on serait alors en droit de poser est celle de la relation de justification entre les énoncés d'observation mentionnés et l'énoncé qu'ils prétendent justifier. Admettons qu'un créationniste adroit puisse trouver les ressources qui lui permettraient de reconstruire des relations inférentielles entre les énoncés d'observation et les énoncés à prétention cognitive de son système. Il serait dans tous les cas conduit à rester à l'intérieur de son système et les relations inférentielles qu'il pourrait exhiber entre ses énoncés d'observation et ses énoncés prétendument cognitifs ne pourraient être validées qu'en faisant appel aux principes du système. Or ces derniers posent eux-mêmes problème dans la mesure où seul un acte de croyance permet de les accepter et où ils ne s'accordent pas avec les autres pans de notre connaissance admise. Dans cette mesure, il ne s'avèrerait pas possible de reconstruire les relations inférentielles qui valent entre ces énoncés sous la forme de relations de justification légitimes. Enfin, une objection supplémentaire concerne le statut des énoncés d'observation indiqués par le créationniste : il est rien moins que sûr que ceux-ci puissent valoir comme énoncés d'*observation* à proprement parler – nous reviendrons sur cette question dans le chapitre qui suit.

Loin de se cantonner aux métaphysiques spéculatives et idéalistes du XIXe siècle allemand, on voit que les énoncés pseudo-cognitifs sont encore monnaie courante de nos jours, et pas seulement sous une forme systématique : on les rencontre également de manière ponctuelle dans des contextes ordinaires, comme en témoignent les exemples mentionnés ci-dessus. Ce constat permet de souligner la pertinence du vérificationnisme constructif : de manière générale, il peut être envisagé comme un moyen de rester vigilant face à nos prétentions cognitives. En outre, un de ses avantages non négligeable est d'écarter les conflits pseudo-théoriques que peut entraîner ce type de prétentions cognitives inappropriées – même si cela reste plus facile à réaliser dans le cas d'énoncés isolés que dans le cas d'un système, où il est alors nécessaire de pouvoir remonter en dernier recours aux principes fondamentaux qui posent problème.

Une autre manifestation de l'usage cognitif illusoire se donne à voir lorsque certaines phrases sont formulées de telle sorte qu'il semble qu'elles nous disent quelque chose du monde alors qu'elles portent en fait sur nos modes de représentations et expriment par exemple des définitions. Une phrase comme « les pommes sont des fruits » est apparemment similaire à « les carottes sont cuites ». De même que la seconde nous renseigne sur l'état des carottes que l'on a mises à cuire dans la cocotte, la première pourrait être interprétée comme nous renseignant sur la nature des pommes en général. Mais il n'est pas sûr que la question de savoir comment vérifier une telle phrase soit vraiment pertinente. On admettra alors qu'il ne s'agit pas d'un énoncé à visée informative, mais d'une explication du terme « pomme », qui met en lumière le lien d'inclusion conceptuelle entre ce terme et le terme « fruit ». Dans un carnet de Waismann où sont consignées des discussions avec Wittgenstein, on peut lire l'exemple suivant qui va dans le même sens :

> Les mots : « le signe *a* signifie cet objet » ou « *a*:*b* Déf. », qui sont également des explications de signes, ne disent rien sur le lien de cause à effet entre deux événements. *Id est*, c'est un non-sens de dire que cette explication serait confirmée ou réfutée par des expériences futures. La proposition : « La chute du baromètre est signe qu'il va pleuvoir » est une *hypothèse*, l'explication « *a* est un signe pour… » est dans notre acception une *convention*. Nous pouvons dire d'une hypothèse, mais pas d'une convention, qu'elle est confirmée ou réfutée par l'expérience [1].

Admettre le vérificationnisme comme critère conduit à n'admettre au nombre des énoncés à valeur informative que ceux pour lesquels on peut indiquer une procédure de vérification, au sens examiné précédemment, et cela permet de démasquer les énoncés qui, sur la base de certains éléments du contexte de leur occurrence ou de leur apparence extérieure, sembleraient avoir une portée cognitive alors que ce n'est pas le cas. Il ne s'agit pas de rejeter de tels énoncés comme non pertinents mais de les appréhender à

1. A. Soulez (dir.), *Dictées de Wittgenstein à Waismann et pour Schlick*, vol. 1, *Années trente*, Paris, PUF, 1997, p. 44.

leur juste valeur, et d'être au clair sur le type de fonction qu'ils peuvent remplir – et sur celles qu'ils ne peuvent *pas* remplir. Dans le dernier type d'exemples mentionnés, on a affaire à des phrases qui exercent une fonction définitionnelle et non pas descriptive.

Une des critiques émises à l'égard du vérificationnisme en tant que critère est de ne pas parvenir à délimiter de manière satisfaisante le champ des énoncés doués de signification cognitive : soit le critère est trop restrictif, et il conduit à exclure des énoncés que l'on serait prêt à admettre comme ayant une valeur cognitive, soit il est trop libéral, et il permet d'admettre n'importe quel énoncé comme ayant une valeur cognitive[1]. Quelle est la pertinence de ces objections à l'encontre du vérificationnisme constructif ici proposé ?

Considérons tout d'abord le premier type de critique, selon lequel le vérificationnisme fournirait un critère trop restrictif. On admettra que cette ligne d'argument vaut par exemple à l'encontre du vérificationnisme réductionniste, qui conduit effectivement à exclure du champ des énoncés cognitifs les lois de la nature et, plus généralement, l'ensemble des énoncés universels dont le domaine d'objet est infini ou indéterminé. Elle vaut également contre une version du vérificationnisme que l'on pourrait qualifier de radicalement phénoménaliste et qui consisterait à n'admettre comme vérifiables que les énoncés qui peuvent être vérifiés par un individu donné au moment même de leur énonciation et sur la base de l'expérience perceptive de ce dernier. Une telle version conduirait à exclure les énoncés portant sur le passé ou sur le futur, ainsi que les énoncés exprimant en première personne certaines sensations ou sentiments tels que la douleur, et dont nous ne sommes pas nous-même les locuteurs, dans la mesure où elle rejette comme illégitimes les procédures de vérification qui ne peuvent être effectuées au moment même de l'occurrence de l'énoncé et/ou par autrui[2].

La version du vérificationnisme ici défendue se démarque de tentatives de ce genre. Nous avons en effet procédé à l'explicitation de ce qui peut valoir au titre d'une procédure de vérification sans prendre pour point de départ une conception dogmatique de ce que devrait être une telle procédure, mais en faisant place à la diversité des procédures disponibles sur la

1. Voir notamment la critique de A. Church, « Review of A.J. Ayer's *Language, Truth and Logic*, Second Edition », *Journal of Symbolic Logic*, vol. 14, n° 1, 1949, p. 52-53 ; ainsi que la discussion de C.G. Hempel dans « Les critères empiristes de la signification cognitive : problèmes et changements », art. cit.

2. Pour une critique d'une version phénoménaliste du vérificationnisme, voir par exemple G. Ryle, « Unverifiability-by-me », *Analysis*, vol. 4, n° 1, 1936, p. 1-11.

base desquelles nous pouvons accepter comme vrais nos énoncés à prétention cognitive. Dans la mesure où elle s'appuie sur la prise en considération de la diversité de nos pratiques linguistiques et épistémologiques, la version du vérificationnisme à laquelle nous sommes parvenus est en adéquation avec nos intuitions pré-systématiques quant à ce qui vaut comme énoncé doué de signification cognitive. En particulier, nous avons vu qu'il était tout à fait possible d'indiquer certaines procédures de vérification physiquement réalisables au terme desquelles on pourrait réaliser des observations permettant de tenir pour vérifié un énoncé portant sur le passé ou sur le futur. Il en va de même pour un énoncé tel que « j'ai mal », prononcé par un autre que soi : on lui attribue une valeur informative dans la mesure où il est possible d'indiquer la manière dont on pourrait le tenir pour vérifié, par exemple en regardant si l'individu se tord de douleur, en appuyant à l'endroit douloureux et en observant sa réaction, etc. La version modérément holiste du vérificationnisme répond donc bien, de ce point de vue, à un critère d'adéquation descriptive.

D'un autre côté, on ne s'est pas contenté de décrire ce qui était tenu de fait pour procédure de vérification. Il est apparu au contraire que ce qui valait au titre d'une telle procédure répondait à différentes contraintes, mises au jour à partir d'un examen du fonctionnement de notre langage et de notre connaissance. Ainsi, une procédure de vérification adéquate doit nous conduire à des circonstances dans lesquelles il est possible de réaliser des observations sur la base desquelles l'énoncé en question pourrait être tenu pour vérifié et de telles observations doivent pouvoir être formulées dans des énoncés qui sont dans certains rapports inférentiels avec l'énoncé de départ. En outre, différentes conditions doivent être remplies pour qu'une phrase puisse être employée, dans un usage quelconque en général, et à des fins cognitives en particulier : elle doit appartenir à un langage déterminé par un ensemble de normes linguistiques, les termes qui y figurent doivent non seulement avoir une signification structurellement déterminée par leurs relations avec les autres termes pertinents du langage mais aussi être correctement agencés ; enfin, son usage normal dans des circonstances empiriquement caractérisées doit être établi par certaines normes linguistiques. Le vérificationnisme ne vaut par conséquent comme critère de signification cognitive que dans le cadre de cette perspective plus générale qui prend en considération les conditions auxquelles toute suite de signes doit répondre pour pouvoir être utilisée et valoir comme énoncé véritable. La question de la vérifiabilité ne peut se poser que pour des phrases qui ont au préalable répondu aux critères généraux des conditions de possibilité de l'usage linguistique, et de l'usage cognitif en particulier. Ainsi, tant que de tels critères ne sont pas indiqués pour des énoncés tels que « l'absolu est blanc » ou « le néant néantise », on voit mal en quel sens on pourrait poser la question de leur vérifiabilité.

Il résulte de cela que le second type d'objection à l'encontre du vérificationnisme – à savoir : être trop libéral – ne vaut que pour une version réduite de cette position, qui la limiterait à l'application d'un critère formel indépendamment de la prise en considération des normes du langage auquel l'énoncé considéré appartient. Autrement dit, l'objection selon laquelle le vérificationnisme fournirait un critère inadéquat car trop libéral ne vaut que si l'on admet qu'il est possible d'appliquer un tel critère à un énoncé pris isolément et indépendamment de tout contexte discursif – et donc finalement à une proposition d'un système formel. Contre cela, je maintiendrai que la propriété d'être vérifiable ne peut être adéquatement explicitée ni attribuée indépendamment d'un cadre linguistique donné et d'un certain type d'usage du langage. Un énoncé n'est donc pas en lui-même vérifiable ou non, il l'est seulement en tant qu'il figure dans un certain contexte discursif adéquat. Dans son article consacré aux critères empiristes de la signification, Hempel aboutit à une conclusion similaire en ce qui concerne la notion de signification empirique :

> L'expression « la signification expérimentale de l'expression E » est elliptique : ce qu'une expression donnée « signifie », compte tenu de données empiriques potentielles, est relatif à deux facteurs :
> I. *Le cadre linguistique L* auquel l'expression appartient. Ses règles déterminent en particulier les énoncés (observationnels ou non) qu'on peut inférer d'un certain énoncé ou d'une certaine classe d'énoncés ;
> II. Le contexte théorique dans lequel l'expression apparaît, autrement dit la classe des énoncés de L utilisables comme hypothèses subsidiaires [1].

Le vérificationnisme holiste modéré permet donc de rendre compte de la propriété d'être vérifiable de manière descriptivement adéquate, c'est-à-dire ni trop restrictive ni trop étendue par rapport à ce que nous sommes prêts à admettre intuitivement au titre des énoncés cognitifs. Il peut par conséquent fournir un critère adéquat pour déterminer les énoncés doués de signification cognitive. Toutefois, il est important de souligner à nouveau que le vérificationnisme ainsi conçu ne prétend pas fournir à lui seul une conception de la signification en général. Il est au contraire doublement limité, puisqu'il s'inscrit dans le cadre d'une perspective plus large sur le fonctionnement du langage d'une part – perspective que l'on peut qualifier

1. C.G. Hempel, « Les critères empiristes de la signification cognitive : problèmes et changements », art. cit., p. 79.

de *normative* – et, d'autre part, puisqu'il ne prétend valoir que pour les modalités *cognitives* de la signification. Il n'y a là cependant rien de bien surprenant : la question de la signification ne peut être posée de manière constructive que pour des énoncés qui font partie d'un certain langage, dont le bon fonctionnement peut être explicité par un ensemble de normes.

2. Le vérificationnisme comme principe

On admettra sans trop de problème que le vérificationnisme puisse fonctionner comme critère de démarcation. La question plus épineuse consiste à savoir s'il est possible de considérer que cette conception puisse fournir un *principe* de la signification cognitive. Autrement dit, le vérificationnisme peut-il rendre compte adéquatement de ce qui constitue la signification cognitive d'énoncés assertoriques ? L'ambiguïté de cette question est corrélative à celle de l'idée de signification cognitive : nous pouvons bien identifier sans trop de problème les énoncés auxquels nous sommes prêts à attribuer intuitivement une signification cognitive, mais il semble plus difficile de dire que ce nous faisons par là même. Par conséquent, lorsqu'on s'interroge sur le bien-fondé du vérificationnisme comme principe, il ne saurait être question d'évaluer ce type de position à l'aune d'une conception préalablement disponible et clairement articulée de ce qu'est la signification cognitive. Ce qui est en jeu, c'est au contraire la question de savoir si le vérificationnisme fournit une *explicitation* appropriée de l'idée de signification cognitive, s'il permet de préciser de manière adéquate cette notion qui présente, en tant que telle, une certaine indétermination. Autrement dit, la question de savoir en quoi consiste la signification cognitive d'un énoncé, ce qui fait qu'un énoncé puisse signifier en tant qu'il dit quelque chose sur le monde, est une question dont l'objet demande à être explicité, et j'affirmerai que le vérificationnisme permet de fournir une explicitation adéquate sur ce point.

Avant de préciser cette idée, je voudrais mentionner la parenté qui existe entre le rôle explicatif que j'attribue ici au vérificationnisme et la méthode de l'explication telle qu'elle est thématisée par Carnap dans les années quarante.

> La tâche de l'explication consiste à transformer un concept donné, plus ou moins inexact, en un concept exact ou, plutôt, à remplacer le premier par le

> second. Nous appelons *explicandum* le concept donné (ou le terme utilisé pour lui), et *explicatum* le concept exact dont on propose qu'il prenne la place du premier (ou du terme proposé pour lui) [1].

On peut considérer que les termes « sens » ou « signification » sont des exemples paradigmatiques de termes imprécis du langage ordinaire. Une première étape de leur explication requiert que l'on distingue différents aspects de leur usage et que l'on sélectionne celui que l'on vise à expliquer : pour ce qui nous concerne, c'est ce que nous avons appelé la signification cognitive ou teneur informative des énoncés assertoriques. Dans le cadre de ses travaux sur la syntaxe logique du langage de la science, menés dans les années trente, Carnap proposait de remplacer le concept vague de signification cognitive par le concept de « contenu », rigoureusement défini pour un système formel. Arrêtons-nous un instant sur cette explication afin d'en juger la pertinence.

Le terme de « contenu » est un terme de la syntaxe logique, ce qui signifie qu'il est déterminé pour un système formel donné, indépendamment de toute prise en considération d'éléments extra-linguistiques. De cette manière, Carnap vise à définir le contenu des énoncés indépendamment de toute prise en considération de la question de leur référence. D'un point de vue technique, le contenu d'une proposition d'un langage formel L est alors déterminé par la classe de ses conséquences qui ne sont pas conséquences des seules règles de L. Or, Carnap admet la possibilité que figurent deux types de règles dans un système formel adapté à l'expression de la connaissance scientifique : des règles logiques ou L-règles, et des règles physiques ou P-règles. Ces dernières sont des propositions physiques que l'on choisit de faire figurer comme propositions primitives d'un système formel, et auxquelles on attribue par là-même une fonction similaire à celle des règles de transformation logiques [2]. La notion de contenu est en conséquence déterminée différemment selon que l'on prend en considération les règles logiques *et* les règles physiques, ou bien les seules règles logiques. Dans le premier cas, le contenu d'une proposition est déterminé par l'ensemble de ses conséquences non valides, *i.e.* l'ensemble de ses conséquences qui ne sont pas conséquences de l'ensemble des règles du langage, logiques aussi bien que physiques. Dans le second cas, le contenu d'une proposition est déterminé par l'ensemble de ses consé-

1. R. Carnap, *Logical Foundations of Probability*, *op. cit.*, p. 3.
2. Voir R. Carnap, *La Syntaxe logique du langage*, *op. cit.*, § 51.

quences non analytiques, *i.e.* l'ensemble de ses conséquences qui ne sont pas conséquences des seules règles logiques[1].

On peut alors se demander laquelle de ces deux définitions fournit selon Carnap un *explicatum* formel adéquat pour la notion intuitive de sens cognitif. Cette question n'est pas examinée explicitement par Carnap dans *La Syntaxe logique du langage*. Il est en revanche intéressant de noter qu'il y apporte deux réponses distinctes dans les textes périphériques à cet ouvrage. En 1934, dans « La tâche de la logique de la science », il privilégie la notion de L-contenu, ou contenu défini sur la base des seules règles logiques :

> Quand on s'interroge sur le *contenu* [*Inhalt*], le *sens* [*Sinn*] d'une certaine proposition P du point de vue logique (qu'il faut distinguer du point de vue psychologique), une telle question ne peut signifier que ceci : qu'apprenons-nous par P ? Ou encore : quelles propositions sont conséquences de P, sans être toutefois conséquences de n'importe quelle proposition et sans être, de ce fait, des propositions qui ne disent rien ? Nous donnons donc la définition suivante : par *contenu* [*Gehalt*] d'une proposition P, nous entendons la classe des conséquences de P qui ne sont pas analytiques[2].

Dans les conférences *Philosophy and Logical Syntax* [*Philosophie et syntaxe logique*] prononcées à Londres en 1935, Carnap privilégie la notion de contenu définie en termes de conséquences non-valides – et donc sur la base de la totalité des règles linguistiques :

> Si nous souhaitons caractériser la portée d'une phrase donnée, son contenu, sa force assertorique, pour ainsi dire, nous devons considérer la classe des phrases qui en sont conséquences. Parmi ces conséquences, nous pouvons laisser de côté les phrases valides, car elles sont conséquences de toute phrase. Nous donnons par conséquent la définition suivante : la classe des conséquences non-valides d'une phrase donnée est appelée le *contenu* de cette phrase[3].

Il faut encore préciser que la notion de contenu ne vaut comme explication de la notion de sens *cognitif* que pour les propositions d'un système formel correspondant au langage de la science. Or, la question de savoir quel système peut être adopté à ce titre ne reçoit de réponse déterminée qu'en

1. Pour les définitions précises de ces différentes notions, on se reportera à *La Syntaxe logique du langage*, *op. cit.*, quatrième partie, § 49-52.

2. R. Carnap, « La tâche de la logique de la science » (1934), trad. fr. S. Colas et P. Wagner, dans S. Laugier et P. Wagner (éds.), *Philosophie des sciences*, *op. cit.*, vol. 1, p. 203.

3. R. Carnap, *Philosophy and Logical Syntax*, Londres, Kegan Paul-Trench-Trubner, 1935, p. 56.

fonction du type de critère de vérifiabilité que l'on est prêt à admettre : nous avons souligné que Carnap faisait jouer à un tel critère le rôle de guide pour le choix d'un système formel correspondant au langage de la science et il est en outre apparu que plusieurs compréhensions de la vérifiabilité comme critère étaient possibles, selon que l'on privilégiait un réquisit de testabilité complète, de confirmabilité complète, de testabilité ou de confirmabilité (voir sections 2.2 et 2.3). Dans tous les cas, de tels réquisits garantissent qu'il est possible d'inférer, à partir de toute proposition du système formel contenant des termes descriptifs, des propositions ne contenant que des termes observationnels comme termes descriptifs. La définition de contenu appliquée à des propositions d'un système formel L répondant à l'une des formes du réquisit de vérifiabilité permet donc de dire que le contenu d'une telle proposition est déterminé par la classe de ses conséquences observationnelles qui ne sont pas conséquences par les seules règles de L. Une telle définition est-elle satisfaisante comme explication de la notion de signification cognitive ?

Une manière de comprendre l'explication carnapienne consiste à dire que le sens cognitif d'un énoncé est déterminé par les conditions de sa vérification sur la base de l'expérience telles qu'elles sont fixées non pas par les seules règles du système, mais en faisant également appel aux autres propositions douées de contenu cognitif. En ce sens, il me semble que l'explication carnapienne est pertinente pour rendre compte de ce que l'on entend ordinairement lorsque l'on parle de signification cognitive d'un énoncé : cette notion peut être adéquatement explicitée en termes des conditions empiriques de la vérification de l'énoncé considéré, telles qu'elles sont déterminées sur la base du système linguistique auquel il appartient. Une telle caractérisation s'avère conforme au caractère relationnel de la vérifiabilité.

J'insisterai toutefois sur le fait que, dans le cadre du langage naturel, les normes linguistiques pertinentes ne se réduisent pas à des règles inférentielles et ne prennent pas non plus la forme d'un système de règles exhaustif et déterminé pour chaque énoncé particulier. Comme je l'ai déjà souligné, différents éléments du contexte d'énonciation jouent également un rôle important pour préciser quelles normes sont pertinentes et de quelle manière on peut les appliquer dans un cas particulier d'énonciation. On peut néanmoins affirmer la chose suivante : de même que la signification cognitive d'une proposition d'un système formel correspond aux conditions empiriques de sa vérification telles qu'elles sont fixées, en termes de ses conséquences observationnelles, par les règles du système qui valent pour elle, de même la signification cognitive d'un énoncé du langage naturel correspond aux conditions empiriques de sa vérification telles qu'elles sont établies par les normes linguistiques pertinentes pour lui, *i.e.* dans le contexte propre de son énonciation.

Il apparaît finalement que ce sont différents éléments du vérificationnisme auxquels il est fait appel lorsqu'il est question de *critère* de signification cognitive et lorsqu'il est question de *principe* : alors que c'est la possibilité d'indiquer une procédure de vérification qui importe dans le premier cas, ce sont les conditions de la vérification qui importent dans le second. Le vérificationnisme se monnaye de manière plus complexe qu'il n'y paraît au premier abord, conformément à la complexité de la problématique de la signification – et c'est l'occasion de souligner de nouveau la nécessité d'en démêler les fils et d'en distinguer chacune des composantes. D'un autre côté, les deux problématiques du critère et du principe de la vérification, pour distinctes qu'elles soient, ne sont pas moins complémentaires. Si on est en mesure d'indiquer les conditions auxquelles on tiendrait un énoncé pour vérifié, on doit également être en mesure d'indiquer une certaine procédure de vérification qui nous permettrait de nous trouver dans ces conditions – autrement dit, si on est en mesure d'indiquer quelle est la signification cognitive d'un énoncé, on doit également être en mesure de dire que cet énoncé a bien une signification cognitive. Inversement, si l'on a indiqué une procédure de vérification pour un énoncé, il doit alors être possible de déterminer les conditions auxquelles on le tiendrait pour vérifié. Les deux aspects sont donc connexes, ce qui correspond bien, là encore, au fait qu'il s'agit de deux composantes de la même problématique. On peut conclure en affirmant que le vérificationnisme constructif fournit une explicitation adéquate de l'idée de signification cognitive, aussi bien lorsqu'il est conçu comme critère que lorsqu'il est compris comme principe.

3. La contrepartie critique du vérificationnisme

L'explicitation vérificationniste de la notion de signification conduit à négliger deux intuitions que l'on rencontre pourtant fréquemment dans le cadre des discussions philosophiques sur la notion de signification. La première consiste à associer l'idée de signification à celle de représentation mentale ou de contenu représentationnel : la signification d'un énoncé assertorique serait déterminée par le contenu représentationnel qui accompagne ou suscite son occurrence ; en d'autres termes : la signification aurait un substrat mental qui en serait le déterminant essentiel. La seconde intuition consiste à associer l'idée de signification à celle de référence : la signification serait déterminée en termes du type de choses que l'énoncé désigne et qui permet de lui attribuer une valeur de vérité déterminée. J'ai affirmé que l'explication de la notion de signification ici proposée avait pour objectif de clarifier nos intuitions et nos pratiques linguistiques et je maintiendrai à présent qu'elle est satisfaisante précisément dans la mesure où elle permet de libérer cette notion du poids de chacune des intuitions qui viennent d'être mentionnées. L'explication proposée comporte par conséquent une part normative : elle conduit à privilégier certaines intuitions au détriment d'autres.

Examinons en premier lieu l'idée selon laquelle la signification d'un énoncé serait déterminée par les représentations mentales liées à son occurrence. Dans cette perspective, la notion de signification se voit soit directement assimilée à ces représentations mentales, soit dans un rapport de dépendance causale ou associative avec elles. Dans un texte paru en 1928, « Pseudo-problèmes en philosophie », Carnap distingue deux types de représentations : les représentations d'états de choses, susceptibles d'être vraies ou fausses, et les représentations d'objets, qui n'ont pas de conditions de vérité. Par exemple, lorsque je me représente le président Obama dans le bureau ovale en train de signer un protocole d'accord avec les représentants des banques américaines, j'ai une représentation d'état de choses susceptible d'être reconnue comme vraie ou fausse. En revanche, si je me représente seulement le président Obama, j'ai une simple représentation d'objet. Dans la mesure où les représentations d'objets ne donnent pas lieu à un énoncé articulé mais sont exprimées sous la forme de substantifs, elles ne peuvent constituer le contenu d'un énoncé. Elles ont le statut de « représentations accompagnatrices » : elles accompagnent la production d'un énoncé sans faire partie de son contenu théorique, *i.e.* de son contenu qui a des conditions de vérité déterminées. En conséquence, contrairement aux représentations d'états de choses, les représentations d'objet accompagnatrices ne font pas partie de la signification cognitive d'un énoncé.

> Nous désignons une représentation comme « *représentation d'état de choses* » lorsque son contenu est pensé comme un état de choses, et donc comme quelque chose soit qui existe soit qui n'existe pas, de sorte que l'on puisse dire oui ou non au contenu de la représentation [...] *une représentation d'état de choses peut constituer le contenu d'un énoncé, alors qu'une représentation d'objet ne le peut pas* [...] [ces dernières] ne sont

pas pertinentes d'un point de vue théorique, mais elles sont souvent *d'une grande importance d'un point de vue pratique*[1].

Pour ma part, j'affirmerai que les représentations mentales, *de quelque nature qu'elles soient*, ne peuvent être adéquatement considérées comme déterminant la signification cognitive d'un énoncé. Une conception de ce genre me semble en effet problématique pour deux raisons. Tout d'abord, elle est manifestement inadéquate lorsqu'il s'agit de préciser ce que l'on entend par signification *cognitive*. Il s'agit en effet de savoir ce qui fait qu'un énoncé est signifiant en tant qu'il parle du monde et en tant qu'il transmet une information spécifique sur le monde. Or on voit mal comment le recours à des représentations mentales, éminemment subjectives en tant que telles, pourrait permettre de préciser une telle idée. Même si l'on définit, comme Carnap, une représentation d'état de choses comme étant déterminée par un contenu spécifique à prétention objective, il n'en reste pas moins qu'il y a, au minimum, une tension entre le concept subjectif de représentation mentale et celui, à prétention objective, de signification cognitive et, au maximum, une incompatibilité. Cela rend dans tous les cas problématique la tentative d'explication du second au moyen du premier.

De manière plus générale, on voit mal quelle pourrait être la pertinence du concept de représentation mentale pour expliquer la notion de signification – pas seulement cognitive – dans la mesure où, là encore, le concept de représentation est essentiellement subjectif et présente en ce sens un caractère éminemment privé, en contradiction avec le caractère intersubjectif du langage en tant qu'instrument de communication. Si l'on admet que le langage est un instrument partagé par un ensemble d'individus et dont la principale fin est la communication entre les locuteurs, il semble difficile de faire place aux représentations mentales pour rendre compte du caractère signifiant du langage. Du moins, la notion de représentation mentale ne semble pas la mieux placée pour expliquer la signification dans le cadre d'une telle conception – et, d'un autre côté, cette conception semble difficilement pouvoir être taxée d'inadéquate, puisqu'elle correspond à la manière dont effectivement nous utilisons l'outil linguistique. Ce qui pose fondamentalement problème, c'est donc d'assimiler la signification à un contenu spécifique, alors que le langage fonctionne non pas comme instrument de représentation, mais comme outil de communication.

1. R. Carnap, « Scheinprobleme in der Philosophie » (1928), dans R. Carnap, *Scheinprobleme in der Philosophie und andere metaphysikkritische Schriften*, Th. Mormann (ed.), Hambourg, Felix Meiner, 2004, § 8, p. 31-32.

Comment en effet la communication serait-elle possible si chaque individu indexait le sens de ses énoncés et de ceux des autres sur ses propres représentations ? Nous serions dans une situation où chacun use des mêmes signes et suites de signes tout en leur attribuant un sens à chaque fois différent, ce qui ne correspond pas, heureusement, à la manière dont fonctionne habituellement le langage. Des cas de désaccord peuvent bien sûr survenir et tenir en échec la communication dans certaines situations, mais ce n'est pas en raison du caractère privé ou mental de la signification. Bien au contraire, il est possible de résoudre de manière publique les désaccords qui peuvent survenir, en explicitant par exemple les conditions auxquelles on tient un énoncé cognitif pour vérifié, et en se rendant compte qu'elles sont différentes de celles que l'interlocuteur avec lequel on est en désaccord attribue à ce même énoncé. L'indication de la manière dont on peut vérifier un énoncé fonctionne donc comme clarification de ce que l'on veut dire à son moyen.

D'un autre côté, ce que je viens de dire n'implique pas que nous n'ayons pas effectivement des représentations mentales lorsque nous utilisons le langage. D'un point de vue phénoménologique, il semble approprié de dire que certaines représentations mentales accompagnent l'occurrence de certains énoncés, qu'il s'agisse de nos propres énoncés ou de ceux des autres. Simplement, la signification cognitive d'un énoncé n'est pas déterminée au niveau de ces représentations. Le fait que des représentations mentales puissent accompagner l'occurrence de nos énoncés peut bien faire l'objet d'une investigation empirique : par exemple, on peut se demander quel est le type de rapport entre certaines représentations mentales et l'occurrence d'énoncés particuliers, et on peut se demander s'il est approprié de parler ici de rapport de causalité; il est également probable que l'occurrence de représentations mentales joue un rôle important pour les processus psychologiques qui se déroulent lors de l'apprentissage du langage ou de la compréhension d'un énoncé, et cette hypothèse peut faire l'objet de recherches empiriques. Cependant, si l'objet de l'enquête est de clarifier les modalités de la signification en tant qu'elle se manifeste dans certains usages linguistiques, il ne semble pas que l'appel à des représentations mentales puisse avoir aucune pertinence[1].

1. Pour une discussion détaillée de ces questions, et plus particulièrement de la critique wittgensteinienne de la signification comme représentation, on se reportera notamment à l'ouvrage de J. Bouveresse, *Le Mythe de l'intériorité*, Paris, Minuit, 1976.

Comme nous l'avons mentionné, une autre stratégie que l'on rencontre fréquemment dans les analyses portant sur la notion de signification consiste à l'assimiler à la référence de l'énoncé. Une intuition de ce genre trouve également une expression dans l'article de Carnap que nous avons mentionné au début de cette section :

> Le sens d'un énoncé consiste en cela qu'il exprime un état de choses (qui peut être pensé mais qui n'existe pas nécessairement). Si un énoncé (prétendu) n'exprime aucun état de choses (pensable), il n'a alors pas de sens, il n'a que l'apparence d'un énoncé. Si un énoncé exprime un état de choses, il est alors dans tous les cas doué de sens, et il est vrai si cet état de choses existe, faux s'il n'existe pas [1].

L'assimilation de la signification d'un énoncé à sa référence possible constitue le sous-bassement des théories véri-conditionnelles de la signification : l'idée selon laquelle la signification d'un énoncé dépend de ses conditions de vérité vise en effet à capturer l'intuition selon laquelle sa signification est déterminée par ce qu'il prétend désigner ou représenter. Mais qu'en est-il du rapport entre signification cognitive et référence ? Afin de clarifier ce point, je voudrais revenir à la conception schlickéenne de la signification. Il est intéressant de noter que, en dépit de l'orientation vérificationniste qu'il adopte, Schlick – de même que Carnap en 1928, nous venons de le voir – ne renonce pas tout à fait à l'idée selon laquelle la signification d'un énoncé doit être comprise en termes de sa référence.

> Une phrase exprime un état de fait, respectivement un état de fait possible. On emploie les phrases pour dire quelque chose sur la réalité. Nous voulons dire quelque chose, et il est alors important pour nous de savoir si ce que la phrase exprime est vrai, car nous voulons savoir comment cette chose se comporte. Lorsqu'une phrase nous communique quelque chose, elle indique quelque chose de particulier dans le monde, elle dit quelque chose sur la configuration du monde. Si la phrase est fausse, alors l'état de fait qu'elle prétend affirmer n'est pas présent dans le monde. *On peut donc dire que le sens d'une phrase consiste en cela qu'elle exprime ces états de faits* [2].

Cette citation illustre le souci qu'a Schlick de prendre en considération le caractère référentiel d'un énoncé dans la détermination de ce qu'il signifie : il affirme qu'un énoncé a un sens s'il est vérifiable, tout en définissant par ailleurs la vérifiabilité en termes de la possibilité logique qu'existe le fait

1. R. Carnap, « Scheinprobleme in der Philosophie », art. cit., § 7, p. 26.

2. M. Schlick, *Die Probleme der Philosophie in ihrem Zusammenhang*, *op. cit.*, p. 167-168.

prétendument décrit par l'énoncé. Par conséquent, le sens d'un énoncé se voit défini par Schlick en termes de l'état de choses possible qu'il décrit.

Il semble que l'on aboutisse finalement à une position qui n'a plus de vérificationniste que le nom : seule compte la référence possible d'un énoncé pour en établir la vérifiabilité et en déterminer le sens. David Holdcroft formule une objection qui pourrait être faite à la position schlickéenne selon ces lignes :

> Cette interprétation de « vérifiable » apparaîtra à beaucoup, cela ne fait aucun doute, comme une totale corruption de l'idée même d'une théorie vérificationniste du sens. Car si la seule restriction qui pèse sur les conditions que les propositions douées de sens doivent satisfaire pour être vraies est que leur vérification soit logiquement possible, alors la référence à la vérification semblera superflue. Car si P n'est pas logiquement possible, alors, sans doute, « à *t* on observe que P » ne l'est pas non plus. Par conséquent, si « à *t* on observe que P » est logiquement possible, alors P l'est également. Cela étant, la thèse selon laquelle il doit être logiquement possible de vérifier que l'état de faits qui doit exister si une proposition est vraie existe effectivement revient à ne rien dire de plus que la thèse selon laquelle cet état de faits doit être logiquement possible. Par conséquent, l'accusation porte sur le fait que la formulation par Schlick de la théorie vérificationniste du sens a conduit à la faillite de l'intuition initiale, dans la mesure où la notion de « vérification » ne joue plus elle-même un rôle essentiel dans la théorie résultante [1].

Schlick définit la vérité en termes de vérité-correspondance, et donc indépendamment de la notion de vérifiabilité : un énoncé est vrai si on peut établir une correspondance entre sa structure et celle du fait qu'il décrit [2]. Mais d'un autre côté, il ajoute que les conditions de vérité d'un énoncé ne sont pas transcendantes par rapport à sa vérifiabilité : un énoncé ne pourrait être vrai sans que nous soyons en mesure de reconnaître sa vérité. La

1. D. Holdcroft, « Schlick and the Verification Theory of Meaning », *Revue Internationale de Philosophie*, 144-145, 1983, p. 54. Précisons que Holdcroft n'adhère pas au type de critique qu'il présente dans cette citation : il s'attache à montrer dans la suite de l'article que la conception schlickéenne du sens fait intervenir de manière essentielle la notion de vérification.

2. C'est là une position qu'il a défendu dès l'article de 1910, « Das Wesen der Wahrheit in der modernen Logik » (rééd. dans M. Schlick, *Philosophische Logik*, B. Philippi (ed.), Francfort/M., Suhrkamp, 1986), et qu'il maintiendra tout au long de sa carrière philosophique, *cf.* par exemple *La Théorie générale de la connaissance*, *op. cit.*, § 10, ou *Forme et contenu*, *op. cit.*, p. 139 : « le monde consiste en des faits ; ces faits ont une structure ; et nos propositions dépeindront correctement les faits, elles seront *vraies*, si elles ont la même structure ».

vérifiabilité impose par conséquent une certaine limitation aux conditions de vérité d'un énoncé : un énoncé ne saurait avoir des conditions de vérité sans être par là même également vérifiable. Il semble que Schlick adopte une telle stratégie pour échapper à l'accusation selon laquelle sa conception correspondantiste de la vérité serait métaphysique : elle lui permet d'affirmer que ce n'est pas la correspondance entre énoncés et faits, mais entre énoncés et faits *observables* qui est visée au titre de la vérité des premiers.

Cependant, il ne parvient à une telle position qu'au prix d'une extension de la notion de vérifiabilité aux cas où il est seulement logiquement possible de vérifier un énoncé, au sens précédemment examiné (*cf.* section 4.2). Une telle extension lui permet de déterminer la vérifiabilité d'un énoncé comme étant co-extensive à la possibilité de sa vérité, et la vérifiabilité ne vient ainsi imposer une restriction sur la notion de vérité qu'en étant elle-même étendue pour inclure tous les cas de vérité-correspondance. La stratégie schlickéenne s'avère par conséquent problématique pour deux raisons : non seulement elle conduit à inclure au titre de la vérifiabilité des cas pour lesquels nous se serons jamais en mesure de réaliser effectivement la vérification requise, même en principe, dans le monde dans lequel nous vivons, mais elle implique aussi de définir la vérifiabilité sur la base de la notion plus fondamentale de vérité-correspondance.

La position de Schlick est en outre parcourue de tensions qui résultent de la tendance qu'il a à placer sur le même plan des approches distinctes, dont on peut douter qu'elles puissent être conciliées sans être dénaturées. La citation suivante est remarquable à cet égard :

> Il n'y a qu'une seule façon de donner un sens à une phrase, d'en faire une proposition : nous devons indiquer les règles qui déterminent comment elle doit être employée. Autrement dit, nous devons décrire les faits qui rendront la proposition « vraie », et nous devons pouvoir les distinguer de ceux qui la rendront « fausse ». Pour le dire encore autrement, le sens d'une proposition est la méthode de sa vérification [1].

Si l'on prend ce passage à la lettre, on se retrouve avec l'équivalence suivante :

sens de p = (méthode de) vérification de p = règles d'usage
qui valent pour p = conditions de vérité de p

Même une interprétation charitable de la position de Schlick ne parviendrait pas à tenir ensemble chacune de ces déterminations pour

1. M. Schlick, *Forme et contenu*, *op. cit.*, p. 76.

préserver l'équivalence. Ainsi, une chose est sûre : si on peut considérer que Schlick accorde au vérificationnisme le rôle de *critère* de la signification, il n'est pas certain qu'on puisse lui attribuer une conception viable du vérificationnisme entendu comme *principe*.

D'un autre côté, il me semble que l'on doive reconnaître à Schlick un certain mérite pour avoir ainsi fait face au problème du rapport entre conditions de vérité et vérifiabilité, référence et signification – ce que ne fait pas le Carnap des années trente puisqu'il a au contraire tenté d'éluder ce problème en mettant entre parenthèses toute question touchant à la référence extra-linguistique des termes du langage[1]. Dire qu'un énoncé est vérifiable, c'est dire qu'il a une certaine teneur informative et qu'à ce titre il prétend délivrer une connaissance sur des faits du monde. Et en ce sens, on doit pouvoir affirmer qu'un énoncé vérifiable est caractérisé par le fait qu'il prétend avoir une référence. Mais il me semble important de souligner que la notion de référence ici en jeu est minimale : nul n'est besoin de recourir, pour l'expliciter, à un type d'entité théorique spécifique. Au contraire, elle se contente d'indiquer, conformément à l'usage de sens commun, les choses du monde, les événements ou les processus que l'on peut observer et que l'on peut connaître, et dont on parle lorsque l'on transmet une connaissance à leur sujet. Plus précisément, la notion de référence vise à désigner ce qui existe dans le monde en tant qu'on peut s'y rapporter au moyen de l'outil linguistique. Le terme *référence* permet donc d'insister sur ce que les faits et choses du monde ainsi désignés sont appréhendés sur un mode spécifique, linguistique ou cognitif. Affirmer cela ne revient bien sûr pas à nier l'indépendance des choses et des faits du monde par rapport à nos capacités humaines, cela revient seulement à souligner la manière spécifique dont ces choses peuvent être saisies, sur un mode linguistique ou cognitif, qui se distingue des modes expérientiel, perceptuel et observationnel par exemple.

L'idée que je souhaite maintenir est alors la suivante : la notion de référence ainsi conçue – c'est-à-dire les choses ou les événements dont parle un énoncé – permet de souligner la manière particulière dont on se rapporte aux choses et aux événements du monde au moyen du langage.

1. L'introduction de la distinction entre mode formel du discours et mode contentuel du discours vise notamment à reformuler toute proposition prétendant porter sur la référence ou la signification extra-linguistique d'un terme ou d'une autre proposition, en une proposition ne portant que sur les propriétés formelles des termes linguistiques en question. *Cf.* par exemple R. Carnap, « La langue de la physique comme langue universelle de la science », art. cit., § 2 ; *La Syntaxe logique du langage*, *op. cit.*, 5e partie, § 74-75, 78, 79.

Pour le dire encore autrement, si on parle de « référence » et non pas simplement de ce qui existe dans le monde, c'est pour souligner que, dans ce cas précis, ce qui existe est envisagé en tant que c'est appréhendé au moyen du langage. S'il est en outre question de l'usage cognitif du langage, parler de référence de nos énoncés plutôt que des choses ou événements sur lesquels ils portent permet de souligner que ces derniers sont envisagés sous un mode spécifique : en tant qu'ils peuvent faire l'objet de connaissance. Indiquer la manière dont on peut vérifier un énoncé, cela revient alors à indiquer la manière dont il prétend se rapporter à certains événements du monde. Dans cette mesure, établir les modalités de la vérifiabilité des énoncés à visée cognitive implique de prendre en considération leur prétention référentielle. En outre, un énoncé vérifié est un énoncé dont on a établi que l'on pouvait effectivement l'utiliser pour décrire une certaine configuration d'événements du monde, autrement dit, c'est un énoncé dont on a pu établir qu'il porte bien sur des faits du monde dans lequel nous évoluons. Ces faits nous sont accessibles *linguistiquement*, par la description que nous en donnons, et c'est ce que vise la notion de « référence », qui permet d'établir ainsi un contraste avec le mode d'appréhension expérientiel que nous pouvons avoir de ces mêmes faits.

La conception vérificationniste proposée ne conduit donc nullement à nier la pertinence de la notion de référence d'un énoncé, mais seulement à lui ôter toute teneur substantielle spécifique. Dire qu'un énoncé a une signification parce que nous sommes en mesure de déterminer s'il a une référence équivaut simplement à dire qu'il prétend porter sur des choses et des évènements du monde. La notion de référence désigne simplement ce qui existe dans le monde et dont nos énoncés prétendent parler lorsqu'ils sont utilisés à des fins cognitives ou informatives. Ainsi, le couple signification/référence doit être compris en termes de la *manière* dont on se rapporte aux événements du monde au moyen d'énoncés d'une part, et de ces *événements* eux-mêmes, en tant qu'ils sont appréhendés sur un mode spécifique, d'autre part. Il apparaît par là même qu'une distinction entre sens et signification n'est pas spécialement pertinente. Ce qui importe, c'est la façon dont un énoncé signifie d'un côté, et ce dont il parle de l'autre. Les questions pertinentes concernent les différentes manières dont un énoncé peut avoir un sens ou une signification en fonction du type d'usage qui en est fait, ainsi que les différentes façons dont on peut s'interroger sur le sens ou la signification en fonction de l'objectif de clarification que l'on vise. À chaque fois, on s'interroge sur ce qui est pertinent, au niveau linguistique, pour que le langage fonctionne en tant qu'outil d'appréhension discursive du monde et en tant qu'outil permettant d'agir sur et dans ce monde.

4. VÉRIFICATIONNISME ET RÉALISME EMPIRIQUE

Si le vérificationnisme est souvent associé à une position anti-réaliste, il sera apparu que ce n'est pas le cas de la version que j'en propose : celle-ci est au contraire motivée par un réalisme que l'on peut qualifier d'empirique, et qui consiste à affirmer que la vérifiabilité d'un énoncé n'est pas déterminée indépendamment de sa référence, *i.e.* des faits dont il parle, mais spécifie au contraire une certaine façon de se rapporter, par le langage, à certains faits observables du monde. En d'autres termes, dans la mesure où la question de la signification cognitive reçoit sa pertinence de la prétention référentielle de certains de nos énoncés, au sens qui vient d'être précisé, on peut affirmer que le vérificationnisme dont les prémisses ont été établis est pertinent en ce qu'il prend appui sur un réalisme empirique. Précisons ce en quoi consiste une telle position.

Il est essentiel de noter qu'un réalisme empirique doit être compris en un sens non métaphysique : il ne s'agit pas d'énoncer une thèse statuant sur des questions ontologiques, mais simplement de rendre compte de la prétention de nos énoncés informatifs à porter sur des objets et des événements *réels*, en un sens ordinaire du terme. On peut en conséquence également qualifier de réalisme « naturel » une telle position. Lorsque nous disons à l'ordinaire de quelque chose que c'est « réel », nous voulons simplement souligner qu'il ne s'agit pas du produit de notre imagination ou de quelque autre manifestation spontanée de la créativité humaine, telle que le rêve, l'illusion, le fantasme, etc. Autrement dit, être réaliste en ce sens, c'est reconnaître qu'il existe, à côté des produits de l'imagination, des choses et des événements que l'on peut qualifier d'objectifs, *i.e.* qui existent indépendamment de leur appréhension par un individu particulier.

Dire qu'une chose ou un événement sont réels ne nous place alors nullement dans la perspective d'un débat ontologique sur la nature de la réalité, et, à proprement parler, cela n'a de pertinence que dans le cas où il est possible de douter de la réalité de l'objet en question – lorsque l'on ne sait plus bien si on l'a véritablement vu ou seulement imaginé, ou encore lorsque l'on ne sait plus si on a rêvé un événement ou si on l'a « véritablement » vécu, c'est-à-dire appréhendé à l'état de veille. Comme le note Jocelyn Benoist, nous sommes ici en présence d'un « réalisme familier, et silencieux, [qui] se caractérise par le fait qu'*il ne peut être tourné en aucun cas en une thèse ("métaphysique") de réalisme*». Il poursuit en insistant sur la valeur de contraste du réalisme ainsi compris :

> Dire : ce que je vois, ce dont je parle dans ma théorie, c'est bien là le réel, *cela n'a en effet strictement aucun sens*, sauf à se placer dans le cas, *particulier*, où, pour une raison ou pour une autre, je penserais courir le risque de m'être trompé et où il y a plusieurs lieux théoriques possibles, *discriminables par l'expérience*, pour ce réel [1].

On notera en outre que ce que l'on qualifie à l'ordinaire de « réel » a pour caractéristique, notamment, de pouvoir être observé dans différentes circonstances et par différents individus. Ainsi, sur la base de cet usage familier du terme « réel », Schlick affirme : « de quelque façon que l'on veuille tourner la chose, il est impossible d'interpréter un énoncé sur la réalité autrement que comme l'ordonnancement dans un complexe de perceptions » [2]. L'observation se présente comme un critère décisif par lequel on reconnaît la réalité ou l'existence d'un objet. La « réalité » d'un objet ne renvoie donc pas à sa prétendue nature profonde ou à son essence spécifique, mais simplement à son mode d'appréhension ou, plus exactement, à son inscription dans une série d'expériences et d'observations possibles. Schlick affirme encore :

> Nul n'est besoin de débattre sur ce que l'occurrence de certaines perceptions sensorielles parmi celles qui nous sont données constitue *toujours* l'unique critère des propositions sur la réalité d'un objet ou d'un processus « physique », dans la vie ordinaire comme dans les énoncés les plus subtils de la science. Qu'il y a des okapis en Afrique, cela ne peut être établi que par l'observation de tels animaux. Mais il n'est pas nécessaire que l'objet ou le processus « lui-même » soit perçu. Nous pouvons par exemple imaginer que l'existence d'une planète trans-neptunienne soit établie par l'observation de déviations avec une certitude aussi grande que par la perception directe d'un point lumineux dans un télescope. La réalité des atomes fournit un autre exemple. Tout comme la face cachée de la lune [3].

1. J. Benoist, « Schlick et la métaphysique », *Les Études philosophiques*, 3, 2001, p. 313, dernières italiques DCS.

2. M. Schlick, *Forme et contenu*, *op. cit.*, p. 105.

3. *Ibid.*, p. 101-102. On remarquera que le réalisme empirique de Schlick est mis en péril par l'extension de la notion de vérifiabilité à laquelle il procède par ailleurs. La version du vérificationnisme ici proposée prend appui quant à elle sur une telle conception du réalisme tout en rejettant une conception trop large de la *possibilité* de la vérification du type de celle défendue par Schlick. *Cf.* chap. 4 ci-dessus.

Dans la vie courante comme dans la science, il semble bien que l'on puisse identifier une attitude que l'on peut qualifier de réaliste naturelle, qui consiste à attribuer une réalité aux objets qui peuvent donner lieu à des observations. Et dans la mesure où il vise à rendre compte des énoncés qui prétendent transmettre une connaissance sur les événements et les objets « réels », au sens qui vient d'être précisé, le vérificationnisme ici proposé prend naturellement appui sur ce type de position.

CHAPITRE 6

LE RÔLE DE L'OBSERVATION

La version du vérificationnisme élaborée dans les chapitres qui précèdent se démarque des versions réductionnistes établies dans la lignée d'un empirisme traditionnel selon lequel toute notre connaissance serait dérivée de l'expérience[1]. Elle n'en accorde pas moins une place centrale à l'expérience et à l'observation, dans la mesure où son objectif est de rendre compte des différentes manières dont nos énoncés peuvent se rapporter aux faits observables du monde dans le cadre d'un usage cognitif. Nous avons ainsi accordé aux notions d'observation et d'observable un rôle essentiel lorsque nous avons affirmé qu'un énoncé à visée cognitive prétendait se rapporter à des choses ou à des événements *observables*, et qu'il pouvait être tenu pour vérifié sur la base d'*énoncés d'observation*. Le premier point concerne le type de référence qui peut valoir pour un énoncé cognitif et cette question est prise en charge par la position que nous avons qualifiée de réalisme naturel et qui a été brièvement esquissée à la fin du chapitre précédent. Le deuxième point concerne le type d'énoncés qui constituent l'aboutissement d'une procédure de vérification et sur la base desquels on peut considérer qu'un énoncé cognitif est empiriquement justifié. Afin de ne laisser aucun aspect du vérificationnisme dans l'obscurité, il s'avère par conséquent crucial de préciser les notions d'*énoncés d'observation* et, plus fondamentalement, d'*observation*, auxquelles il est fait appel dans le cadre d'une telle position. Cela nous permettra de donner une consistance au réalisme naturel qui a été esquissé, mais aussi de préciser l'idée de justification empirique.

1. Voir notamment la section 1.1 ci-dessus.

1. QU'EST-CE QU'UN ÉNONCÉ D'OBSERVATION ?

1. *Les apories du phénoménalisme*

L'importance des énoncés d'observation pour le vérificationnisme tient avant tout au fait qu'ils ont pour fonction de constituer la base proprement expérimentale de la connaissance. La question de l'identification et de la caractérisation des énoncés d'observation est ainsi intimement liée à celle de leur fonction épistémologique. Une première réponse à la question du statut épistémologique des énoncés d'observation consiste à dire qu'ils sont justifiés d'une manière spécifique et que c'est précisément pour cette raison qu'ils peuvent fournir le point d'aboutissement de la vérification des énoncés cognitifs et jouer un rôle fondamental dans le processus de leur justification. L'attribution d'un tel statut aux énoncés d'observation va de pair avec l'idée selon laquelle ils seraient en lien direct avec l'expérience vécue d'un individu : tout comme on ne peut douter de percevoir une tache colorée, il semblerait que l'on ne puisse mettre en doute l'énoncé qui se contenterait de rapporter une telle perception. L'idée selon laquelle les énoncés d'observation seraient vérifiés de manière définitive et absolue repose donc sur les deux présupposés suivants : 1) de tels énoncés sont de simples rapports de l'expérience vécue, 2) ils héritent de l'évidence indubitable de cette dernière. Nous allons discuter une telle position afin de mettre au jour les écueils à éviter pour parvenir à une caractérisation satisfaisante des énoncés d'observation.

Dans les années 1930, Carnap et Schlick ont chacun défendu une conception phénoménaliste en ce qui concerne les propositions protocolaires – appellation consacrée par les membres du Cercle de Vienne pour les énoncés d'observation. En 1932, dans un article intitulé « La langue de la physique comme langue universelle de la science », Carnap affirme en effet que les propositions protocolaires, à la différence des autres propositions cognitives, « n'ont pas besoin d'être elles-mêmes confirmées, mais servent de fondement à toutes les autres propositions de la science »[1] et il fait reposer la valeur épistémique spécifique de ces propositions sur leur mode de constitution à partir du donné sensoriel. Plus précisément, les règles de formation qui déterminent quelles suites de signes constituent des propositions protocolaires bien formées sont établies de manière à ce que

1. R. Carnap, « La langue de la physique comme langue universelle de la science », art. cit., p. 329.

soit garantie leur isomorphie par rapport à la structure du donné sensible. De plus, les règles de transformation qui déterminent les inférences permises entre les propositions protocolaires sont choisies conformément aux relations structurelles qui valent entre les éléments du donné sensible. De ce fait, on a bien affaire, selon Carnap, à de purs rapports d'expérience vécue, justifiés de manière définitive et absolue sans même qu'il soit besoin de les vérifier à proprement parler[1].

Dans un article qui date de 1934, intitulé « Sur le fondement de la connaissance », Schlick succombe également à la tentation d'une conception phénoménaliste des énoncés d'observation. Sa stratégie consiste à introduire des entités linguistiques radicalement distinctes des autres énoncés du langage de la connaissance : les constatations. Ces dernières sont également distinctes, il est important de le souligner, des propositions protocolaires : alors que ces dernières décrivent le fait qu'un individu donné a fait telle ou telle observation à tel moment et en tel endroit, les constatations sont des rapports directs de l'expérience vécue d'un individu, formulés au moment même où celle-ci se déroule.

> [Les constatations] sont en effet toujours de la forme « ici maintenant ceci et cela ». Par exemple : « ici maintenant deux points noirs coïncident », ou bien « ici maintenant le jaune tire sur le bleu », ou encore « ici maintenant douleur… », etc.[2].

1. *Cf.* R. Carnap, « La langue de la physique comme langue universelle de la science », art. cit., § 3. Deux précisions s'imposent : en premier lieu, dans « La langue de la physique comme langue universelle de la science », Carnap tente de concilier cette caractérisation des propositions protocolaires avec l'idée selon laquelle le contenu de ces dernières serait équivalent à celui de propositions physiques correspondantes. Sa conception des propositions protocolaires implique alors de dissocier valeur épistémique et contenu cognitif, d'une manière qui ne va pas sans poser problème. *Cf.* la présentation de ce texte dans *L'Âge d'or de l'empirisme logique*, *op. cit.*, p. 318-319 et Th. Oberdan, *Protocols, Truth, and Convention*, Amsterdam-Atlanta (Ga.), Rodopi, 1993, p. 22. En second lieu, sous la pression notamment des critiques de Neurath, Carnap abandonnera l'idée selon laquelle les propositions protocolaires auraient un statut épistémique spécifique. Dans un article également publié en 1932 et intitulé « Über Protokollsätze » (« Sur les propositions protocolaires »), *Erkenntnis*, 3, 1932, p. 215-228, il ira jusqu'à admettre la possibilité de ne caractériser de telles propositions que par le choix que font les scientifiques de les tenir pour point d'aboutissement d'une procédure de vérification. Pour une discussion détaillée du débat sur les propositions protocolaires et de l'évolution de la position de Carnap dans ce cadre, *cf.* Th. Uebel, *Empiricism at the Crossroads : The Vienna Circle Protocol-Sentence Debate Revisited*, Chicago, Open Court, 2007.

2. M. Schlick, « Sur le fondement de la connaissance » (1934), trad. fr. D. Chapuis-Schmitz, dans Ch. Bonnet et P. Wagner (éds.), *L'Âge d'or de l'empirisme logique*, *op. cit.*, p. 436.

En outre, s'il est possible, selon Schlick, de mettre en doute une proposition protocolaire, les constatations échappent quant à elles à toute possibilité de doute – et ce précisément en raison de leur rapport immédiat à l'expérience vécue qu'elles rapportent. Ainsi, tout comme le processus de vérification prend fin avec les propositions de la langue protocolaire de « La langue de la physique… », le processus de vérification prend fin, selon Schlick, lorsque l'on formule des constatations. Celles-ci « parachèvent la vérification (ou la falsification), et au moment où elles interviennent elles ont déjà rempli leur fonction. Il ne s'ensuit rien de plus logiquement, on ne peut rien en déduire, elles sont une fin absolue »[1]. Autrement dit, on atteint avec les constatations les limites du domaine linguistique au-delà desquelles la question de la vérification n'a plus de pertinence à être posée – l'expérience vécue la scelle de manière décisive et définitive.

On trouve dans les deux textes de Schlick et de Carnap le même schéma argumentatif, que je propose de reconstruire comme suit :

> 1) la vérification effective des énoncés cognitifs prend fin avec l'occurrence d'énoncés d'observation ;
> 2) les énoncés d'observation sont acceptés comme vrais de manière définitive et absolue ;
> 3) leur mode de justification spécifique découle du lien direct qu'ils entretiennent avec l'expérience vécue qu'ils rapportent.

On voit que le rôle des énoncés d'observation pour la vérification des énoncés cognitifs découle de leur mode de justification purement observationnel, et, plus fondamentalement, de leur rapport immédiat avec une expérience vécue dont on prétend qu'elle est soustraite à la possibilité du doute. Cependant, alors que, en 1932, Carnap attribue aux propositions de la langue protocolaire une justification absolue en raison de leur mode de constitution, Schlick rend compte du caractère absolument justifié des constatations en leur attribuant une référence spécifique : les sensations de l'individu qui émet la constatation. Les constatations sont en effet, selon Schlick, les seuls énoncés qui « expriment un fait de la "perception" propre ou de "l'expérience vécue" (ou quelle que soit l'expression) appartenant *au présent* »[2]. Elles comportent en conséquence une dimension déictique ineffaçable : leur sens est directement indexé sur l'observation qu'elles désignent et qu'elles permettent d'identifier.

1. M. Schlick, « Sur le fondement de la connaissance », art. cit., p. 433.
2. *Ibid.*, p. 428.

> Tous ces énoncés ont ceci en commun qu'y figurent des termes *déictiques*, ayant le sens d'un geste effectué à ce moment là, c'est-à-dire que les règles de leur emploi prévoient que lorsque la proposition dans laquelle figurent ces termes est formulée, une expérience est faite, l'attention se porte sur quelque chose d'observé. Ce que signifient les mots « ici », « maintenant », « cela là-bas », etc. ne peut être indiqué par des définitions verbales générales, mais seulement par une définition ayant recours à des ostensions, à des gestes. « Cela là-bas » n'a de sens qu'en liaison avec un geste. Pour comprendre le sens d'une proposition d'observation de ce type, il faut donc en même temps effectuer ce geste, on doit d'une façon ou d'une autre montrer la réalité du doigt [1].

En d'autres termes, les constatations n'ont pas de sens hors de la présence immédiate de leur référence, et même plus, leur sens semble devoir s'épuiser dans leur référence intuitive. Elles n'ont par conséquent de valeur qu'au seul moment de leur énonciation, lorsque l'objet qu'elles désignent est dans le même temps saisi intuitivement par le locuteur. Cela n'est pas sans conséquence pour leur détermination linguistique : le statut des constatations en tant qu'éléments du langage est poussé à son extrême limite, puisque, à l'image des fluctuations de l'intuition sur laquelle est directement indexé leur sens, elles ne sauraient avoir aucune permanence.

> Une constatation authentique ne peut jamais être couchée par écrit, car dès que je les consigne, les termes déictiques « ici » et « maintenant » perdent leur sens. On ne peut pas non plus les remplacer par une indication de temps et de lieu, car dès qu'on essaie de le faire, comme nous l'avons déjà vu, on met immanquablement à la place de la proposition d'observation une proposition protocolaire, qui en tant que telle a une tout autre nature [2].

L'occurrence de termes déictiques dans les constatations témoigne de l'échec à circonscrire leur référence de façon linguistique et, plus fondamentalement, de l'impossibilité à saisir dans les mailles du langage un contenu expérientiel qu'elles ne peuvent qu'indiquer. On soulignera à ce propos que Schlick assimile toute forme d'expérience à l'intuition et qu'il conçoit cette dernière sur le mode de l'appréhension passive d'un contenu pur de toute structuration. L'intuition consiste selon lui en un flux incessant d'impressions sensorielles, dont les éléments se succèdent de façon continue sans avoir eux-mêmes aucune permanence. À $t+1$, il n'est pas possible

1. M. Schlick, « Sur le fondement de la connaissance », art. cit., p. 436.
2. *Ibid.*, p. 438.

d'appréhender le même contenu qu'à t[1]. C'est ainsi que, à l'image du contenu intuitif qu'elles rapportent, la plénitude de sens des constatations n'a d'égal, selon Schlick, que leur caractère transitoire. Elles constituent certes le point d'aboutissement de tout processus de vérification, mais leur fonction de justification est restreinte à l'instant même de l'occurrence de l'expérience vécue qu'elles rapportent.

> La fonction des propositions portant sur ce qui est *présentement* vécu se trouve elle-même dans le présent. Nous avons vu qu'elles n'ont pour ainsi dire aucune durée, dès qu'elles sont passées, on ne dispose à leur place que de notes ou de traces mnésiques, qui peuvent seulement jouer le rôle d'hypothèses, et auxquelles de ce fait la certitude ultime fait défaut [2].

Plus que la fonction de justification des constatations, il semble que ce soit leur statut d'intermédiaires entre langage et réalité qui importe pour Schlick : elles représentent en effet selon lui un moyen privilégié pour s'assurer de ce que le système linguistique que l'on utilise est bien *le* système de la connaissance, *i.e.* qu'il s'applique bien aux faits du monde. Selon Schlick, on ne peut s'assurer que le système des énoncés de connaissance fournit une description adéquate de la réalité que si l'on peut indiquer « des points de contact inébranlables entre la connaissance et la réalité » [3] et il affirme que ce sont précisément les constatations qui fournissent de tels points de contact. Dans tous les cas, les constatations telles qu'elles sont introduites par Schlick en 1934 ont pour caractéristique de se situer à l'interface entre le langage et l'expérience, et c'est à ce titre qu'elles peuvent combiner les propriétés de cette dernière, en particulier sa prétendue certitude absolue, et celles d'entités linguistiques.

Or, précisément en raison de leur statut d'entre-deux, la nature des constatations reste énigmatique : on a affaire à des entités qui ne relèvent déjà plus de la simple expérience intuitive telle qu'elle est conçue par Schlick – puisqu'elles ont une structure déterminée –, mais qui ne sont pas non plus tout à fait de nature linguistique – puisque toute permanence leur

1. En cela, la conception schlickéenne de l'intuition est proche de celle de Bergson, qu'il critique par ailleurs pour avoir fait de l'intuition une source de connaissance. Il s'agit d'un point sur lequel la position de Schlick n'a pas changé. Voir par exemple « Das Wesen der Wahrheit nach der modernen Logik », art. cit., et *Forme et contenu*, *op. cit.*, 2e conférence.

2. M. Schlick, « Sur le fondement de la connaissance », art. cit., p. 432. Schlick veut s'opposer de la sorte au cohérentisme qu'il attribue notamment à Neurath et, plus généralement, à l'approche syntaxique prônée par Carnap au début des années 1930.

3. *Ibid.*, p. 439.

fait défaut. Dans une lettre adressée à Schlick en 1934, Carnap exprime sa difficulté à comprendre ce que sont exactement ces entités hybrides :

> Mes principaux doutes à l'encontre de ta conception portent [...] sur le caractère étrange des « constatations ». Ce qui me semble particulièrement obscur c'est ce à quoi ressemble la déduction, à partir d'une hypothèse devant être vérifiée, de telles propositions dans lesquelles figurent « ici » et « maintenant » et auxquelles appartiennent des formes essentiellement déictiques; en effet, cette déduction est assurément requise pour la vérification [1].

Les réserves de Carnap font apparaître un point essentiel : les énoncés d'observation qui importent pour établir la *possibilité* de la vérification des énoncés cognitifs ne peuvent être caractérisés par le fait qu'ils sont émis au moment même d'une observation. Ils doivent au contraire être caractérisés comme énoncés d'observation avant même que l'on réalise effectivement l'observation en question. Par conséquent, la nécessité d'une distinction se fait jour entre 1) les énoncés d'observation que l'on obtient au terme d'une chaîne inférentielle partant d'un énoncé cognitif, et qui permettent d'établir la vérifiabilité de ce dernier, et 2) les énoncés d'observation que l'on obtient lors d'une certaine expérience, qui permettent d'établir sa vérification effective. Il faut donc pouvoir parvenir à une caractérisation des énoncés d'observation qui rende compte des propriétés spécifiques de ces derniers en tant qu'ils *peuvent* être émis lors d'expériences effectives, sans pour autant que leur caractérisation implique qu'ils soient nécessairement émis lors d'une telle expérience.

Notons en outre, pour finir sur ce point, que Schlick assume parfaitement l'approche psychologique qu'il adopte en 1934 pour rendre compte de la manière dont nous procédons pour tester des hypothèses.

> [Les constatations] sont ignorées de ceux qui ne prennent intérêt qu'aux déductions logiques, aux questions internes rationnelles de la science. Et cependant, elles jouent le rôle le plus important pour la question psychologique du fondement de toute connaissance. C'est ce rôle que j'ai tenté de dépeindre dans le premier de ces essais [2].

Il est néanmoins tout à fait problématique de s'appuyer sur des faits psychologiques, en admettant qu'ils ont quelque pertinence ici, pour attribuer aux

1. Carnap à Schlick, lettre du 17 Mai 1934, Archives of the Vienna Circle Foundation, Universiteit van Amsterdam.

2. M. Schlick, *Sur le fondement de la connaissance* (1935), Introduction, trad. fr. E. Vouillemin, Paris, Hermann, p. 6. *Cf.* note 2, p. 150 ci-dessus.

constatations des modalités de sens essentiellement distinctes de celles des autres énoncés cognitifs[1]. L'origine de la difficulté à considérer les constatations comme des énoncés véritables tient en effet au fait que leur sens, aussi bien que les modalités de leur vérification, sont fondamentalement déterminés selon Schlick par leur référence intuitive. On peut aller jusqu'à affirmer que la position de Schlick s'expose de la sorte à un idéalisme sémantique, selon lequel le sens des énoncés d'observation serait indexé de façon essentielle sur l'expérience privée d'un individu, inaccessible à autrui en tant que telle.

Les propositions protocolaires de «La langue de la physique comme langue universelle de la science» ne sont toutefois pas en meilleure position: bien que Carnap affirme que le sens de ces propositions (leur contenu) est équivalent à celui de certaines propositions de la physique, le fait que les règles de la langue protocolaire soient établies en regard de l'expérience vécue qu'elle permet de rapporter conduit à penser que le sens des propositions protocolaires est en réalité indexé lui aussi sur leur référence expérientielle. Si c'est effectivement le cas, on est alors en présence d'une forme de langage privé qui ne répond plus au réquisit minimal d'un outil de communication. Neurath a critiqué selon ces lignes la position adoptée par Carnap en 1932:

> *Chaque* langue est *en tant que telle* intersubjective [...] le solipsisme «méthodologique», le positivisme «méthodologique» (voir Carnap (1932), p. 357[2]) ne sont pas d'une utilité plus grande du fait qu'on ajoute le terme «méthodologique»[3].

Le recours à l'expérience vécue d'un individu dans la détermination des énoncés d'observation expose finalement ces derniers aux risques de langage privé et d'idéalisme linguistique. Le phénoménalisme apparaît par conséquent comme une voie impraticable[4].

1. On pourra se reporter sur ce point à la section 5.3 ci-dessus.

2. Neurath fait référence à l'affirmation suivante de Carnap dans «La langue de la physique...», art. cit., p. 357: «On pourrait qualifier de "*positivisme méthodologique*" et plus précisément de "*solipsisme méthodologique*" (selon une expression de Driesch) notre conception selon laquelle les protocoles forment la base de la construction d'ensemble de la science, dans la mesure où chaque sujet ne peut prendre pour base que son propre protocole ».

3. O. Neurath, «Protokollsätze», *Erkenntnis*, 3, 1932, p. 228-229.

4. Notons que, récemment, H. Chang a développé une position qui tente d'échapper aux problèmes posés par le phénoménalisme en affirmant que nous ne percevons pas des objets mais des propriétés des objets. Il reste de la sorte dans un cadre d'analyse qui assimile observation et perception passive. Voir H. Chang, «A Case for Old-Fashioned Observability, and a Reconstructed Constructive Empiricism» (2004), PhilSci Archives,

2. *Qu'est-ce que l'observation ?*

Afin de parvenir à une conception appropriée des énoncés d'observation, nous devons nous poser la question plus fondamentale de ce que l'on entend par « observation ». Traditionnellement, l'observation a été conçue par les philosophes comme un processus passif de réception d'impressions sensorielles et, en ce sens, elle a été assimilée à la perception. Cette conception est répandue dans la tradition empiriste – comme l'illustre notre discussion dans la section précédente –, mais on peut également en trouver un écho dans la philosophie critique de Kant, où la sensibilité est définie comme pure faculté de réception, là encore entièrement passive, ou dans l'épistémologie de Claude Bernard, qui distinguait l'observation de l'expérience en affirmant que l'une est purement passive alors que l'autre implique une activité de jugement[1]. Ces conceptions peuvent être aisément mises en accord avec la caractérisation de l'observation proposée par la physique, selon laquelle l'observation n'est qu'un processus de réception parmi d'autres, l'appareil sensoriel humain étant considéré comme un simple système physique jouant le rôle de récepteur[2]. Notons toutefois que, dans une telle perspective, l'observation se voit dépourvue de sa spécificité en tant que processus *humain*. D'un autre côté, cette compréhension du terme a une certaine pertinence puisqu'elle permet de rendre compte de son usage dans des contextes où il ne saurait être question d'observation sensorielle immédiate mais où, au contraire, il est fait appel de manière essentielle à des instruments. Un tel usage est fréquent en sciences. L'astrophysicien Antoine Labeyrie affirme par exemple qu'il cherche à « développer des versions très larges des hypertéléscopes afin d'*observer* des pulsars optiques et autres étoiles à neutrons »[3]. De même, dans un entretien au sujet de l'analyse des clichés qui ont conduit à la découverte des courants

http://philsciarchive.pitt.edu/archive/00002122/. La position en faveur de laquelle j'argumenterai dans la section suivante a l'avantage de ne pas avoir à se défendre des accusations de solipsisme, de langage privé, ou d'idéalisme sémantique, dans la mesure où elle ne s'y expose pas en premier lieu.

1. Voir Cl. Bernard, *Introduction à l'étude de la médecine expérimentale* (1865), Paris, Flammarion, 1993, chap. 1.

2. Plus récemment, on trouve une conception passive de l'observation fondée sur une approche physique du phénomène dans les articles suivants : D. Shapere, « The Concept of Observation in Science and in Philosophy », *Philosophy of Science*, 49, 1982, p. 485-525 et R. Torretti, « Observation », *The British Journal for the Philosophy of Science*, vol. 37, n° 1, 1986, p. 1-23.

3. Voir la page d'A. Labeyrie sur le site du Collège de France : http://www.college-de-france.fr/default/EN/all/ast_obs/index.htm. Je souligne.

neutres, le physicien J.P. Vialle affirme que son équipe et lui ont « tout d'abord pensé qu'il était étrange [qu'ils soient] en train d'*observer* des particules qui pouvaient venir des neutrons, mais qui étaient beaucoup trop chargées pour cela »[1].

Un tel usage du terme « observation » conduit à assimiler les processus d'observation aux processus de détection, qui impliquent pour leur part de recourir de manière essentielle à des instruments. J'affirmerai par conséquent qu'il ne fournit pas un point de départ adéquat lorsque l'on a pour objectif de spécifier ce qui caractérise en propre l'observation, pas plus que la conception physique de l'observation comme simple phénomène de réception ne permet de rendre compte de la spécificité de l'observation en tant qu'activité proprement humaine. Autrement dit, la conception passive de l'observation, si elle présente l'avantage d'expliciter l'usage étendu de ce terme tel qu'on le rencontre fréquemment chez les scientifiques, s'avère toutefois inadéquate pour rendre compte de la spécificité de l'observation.

La question de la nature de l'observation donne ainsi à voir ses deux faces : 1) il s'agit d'une question empirique, au sens où la réponse qu'on lui donne doit être compatible avec les résultats fournis par les sciences empiriques dont elle est l'objet, mais 2) une réponse adéquate à cette question doit également prendre en considération l'usage linguistique qui est fait de ce terme dans différents contextes. Une conception satisfaisante de l'observation doit par conséquent répondre de façon maximale non seulement à une exigence d'adéquation empirique, mais aussi à une exigence d'adéquation à l'usage linguistique. C'est le rôle du philosophe que d'élaborer une telle conception à partir des faits disponibles, empiriques aussi bien que linguistiques – et l'on voit qu'il n'en va finalement pas différemment avec le problème de l'observation et avec celui de la signification.

Considérons des exemples de situations proprement observationnelles : pour observer l'effet du versement d'une certaine quantité d'acide sulfurique dans un tube à essai rempli d'eau, le chimiste doit accomplir un certain nombre d'actions appropriées. Il doit également être capable d'associer correctement les mouvements de son appareil visuel avec les mouvements nécessaires au bon fonctionnement de son appareil olfactif s'il veut être en mesure d'observer la réaction en question. De même, un géologue devra maîtriser un certain nombre de mouvements et de capacités sensorio-motrices afin d'observer une certaine formation, ses changements d'altitude, ses différentes couches, etc. Observer engage ainsi bien plus qu'une

1. J.P. Vialle, *Interview* (1980), cité par P. Galison, « How the First Neutral-Current Experiments Ended », *Review of Modern Physics*, vol. 55, n° 2, 1983, p. 483. Je souligne.

simple réception passive d'information : il s'agit d'une forme d'activité spécifique, caractérisée par certains types d'actions et de mouvements de la part de l'observateur. En outre, observer implique de concentrer son attention d'une certaine manière : pour observer le pollen collecté par une colonie d'abeilles, le biologiste devra apprendre à concentrer son attention sur la couleur et la texture de différentes sortes de pollens par exemple. L'observation est donc plus adéquatement caractérisée comme une certaine forme d'activité lors de laquelle l'attention de l'observateur est orientée de façon appropriée vers l'objet considéré.

Certains faits empiriques, notamment dans le domaine de la physiologie, viennent à l'appui d'une telle conception. On peut penser par exemple au cas de patients opérés de la cataracte qui doivent apprendre ou réapprendre à voir, c'est-à-dire à associer de manière adéquate leurs impressions visuelles avec les mouvements corporels correspondants – mouvements des yeux et de la tête, mouvements des membres dirigés vers ce qu'ils voient, etc. [1]. Ces faits physiologiques témoignent de ce qu'il ne suffit pas d'avoir des impressions visuelles pour voir à proprement parler, et encore moins pour observer : il faut également pouvoir les insérer dans des schémas d'associations sensori-motrices adéquats.

Le rapport entre percevoir, voir et observer peut alors être conçu sur le mode d'un rapport d'inclusion mutuelle : observer c'est regarder de manière exploratoire et en orientant son attention dans une certaine direction, voir c'est pouvoir intégrer des impressions sensorielles dans des schémas d'activité sensori-motrices pertinents, et la perception entendue comme la réception passive d'impressions serait un composant nécessaire de la vision et de l'observation, sans avoir pour autant un statut plus fondamental que ces dernières. Contrairement à une idée répandue, selon laquelle la perception serait première, je maintiendrai en effet que la simple perception est au contraire abstraite des processus d'observation et de vision : ces derniers constituent des modes de rapport au monde premiers par rapport à celui de la perception. Nous sommes engagés en premier lieu dans ces

1. Pour plus de détails, *cf.* par exemple A. Valvo, *Sight Restoration after Long-Term Blindness : The Problems and Behavior Patterns of Visual Rehabilitation*, New York, American Federation for the Blind, 1971 ; et A. Noë, Precis of *Action in Perception*, *Psyche*, vol. 12, n° 1, 2006. Alors que Noë interprète ces faits en faveur d'une conception enactive de la *perception*, je maintiens pour ma part qu'ils permettent de rendre compte de la vision et de l'observation. Pour une argumentation plus détaillée sur ce point, voir D. Chapuis-Schmitz, « Ni trompeurs, ni muets : les sens en action », dans B. Ambroise et S. Laugier (éds.), *La philosophie du langage ordinaire : Histoire et actualité de la philosophie d'Oxford (1925-2000)*, Hildesheim, Olms, à paraître.

formes d'activités, même s'il nous arrive à certains moments de nous en extraire, par exemple lorsque nous contemplons le bleu du ciel ou de la robe d'une Madone de Raphaël. Or, c'est seulement dans ce dernier type de cas qu'il s'avère pertinent de parler de perception à proprement parler.

On notera en outre que l'observation ne se distingue pas seulement de la perception et de la vision, mais aussi de l'expérimentation[1]. Certes l'observation, notamment en sciences, a lieu la plupart du temps dans le contexte d'expériences ou d'expérimentations. Cependant, elle ne saurait être assimilée à ces dernières : l'expérimentation inclut un ensemble d'actions et de préparatifs qui ne font pas partie du processus caractéristique de l'observation. Manifestement, la préparation d'un échantillon pour une observation au microscope ne fait pas partie de l'observation elle-même mais relève du contexte expérimental dans lequel l'observation a lieu. On retiendra alors que l'observation est une forme d'activité spécifique, qui implique la maîtrise de capacités sensori-motrices, et dans laquelle l'attention est orientée d'une certaine manière. Il s'agit à ce titre d'un processus qui se distingue aussi bien de la perception et de la vision que de l'expérimentation, même s'il est lié à chacune d'entre elles.

Un des avantages de la conception passive de l'observation mentionnée au début de cette section était de rendre compte de l'usage étendu de ce terme par les scientifiques. J'ai en outre affirmé qu'une conception adéquate de l'observation devait s'accorder maximalement non seulement avec les faits empiriques disponibles, mais aussi avec l'usage linguistique. On pourrait alors se demander, avec droit, si la caractérisation qui vient d'être proposée est compatible avec l'usage étendu que les scientifiques font de ce terme. Ian Hacking a discuté en détail la question de savoir s'il était approprié de dire que nous voyons avec un microscope, et il y a répondu par l'affirmative : « je ne vois aucune confusion qui pourrait s'ensuivre de ce que l'on dise voir avec un microscope »[2]. La caractérisation active de l'observation permet de répondre de manière similaire : l'observation avec des microscopes – et cela vaut aussi bien pour les télescopes et autres instruments optiques – implique la maîtrise de certains schémas d'activités sensori-motrices spécifiques ainsi qu'une attention orientée de manière

1. H. Radder défend une conception active de l'observation sans pour autant distinguer clairement l'observation de son contexte expérimental, cf. *The World Observed/The World Conceived*, Pittsburgh, University of Pittsburgh Press, 2006, première partie.

2. I. Hacking, *Representing and Intervening*, Cambridge, Cambridge UP, 1983, p. 208. Voir également « Est-ce qu'on voit à travers un microscope ? » (1981), trad. fr. M. Kirsch, dans S. Laugier et P. Wagner (éds.), *Philosophie des sciences*, *op. cit.*, vol. 2, p. 238-274.

appropriée ; des processus de ce type répondent par conséquent aux caractéristiques de l'observation que nous venons de mettre au jour. De même qu'il est nécessaire, lorsque l'on regarde avec des lunettes à trois dimensions, d'associer de manière appropriée les différents schémas de mouvements de la tête, des yeux et des mains, et de pouvoir centrer son attention d'une certaine manière avant de pouvoir observer quoi que ce soit, de même observer le comportement d'une cellule avec un microscope implique de pouvoir maîtriser certains schémas et certaines associations de mouvements et de sensations, ainsi qu'une attention entraînée à se concentrer sur les aspects pertinents de l'échantillon considéré. C'est également en raison du fait qu'un certain type d'activité est impliqué dans le processus que Hacking admet un usage étendu de « voir » dans des cas où des instruments ont une occurrence essentielle :

> Vous apprenez à voir à travers un microscope en faisant, et pas seulement en regardant [...] le sens du toucher est corrélé avec votre image rétinienne prétendument bi-dimensionnelle, et ce signal appris produit la perception tri-dimensionnelle. Comme un plongeur sous-marin apprend à voir dans le nouveau milieu de l'océan en faisant des tours de nage [...] de nouvelles manières de voir, acquises après la petite enfance, impliquent d'apprendre en faisant, et pas seulement de regarder passivement [1].

Dans cette citation, Hacking n'établit pas de différence entre percevoir, voir et observer, contrairement à la clarification ici proposée. Il met cependant en lumière une autre caractéristique essentielle de l'observation : le fait qu'elle dépend des circonstances particulières dans lesquelles elle est réalisée. Ce n'est pas la même chose que d'observer dans l'eau et dans l'air, ou dans l'air surchauffé du désert et dans un air froid et sec. Les propriétés spécifiques de l'environnement et du milieu jouent manifestement un rôle déterminant pour le type de schémas sensori-moteurs requis afin de pouvoir observer correctement. Les critères d'une observation fiable sont donc : 1) l'adéquation des schémas d'activité sensori-motrice aux circonstances de l'observation, 2) une attention centrée sur les aspects pertinents de l'objet considéré. Nous verrons par la suite que ces critères ont une importance cruciale pour le type de justification qui revient aux énoncés d'observation. Retenons pour l'instant que concevoir l'observation comme une forme d'activité spécifique s'accorde aussi bien avec une caractérisation empirique des processus observationnels qu'avec la variété des usages linguistiques de ce terme.

1. I. Hacking, *Representing and Intervening*, *op. cit.*, p. 189.

La conception de l'observation ici proposée a en outre une importance décisive pour la question de l'*objet* de l'observation. Lorsque l'on assimile observation et perception et que l'on conçoit l'observation sur le mode de la réception passive d'information, une conclusion naturelle, même si elle n'est pas nécessaire, consiste à affirmer que l'observation a pour objet des impressions sensorielles ou *sense-data*. La question se pose alors de « la réalité des objets extérieurs », de « l'objectivité de la connaissance fondée sur les impressions sensorielles » – bref, on n'est pas loin du vieux débat qui oppose réalisme et idéalisme comme deux positions métaphysiques concurrentes. Or, la perspective ici adoptée nous a conduit à admettre que l'observation se déployait sur le mode d'une activité, et plus précisément d'une interaction avec les objets et les événements du monde dans lequel nous évoluons. Ce que nous observons, ce sont donc les objets et les événements du monde avec lesquels nous pouvons être dans une forme d'interaction spécifique lors des processus observationnels. Les impressions sensorielles sont quant à elles un simple *moyen* : elles nous permettent d'observer mais ne constituent en rien l'*objet* de l'observation. De manière corrélative, elles sont plus adéquatement conçues comme des *états* du sujet percevant[1] – et non comme des *entités* perçues, au statut problématique. La conception que nous avons élaborée permet par conséquent de maintenir que nous observons directement les choses et les événements du monde, sans pour autant faire l'impasse sur l'aspect phénoménologique de l'observation – aspect qui tient précisément au fait que nous sommes dans certains états perceptifs lorsque nous observons. Les débats métaphysiques sur l'objet de la perception se voient ainsi dépassés et remplacés par une conception compréhensive, qui fait place aux différents éléments qui constituent et caractérisent les processus examinés.

En ce sens, la conception active de l'observation fournit une base adéquate au réalisme empirique, naturel et non métaphysique, que nous avons précédemment thématisé (*cf.* section 5.4). Comme le note Jacques Bouveresse :

> [le réalisme naturel] exige que nous renoncions purement et simplement à l'idée centrale qui a été à l'origine de toutes les difficultés et responsable du désastre final, à savoir celle qui veut qu'« il y ait une interface entre nos facultés cognitives et le monde extérieur – ou, pour dire la même chose autrement, l'idée que nos facultés cognitives ne peuvent pas atteindre

1. Pour une conception des impressions sensorielles selon ces lignes, voir par exemple W. Sellars, *Empirisme et philosophie de l'esprit* (1956), trad. fr. F. Kayla, Paris, L'éclat, 1997.

> complètement les objets eux-mêmes »[1]. [...] Être un réaliste naturel veut dire admettre que les choses du monde extérieur peuvent réellement être *expérimentées*, et pas seulement en ce sens qu'elles sont la cause d'« expériences », de « qualia » ou d'« impressions », considérés comme de simples affections de notre subjectivité[2].

Dans la mesure où l'observation est conçue sur le mode d'une certaine forme d'activité nous conduisant à interagir de manière spécifique avec les objets du monde dans lequel nous évoluons, elle peut fournir un critère adéquat pour nos attributions de réalité selon les lignes du réalisme empirique : est admis comme réel ce avec quoi nous pouvons interagir sur le mode de l'observation. Définir l'observation comme une forme d'activité spécifique ne revient donc pas à une simple stipulation terminologique.

Mais ce n'est pas tout. Il est apparu que les scientifiques font un usage étendu du terme d'observation, qui inclut des cas plus adéquatement caractérisés par les termes de détection ou de mesure. C'est en outre une évolution caractéristique de la recherche scientifique que de remplacer l'observation, lorsque cela est possible et approprié, par des processus de détection ou de mesure. Cela ne vaut pas seulement pour la physique, où les compteurs Geiger et autres appareils de détection sont monnaie courante, mais aussi pour la biologie (avec les microscopes électroniques par exemple), la géologie (avec les sonars, les détecteurs à résonance magnétique...), les neurosciences et la médecine (avec les techniques de neuro-imagerie telles que le scanner ou l'IRM fonctionnel), etc. De tels appareils de détection fournissent différents types de données : des images photographiques, des images numériques, des graphes, etc. Différentes techniques de mesure peuvent également être utilisées afin d'obtenir des données quantitatives dans le cadre d'expériences scientifiques. Or, le point important est que détection et mesure peuvent être placées à côté de l'observation en tant qu'activités remplissant un rôle épistémologique semblable, à savoir obtenir des données expérimentales. De même que la possibilité d'observer un objet vaut comme critère de sa « réalité » selon le sens commun, de même la possibilité de détecter une particule, ou de mesurer l'intensité d'un champ électromagnétique, vaut comme critère de leur réalité pour le scientifique – en un sens non métaphysiquement chargé du terme « réalité ».

1. H. Putnam, « Sense, Nonsense, and the Senses : An Inquiry into the Powers of the Human Mind », *The Journal of Philosophy*, vol. 91, n° 9, 1994, p. 453.

2. J. Bouveresse, *Langage, perception et réalité*, t. 1, Nîmes, J. Chambon, 1995, p. 14-15.

Autrement dit : observation, détection et mesure constituent trois formes d'interaction avec le monde qui nous entoure et sur la base desquelles nous pouvons caractériser comme *réels* les objets de l'interaction. C'est bien parce que ces objets existent dans le monde indépendamment du fait d'être observés, détectés ou mesurés qu'il est possible d'entrer en interaction avec eux selon ces modalités particulières. Par conséquent, puisqu'il s'étend aux cas où la possibilité de détection ou de mesure valent comme critères de la réalité des objets détectés ou des grandeurs mesurées, le réalisme empirique permet de rendre compte non seulement de l'attitude réaliste du sens commun, mais aussi de celle que l'on rencontre dans le contexte de la science. En ce sens, il vaut véritablement comme un réalisme *naturel*.

Nous sommes alors en mesure de proposer une caractérisation des énoncés d'observation qui échappe aux apories d'une conception phénoménaliste : de tels énoncés ont ceci de spécifique qu'ils permettent de rapporter les résultats obtenus au terme de processus d'observation, au sens qui vient d'être spécifié. En outre, dans la mesure où il est apparu que l'observation n'était qu'une activité de collecte de données parmi d'autres, il s'avère que l'appellation « énoncés d'observation » peut être étendue pour inclure les énoncés qui rapportent des données obtenues au terme de processus de détection ou de mesure. Il est essentiel de souligner à ce titre qu'il s'agit à chaque fois d'énoncés ayant pour objet des choses ou des événements avec lesquels on peut entrer en interaction en les observant, en les détectant, ou en les mesurant.

Une remarque s'impose pour finir sur la notion d'*observabilité* : quelle est la notion de *possibilité* ici en jeu ? Une conception de la signification cognitive qui se définit dans le cadre d'un réalisme empirique ne saurait inclure au titre de l'observabilité la possibilité d'observer des extra-terrestres ou des ondes télépathiques. Au contraire, l'observabilité ne vaudra comme critère de ce qui existe dans le monde dans lequel nous évoluons que si elle est définie par rapport à la possibilité que nous avons d'observer étant donné 1) les capacités perceptives et discriminatoires dont nous disposons de fait en tant qu'êtres humains, 2) ce qui peut effectivement donner lieu à des observations dans notre monde. La délimitation de ce qui est observable implique donc d'apporter une réponse à la fois à la question de nos capacités perceptives telles qu'elles sont déterminées par l'enquête biologique et physiologique, et à la question de savoir ce en quoi consiste la possibilité que nous avons qualifiée de « naturelle » (*cf.* section 4.4) et qui concerne ce qui peut exister dans le monde. La même chose vaut pour ce qui peut être détecté et ce qui peut être mesuré – la seule différence étant que la possibilité technique vient alors s'ajouter aux possibilités humaines et naturelles. Cela dépasserait notre examen que de tenter d'apporter des réponses à ces questions factuelles. Nous nous contenterons de conclure sur ce point en affirmant que les énoncés d'observation portent sur des choses et des événements observables, détectables et mesurables, conformément à la perspective du réalisme empirique que nous avons caractérisée. Nous sommes à présent en mesure de nous tourner vers le problème du statut épistémologique de ces énoncés.

2. Le problème de la justification empirique

Une série de problèmes découle de l'idée selon laquelle les énoncés d'observation auraient un statut épistémologique distinct en raison du lien privilégié qu'ils entretiendraient avec l'expérience, elle-même admise comme absolument certaine. Ce type de position peut être qualifié de fondationnaliste et je voudrais en examiner dans un premier temps les tenants et les aboutissants afin de prévenir le vérificationnisme constructif contre les risques auxquels elle expose ses défenseurs. Je proposerai dans un second temps une conception du type de justification qui revient aux énoncés d'observation tels que je les ai caractérisés au terme de la discussion qui précède, et je montrerai qu'elle échappe aux écueils mis en évidence dans la section qui suit.

1. *Les apories du fondationnalisme*

L'idée selon laquelle l'expérience constituerait une base certaine pour la connaissance s'inscrit dans une longue tradition philosophique, que l'on peut faire remonter aussi bien à l'empirisme classique qu'au cartésianisme : dans ces deux courants de pensée, on trouve en effet l'idée selon laquelle la connaissance qui dérive directement de l'expérience – quel que soit par ailleurs le sens d'« expérience » ici en jeu – a un statut absolument certain. Avec le tournant linguistique, la problématique traditionnelle du fondement se voit modifiée : ce n'est plus un certain type d'expérience qui est censé constituer le fondement de la connaissance, mais un certain type de propositions.

> La question des « propositions protocolaires », de leur fonction et de leur structure, est la forme la plus récente sous laquelle la philosophie, ou plutôt l'empirisme résolu de notre temps, habille le problème du fondement ultime du savoir [1].

Mais l'approche linguistique a ses limites : même si l'on admet que ce sont les énoncés d'observation qui constituent le point d'aboutissement d'une procédure de vérification, il n'en faut pas moins pouvoir préciser le rapport de ces derniers à l'observation. Et lorsque l'on s'aventure sur ce terrain, le risque de fondationnalisme n'est jamais très loin. Dans *Empirisme et philosophie de l'esprit*, Sellars identifie de la façon suivante le cadre théorique qui sous-tend selon lui toute position fondationnaliste :

> L'une des formes que prend le mythe du donné réside dans l'idée qu'il y a, et qu'en fait il *doit y avoir*, une structure factuelle particulière telle que (a) chaque fait puisse non seulement être connu sans inférence, mais de plus ne présuppose aucune connaissance supplémentaire d'autres faits particuliers ou de vérités générales; et (b) telle que la connaissance non inférentielle des faits appartenant à cette structure constitue l'ultime cour d'appel de toutes les autres affirmations factuelles – particulières et générales – portant sur le monde [2].

Comme le note Sellars, toute entreprise fondationnaliste conduit à distinguer certaines connaissances en raison de leur statut épistémologique spécifique : elles seraient directement justifiés par l'expérience. Cependant, une fois cela admis, on est conduit à se demander comment l'expérience justificatrice peut être elle-même justifiée. La question de la justification de la connaissance se voit ainsi déplacée au niveau de l'expérience.

Deux stratégies se présentent pour apporter une réponse à ce nouveau problème : 1) soit on admet qu'il est impossible de justifier l'expérience fondatrice – on est alors conduit au scepticisme; 2) soit on admet que ce sont les énoncés d'observation qui justifient l'expérience qui les justifie – et on tombe alors dans un cercle vicieux. Ces deux solutions reviennent finalement au même : il s'avère impossible de rendre raison de façon satisfaisante du fondement de la connaissance en terme de justification par l'expérience. Comme le note Sellars, « il semble que l'on soit contraint de choisir entre l'image d'un éléphant reposant sur une tortue (qui donc

1. M. Schlick, « Sur le fondement de la connaissance », art. cit., p. 416.
2. W. Sellars, *Empirisme et philosophie de l'esprit*, *op. cit.*, p. 73.

supporte la tortue?) et celle d'un grand serpent hégélien se mordant la queue (où donc commence-t-il?). Aucune n'est acceptable »[1].

On ne peut s'extraire de cette aporie sans mettre en question certains des présupposés qui y conduisent. Examinons ces derniers plus en détail. Tout d'abord, adhérer au fondationnalisme suppose que l'on attribue, ne serait-ce que de façon implicite, une valeur épistémique à l'expérience elle-même, et à l'observation en particulier. Si l'observation peut entrer comme terme de la relation de justification pour conférer aux énoncés d'observation une certitude définitive, cela implique qu'elle puisse être elle-même évaluée du point de vue de sa certitude, autrement dit, qu'elle puisse avoir une valeur épistémologique.

> L'idée selon laquelle l'observation « au sens strict » est constituée d'épisodes non verbaux auto-authentifiants qui transmettent leur autorité aux productions verbales et quasi-verbales lorsque celles-ci sont accomplies « en conformité avec les règles sémantiques du langage », est bien évidemment au cœur du mythe du donné. Car le donné dans la tradition épistémologique ne consiste en rien d'autre qu'en ce que saisissent les épisodes auto-authentifiants[2].

Mais, comme le note justement Goodman, tout ce que l'on peut dire des données observationnelles, c'est qu'elles sont présentes, et il est fallacieux de leur attribuer une valeur épistémique. Seules nos descriptions peuvent être acceptées ou non comme vraies.

> Les matériaux ou les particules de l'expérience sont donnés [...] De tels éléments peuvent être indubitables au sens vide auquel aucun doute n'est pertinent à leur égard, comme c'est le cas pour un bureau; mais, comme le bureau, ils sont également dépourvus de caractère certain. Car la vérité et la fausseté et la certitude se rattachent aux énoncés ou aux jugements et non à de simples particules ou matériaux ou éléments[3].

La tentation d'accorder un statut épistémique spécifique aux données expérimentales est en outre liée de manière privilégiée à la conception de l'observation sur le mode de la réception passive d'impressions – une fois que l'on a procédé à la réification des impressions, on est tenté de leur attribuer un caractère « vrai » ou « certain » qui ferait défaut à la

1. W. Sellars, *Empirisme et philosophie de l'esprit*, *op. cit.*, p. 83, trad. légèrement modifiée.

2. *Ibid.*, p. 81.

3. N. Goodman, « Sense and Certainty », *The Philosophical Review*, vol. 61, n° 2, 1952, p. 161-162.

connaissance inférentielle. Toutefois, on admettra qu'une conception active de l'observation, du type de celle proposée dans la section précédente, ne suffit pas à nous mettre à l'abri : il est également possible de succomber à la tentation d'attribuer un statut épistémique spécifique aux données recueillies au terme de processus observationnels. Il est par conséquent important d'insister avec Goodman sur l'idée que les termes « vrai », « certain », etc., n'ont de pertinence que lorsqu'ils sont appliqués à des *énoncés*.

Cela signifie que la question de la justification ne saurait être posée ni en ce qui concerne l'expérience elle-même, ni en ce qui concerne ses résultats obtenus sous forme de données observationnelles. Cette question n'a de pertinence qu'au niveau linguistique. Autrement dit, la justification est une relation qui s'établit entre des éléments de même nature, à savoir des énoncés. Par conséquent, les énoncés d'observation ne peuvent être justifiés par l'expérience dont ils sont censés rapporter les résultats sous forme discursive. Reconnaître cette caractéristique de la relation de justification permet d'échapper finalement aux apories du fondationnalisme – mais cela ne suffit pas à expliciter de manière positive l'idée de justification empirique.

2. *L'observation : raison ou cause ?*

Les énoncés d'observation ne sauraient entretenir une relation de justification avec l'expérience, nous venons de le montrer. D'un autre côté, de tels énoncés ont bien un rapport privilégié avec l'expérience – c'est là ce qui fait leur spécificité. Quelle est alors la nature de ce rapport ? Comment caractériser de manière positive le lien entre énoncés d'observation et expérience ?

On remarquera en premier lieu que de tels énoncés sont formulés dans un type de contexte particulier : dans des contextes expérimentaux qui donnent lieu à certaines observations. Un énoncé tel que « il y a un cygne noir » prononcé alors que l'on observe un cygne noir en se promenant dans les jardins de l'université de Cambridge peut prétendre au titre d'énoncé d'observation, précisément parce que son énonciation a lieu dans un contexte dans lequel sont réalisées des observations d'un certain type. On pourrait alors tenter de singulariser les énoncés d'observation en disant que ce qui leur est propre est d'être directement suscités par le contexte observationnel de leur occurrence. C'est parce que l'on observe un cygne noir dans un certain contexte que l'on formule l'énoncé « il y a un cygne noir », et cela suffirait à le qualifier au titre d'énoncé d'observation.

Mais une telle solution ne résiste pas à un examen plus attentif. On peut en effet très bien admettre que l'énonciation d'une phrase telle que « cet homme est célibataire » est directement causée par la vue d'un certain homme (non marié), mais on ne considérera pas pour autant qu'elle est candidate au statut d'énoncé d'observation. De même, l'énonciation de la phrase « c'est un Rothko » peut être causée par la vue d'une grande toile jaune et violette lors d'une visite au MoMA, et pourtant on ne voudrait pas compter un tel énoncé au nombre des énoncés d'observation. Pourquoi ? En raison du fait que la procédure de vérification de ces deux énoncés implique d'avoir recours à d'autres énoncés qui ne se limitent pas à décrire le contexte observationnel dans lequel ils sont émis, mais relèvent au contraire de connaissances que nous avons acquises *par ailleurs*, indépendamment du contexte observationnel considéré – connaissance du statut marital de l'homme rencontré, connaissance la facture spécifique des tableaux de Rothko. Par conséquent, les énoncés d'observation peuvent bien avoir pour cause de leur énonciation un contexte observationnel particulier, ce n'est pas une condition suffisante de ce que l'on a affaire à des énoncés d'observation.

Dans *Le Mot et la chose*, Quine établit une distinction entre les phrases occasionnelles, dont l'énonciation est directement causée par certaines stimulations sensorielles, et les phrases d'observation. Ces dernières sont acceptées comme vraies sur la base des seules stimulations sensorielles qui causent leur occurrence, alors que les phrases occasionnelles sont certes elles aussi causées par des stimulations sensorielles, mais néanmoins acceptées comme vraies en raison d'« informations collatérales » qui dépassent largement la simple stimulation cause de leur énonciation.

> Si la phrase « Rouge » est un peu moins sensible que « Lapin » à l'action de l'information intruse, il existe d'autres phrases qui y sont infiniment plus sensibles. Un exemple est « Célibataire ». L'assentiment d'un observateur à cette phrase est décidément provoqué par la vue de la figure de la personne, et cependant il repose principalement sur une information emmagasinée et nullement sur la stimulation incitante, si l'on excepte toutefois l'information nécessaire pour reconnaître l'ami célibataire qui est en question [1].

On voit se dessiner une différence entre deux types d'énoncés directement causés par des observations : certains qui sont vérifiés sur la base de la seule observation en question, d'autres qui sont vérifiés en faisant appel à

1. W.v.O. Quine, *Le Mot et la chose* (1960), trad. fr. J. Dopp et P. Gochet, Paris, Flammarion, 1968, p. 78.

d'autres énoncés cognitifs. Les premiers seraient proprement observationnels, mais pas les seconds. Il semble qu'il faille alors chercher la caractéristique des énoncés d'observation non pas dans la cause de leur énonciation, mais dans ce qui fonde l'assentiment qu'on leur donne. Cette différence avait déjà été relevée par Carnap lorsqu'il distinguait vérification directe et vérification indirecte :

> Nous devons établir ici une distinction entre deux types de vérification : directe et indirecte. Si la question concerne une proposition qui affirme quelque chose sur une perception présente, par exemple : « Maintenant je vois un carré rouge sur un fond bleu », alors la proposition peut être directement testée *par ma perception présente*. Si à présent je vois bien un carré rouge sur un fond bleu, la proposition est directement vérifiée par cette vision (*this seeing*) : si je ne le vois pas, elle est réfutée. Il ne fait aucun doute que la vérification directe pose encore de sérieux problèmes [1].

En particulier : doit-on affirmer que la relation entre l'observation et l'assentiment à un énoncé d'observation est de type *causal*, ou bien doit-on considérer que l'observation constitue une *raison* de donner son assentiment à l'énoncé ? L'observation du cygne noir est-elle cause de ce que l'on accepte l'énoncé « il y a un cygne noir » comme vrai, ou bien en est-elle une raison ?

Affirmer que l'assentiment est causé par l'observation nous place dans le cadre d'une position naturaliste selon laquelle la question de la justification doit être remplacée par celle des relations causales entre stimuli observationnels et énoncés – cette question devient alors une question empirique, dont la réponse doit être cherchée par exemple dans l'examen de la manière dont on apprend un langage. C'est la voie ouverte par Quine [2]. Ce type de solution a été critiqué par des représentants du kantisme analytique, tels que McDowell ou Brandom [3], qui maintiennent que l'on ne peut rendre compte du caractère *justifié* de notre connaissance si l'on conçoit la relation entre observation et connaissance sur le mode d'une relation causale : celle-ci doit bien plutôt être pensée en termes de *raisons*. Mais cette dernière perspective ne va pas sans poser problème. En particulier, elle donne lieu au dilemme suivant : si toute relation de justification

1. R. Carnap, *Philosophy and Logical Syntax*, *op. cit.*, § 1.

2. *Cf.* section 2.1 ci-dessus.

3. *Cf.* J. McDowell, *L'Esprit et le monde* (1994), trad. fr. Ch. Alsaleh, Paris, Vrin, 2007 ; R. Brandom, *Making It Explicit*, Cambridge (Mass.)-Londres, Harvard UP, 1994, et « Précis to W. Sellars, *Empiricism and Philosophy of Mind* » (2000), dans W. Sellars, *Empirisme et philosophie de l'esprit*, *op. cit.*

s'établit au sein de l'espace conceptuel des raisons, et si l'observation relève quant à elle de l'espace naturel des causes, comment peut-on affirmer que notre connaissance est justifiée sur la base de l'observation? Brandom propose de représenter ce problème sous la forme du schéma suivant[1] :

Objets physiques
↓ (1)
sensations
↓ (2)
croyances non inférentielles
↓ (3)
croyances inférentielles

La première flèche symbolise une relation factuelle, elle relève de l'espace logique des causes. La troisième flèche symbolise une relation épistémique, elle relève de l'espace logique des raisons. La seconde flèche fait quant à elle l'objet d'un dilemme ainsi décrit par Brandom : « Quelle sorte de relation celle du milieu (flèche 2) est-elle? Faut-il la placer dans une boîte avec la première, la relation causale, ou faut-il la placer dans une boîte avec la troisième, la relation inférentielle? »[2]. Quine tiendrait cette flèche pour symbolisant une relation factuelle, de nature causale, faisant ainsi l'impasse sur la question de la justification. McDowell tente pour sa part de faire de cette relation une relation de justification et, pour cela, il étend le domaine de la sphère conceptuelle à l'observation, en affirmant que la faculté par laquelle nous obtenons des sensations est de même nature que celle qui entre en jeu dans la formation et dans l'usage de nos concepts. Il étend ainsi la sphère du conceptuel de sorte à attribuer un caractère rationnel aux sensations, afin de pouvoir les admettre comme termes d'une relation de justification. Cependant, si l'on suit cette voie, on court le risque d'embrasser une forme d'idéalisme conceptuel : en intégrant les observations à l'espace des raisons, il n'est plus possible d'affirmer que notre connaissance est contrainte de l'extérieur par certains faits et certaines configurations d'objets dans le monde. Par conséquent, nous nous trouvons face à un dilemme dont aucun des pôles n'offre de solution satisfaisante : dans tous les cas, l'idée d'une justification empirique de la connaissance se voit compromise, soit en tant que *justification* véritable, soit en tant que justification *empirique*.

1. R. Brandom, « Précis to W. Sellars, *Empiricism and Philosophy of Mind* », art. cit., p. 126.

2. *Ibid.*

3. *Acceptation d'un énoncé et justification empirique*

Je voudrais suggérer à présent que l'approche linguistique d'une part, et l'approche de l'observation que j'ai thématisée plus haut (*cf.* section 6.1.2) d'autre part, fournissent un point de vue sur la question du rapport entre connaissance et expérience qui s'avère non seulement plus adéquat, mais aussi plus fructueux. En premier lieu, il ne s'agit pas de s'interroger sur le lien entre des sensations et des croyances, mais sur le lien entre un contexte observationnel et l'acceptation d'énoncés formulés dans un tel contexte. Poser le problème en termes de capacités humaines n'apporte qu'une dimension psychologique peu pertinente pour la question de la signification cognitive qui nous intéresse. En second lieu, il faut remarquer que la question de l'acceptation d'un énoncé comme vrai et la question de sa justification ne se recouvrent pas. Il ne s'agit pas d'un même processus qui serait décrit de deux façons différentes, mais de problèmes distincts qui doivent recevoir en conséquence des réponses distinctes. Il s'avère ainsi qu'un énoncé d'observation présente la spécificité de pouvoir être *accepté* comme vrai sur la base non pas d'une observation isolée mais d'un contexte expérimental particulier, lors duquel il est pertinent de le formuler et dans lequel certaines observations ont lieu. D'un autre côté, le fait qu'un énoncé puisse être accepté comme vrai de cette manière n'exclut pas qu'il puisse être par la suite mis en cause. Le cas échéant, on sera mis en demeure de *justifier* cet énoncé, et il faudra recourir pour cela à d'autres énoncés cognitifs. Les énoncés auxquels on fera appel décriront plus précisément les conditions dans lesquelles s'est déroulée l'observation sur la base de laquelle l'énoncé en question a été accepté comme vrai, et ils établiront que ces conditions sont appropriées, au sens où elles permettent de tenir légitimement pour vrai l'énoncé en question.

La conception de l'observation que nous avons esquissée plus haut est ici tout à fait décisive. Pour qu'une observation appropriée ait lieu, nous avons vu qu'il fallait maîtriser certaines capacités sensori-motrices et les exercer de manière adéquate dans le milieu et les circonstances empiriques dans lesquels se déroule le processus observationnel considéré. Il est également apparu qu'il fallait être capable d'orienter son attention de façon spécifique vers les aspects pertinents de l'objet observé. Ces conditions sont remplies si l'observateur dispose du savoir-faire correspondant. Ce savoir-faire peut avoir été acquis dans le cadre d'un apprentissage spécifique et/ou d'expériences répétées – en aucun cas il n'est nécessaire de disposer de théories élaborées pour en avoir la maîtrise, et, partant, pour être capable de procéder à des observations fiables. Ainsi, si l'observation est réalisée de manière appropriée, les résultats qu'elle produit sont eux-mêmes fiables et peuvent légitimement susciter l'acceptation de l'énoncé d'observation qui les décrit. Aucune théorie ni connaissance théorique n'intervient de façon essentielle lors de ce processus. L'acceptation de l'énoncé est par conséquent obtenue sur la base de la seule observation et de nos capacités à observer correctement.

En revanche, s'il s'avère nécessaire de justifier l'assertion de l'énoncé, ou de produire les raisons de son acceptation, on devra recourir, comme on l'a dit, à des énoncés qui décrivent les circonstances lors desquelles s'est déroulé le processus observationnel comme étant adéquates au déroulement du processus lui-même. Il ne suffit donc pas de faire appel au déroulement d'un processus observationnel pour justifier l'énoncé « il y a là une tache rouge », il faut encore montrer que ce processus s'est déroulé de façon appropriée, par exemple, que l'observation a été réalisée sous une lumière blanche, par un individu qui n'est pas daltonien, etc. D'un autre côté, l'énoncé peut très bien être accepté sur la base du seul processus observationnel et il a en ce sens un statut épistémologique distinct de celui des autres énoncés à visée cognitive, même si ce statut n'a rien de décisif ni de définitif, et ne produit pas non plus des modalités de justification spécifiques.

On notera que l'acceptation d'un énoncé d'observation comme vrai et sa vérification ont lieu dans un même mouvement, et c'est le sens auquel il me semble approprié de parler avec Carnap de vérification directe pour ce type d'énoncés[1]. Mais on peut encore affiner l'analyse et distinguer les énoncés d'observation impersonnels, tels que « il y a là un cygne noir », ou, dans le cas d'un processus mesuré : « il y a un courant de 120 Volts », et les énoncés protocolaires qui rapportent l'observation faite par un individu, par exemple : « je vois un cygne noir au bord du lac »[2]. Les deux types d'énoncés sont acceptés sur la base du contexte observationnel dans lequel ils sont formulés et, en ce sens, ils sont tous deux directement vérifiables. Cependant, alors qu'un énoncé d'observation pourra être justifié en faisant appel à des énoncés protocolaires (pourquoi l'énoncé « il y a là une tache rouge » est-il justifié ?, parce que je le vois), un énoncé protocolaire sera quant à lui justifié en faisant appel à des énoncés qui décrivent les circonstances de l'observation qui a suscité son énonciation, l'état des capacités sensori-motrices de l'observateur, etc. (« je vois une tache rouge » est justifié parce que je ne suis pas daltonien, que la lumière était celle du soleil à midi, etc.).

1. Voir ci-dessus, p. 166.

2. Pour une distinction similaire, voir A. Chalmers, *What is this Thing called Science ?*, Cambridge, Hackett Publishing Company, 3e éd. révisée 1999, chap. 1.

Une telle distinction permet de souligner en outre que les énoncés d'observation, à la différence des énoncés protocolaires, ne sont pas nécessairement des phrases occasionnelles. Que leur énonciation ait lieu à l'occasion d'une observation réalisée dans un contexte particulier n'est ni une condition suffisante, ni une condition nécessaire de ce que l'on a affaire à des énoncés d'observation. Ces derniers sont alors plus adéquatement caractérisés par la manière dont ils peuvent être acceptés comme vrais, à savoir sur la base d'un certain contexte observationnel, et non par le fait qu'ils sont effectivement tenus pour vrais. En d'autres termes, une certaine catégorie d'énoncés se distingue du fait que ses membres peuvent être formulés dans un contexte expérimental sur la base duquel ils pourront être acceptés comme vrais – sans l'être nécessairement. La différence entre les énoncés d'observation types et les énoncés d'observation qui sont effectivement formulés dans des situations particulières est que seuls sont *effectivement* acceptés comme vrais les seconds. On notera en outre que les énoncés d'observation types se distinguent des autres énoncés à visée cognitive par leur capacité à devenir des énoncés d'observation particuliers, formulés lors de contextes expérimentaux spécifiques.

Ce sont alors les énoncés d'observation types qui jouent un rôle fondamental pour établir la vérifiabilité des énoncés à visée cognitive. On peut en effet considérer que de tels énoncés permettent d'indiquer la manière dont un énoncé cognitif *pourrait* être vérifié – et non qu'il est effectivement vérifié. Ainsi, lorsque l'on indique de quelle manière un énoncé à visée cognitive peut être vérifié on indique le *type* d'énoncé d'observation que l'on devrait être en mesure de formuler, et non un énoncé protocolaire effectivement formulé sur la base d'observations.

On retiendra en outre que si de tels énoncés ont des conditions d'acceptation qui permettent de les caractériser en propre, ils n'ont pas pour autant des modalités de justification qui les distingueraient des autres énoncés à visée cognitive. De cette manière, on peut bien admettre qu'une contrainte extérieure s'exerce sur l'acceptation d'un énoncé d'observation sans pour autant verser dans un fondationnalisme, puisque la justification d'un tel énoncé est fournie non pas par l'observation qui le suscite, ni par le contexte observationnel dans lequel il est formulé, mais par les énoncés qui décrivent ce contexte, et qui le décrivent comme étant *adéquat*. On retrouve ainsi, dans le cas des énoncés d'observation, la double dépendance à l'égard du monde et à l'égard du langage qui caractérise la manière dont les énoncés cognitifs peuvent être vérifiés.

Une dernière précision doit être faite avant de clore ce chapitre. Nous avons noté que ni l'acceptation d'un énoncé d'observation comme vrai, ni sa justification, n'étaient établies sur la base d'une observation isolée. Elles ne peuvent être obtenues que dans le cadre du contexte expérimental particulier dans lequel sont réalisées certaines observations. Nous avons également insisté sur le fait que, si l'acceptation d'un énoncé d'observation pouvait être obtenue directement sur la base d'un contexte expérimental donné, sa justification n'était pas fournie par ce contexte lui-même. Il faut préciser que c'est l'adéquation du contexte à certaines *normes* qui permet de justifier l'énoncé. Plus précisément, on justifiera l'énoncé en décrivant les conditions de l'observation comme étant adéquates à ce qui, *normalement*, permet d'obtenir des données observationnelles fiables.

Les normes qui déterminent la fiabilité de l'observation peuvent varier en fonction de différents facteurs : 1) en fonction du type d'observation réalisé – il en ira différemment si l'observation est réalisée à l'œil nu ou au moyen d'un microscope par exemple ; dans le second cas, la maîtrise de certains schémas d'associations sensori-motrices propres à la bonne utilisation de l'instrument sera requise, pas dans le premier ; 2) en fonction du degré de précision requis – suivant les cas, il sera important ou non de préciser que l'on voit du rouge ou du rouge carmin, que l'on observe des abeilles récoltant du pollen ou des abeilles récoltant tel ou tel type de pollen, etc. Cela signifie que les capacités de discrimination requises de la part de l'observateur, ainsi que le degré de concentration de son attention, ne sont pas les mêmes dans tous les cas. Cependant, si les normes auxquelles on fait appel pour justifier un énoncé d'observation varient en fonction de paramètres contextuels, elles peuvent néanmoins être formulées explicitement dans chaque cas particulier, si besoin est, afin que différents interlocuteurs puissent se mettre d'accord sur le caractère justifié ou non de l'énoncé en question. Mais cela vaut aussi bien pour l'acceptation des énoncés cognitifs en général. Par conséquent, même si les énoncés observationnels ont ceci de spécifique qu'ils peuvent être directement vérifiés, au sens établi plus haut, le statut de leur vérifiabilité n'est pas distinct de celui des autres énoncés à visée cognitive : il s'agit bien à chaque fois d'une propriété normativement déterminée.

Qu'en est-il finalement de la signification cognitive des énoncés d'observation ? Là encore, ce qui vaut pour les énoncés à visée cognitive en général vaut pour les énoncés d'observation en particulier : c'est en indiquant la manière dont on peut les vérifier que l'on établit qu'ils ont bien une signification cognitive, et c'est en indiquant leurs conditions de vérification que l'on peut préciser ce en quoi consiste cette signification. L'assimilation entre sens et référence ne vaut par conséquent pas plus dans le cas des énoncés d'observation que dans celui des autres énoncés cognitifs. D'un autre côté, comme nous l'avons déjà souligné, les modalités spécifiques de la vérifiabilité des énoncés d'observation vont de pair avec une position réaliste empirique, selon laquelle leur signification consiste dans les modalités spécifiques par lesquelles nous pouvons nous rapporter par leur moyen à ce qui existe dans le monde : les énoncés d'observation permettent de décrire certaines choses et certains phénomènes en tant qu'ils sont observables – respectivement détectables ou mesurables – dans des contextes déterminés. Le rôle et le statut spécifique des énoncés d'observation se voit par là même clarifié conformément aux principes qui sous-tendent le vérificationnisme constructif.

CHAPITRE 7

LA NORMATIVITÉ LINGUISTIQUE

Il est apparu au cours de notre examen qu'une version adéquate du vérificationnisme devait être articulée à une certaine forme de normativisme linguistique[1] : non seulement les différentes étapes de la détermination de la vérifiabilité d'un énoncé à visée cognitive sont caractérisées en faisant appel à des normes – qu'il s'agisse de déterminer des chaînes inférentielles pertinentes ou d'indiquer des procédures de vérification réalisables –, mais la vérification effective des énoncés d'observation répond également à certaines normes spécifiques. Il est également apparu que, de manière générale, la signification des termes d'un énoncé était structurellement déterminée par les relations qu'entretiennent ces derniers avec d'autres termes du langage, telles qu'elles sont fixées, là encore, par des normes linguistiques. De même, nous avons vu que l'usage d'un terme était déterminé par des normes pouvant prendre la forme de définitions ostensives. Chacun des différents niveaux auxquels se déploie la notion de signification est ainsi déterminé par une normativité spécifique.

Tout comme l'étiquette « signification » peut être spécifiée de différentes manières en fonction des usages linguistiques considérés – selon qu'il est question d'énoncés à visée cognitive, d'ordres, d'interrogations, de promesses, etc. –, l'étiquette « normes linguistiques » recouvre une variété de normes qui comprend notamment des règles d'inférence, des règles établissant certaines procédures de test canoniques, des définitions structurelles, des définitions ostensives ou définitions d'usage, etc. Mais en tant que chacune de ces spécifications représente un aspect de la

1. J. Skorupski formule une position similaire dans « Logical Grammar, Transcendentalism, and Normativity », *Philosophical Topics*, 25, 1997, p. 194.

normativité linguistique, elles peuvent être toutes regroupées sous une catégorie unifiée. Conformément à cela, l'objet de ce chapitre est de clarifier la compréhension que l'on peut avoir de la normativité linguistique en général, et de préciser par là même ce que l'on entend lorsque l'on affirme que le langage et les différentes modalités de la signification sont régis par des normes.

Cette dernière idée est motivée en première analyse par la distinction qui se manifeste, au sein de nos pratiques linguistiques, entre un usage de premier ordre et un usage de second ordre du langage. L'usage de premier ordre du langage est l'usage que nous en faisons « normalement », lorsque nous l'utilisons pour décrire, donner des ordres, poser des questions, etc. – c'est-à-dire à des fins autres que linguistiques. L'usage de second ordre vise quant à lui à fournir une explicitation du fonctionnement du langage lors de l'usage de premier ordre. Il consiste en ce sens à mettre au jour les principes qui rendent possible ce dernier, en formulant les normes de son fonctionnement. Dans cette mesure, on peut affirmer que l'usage de second ordre se déploie à l'intérieur de la sphère linguistique. Un tel usage se manifeste dans des circonstances diverses, par exemple lorsqu'il s'avère nécessaire de préciser le sens d'un terme, soit parce qu'on ne le connaît pas (« qu'est-ce que signifie "freluquet" ? », demande ma petite cousine), soit parce que l'on veut préciser l'usage d'un terme plurivoque (« qu'est-ce que tu veux dire par là ? »). On peut également penser aux situations d'apprentissage d'une langue étrangère, lorsque l'on s'enquiert de l'usage que l'on peut faire d'un certain terme (« est-ce que l'on emploie "Gestaltung" pour parler d'œuvres graphiques ou bien du processus de leur création, ou les deux ? »). On trouve chez Dummett une distinction similaire entre deux types d'usages du langage :

> Nous sommes continuellement engagés dans un processus de mise au jour des mécanismes sous-jacents à notre langage, afin de déterminer si nos attributions de valeur de vérité requièrent des révisions, et de quelle manière [...] la distinction entre un usage de premier ordre du langage et un usage de second ordre, pour commenter et systématiser l'usage de premier ordre d'une autre partie du langage, n'est ni obscure ni ésotérique [1].

L'usage de second ordre s'avère décisif pour fixer les conditions de l'usage de premier ordre. C'est la raison pour laquelle, dans un tel type d'usage, il n'est pas question de se rapporter au monde ni d'agir sur le monde, mais de mettre au jour les principes qui sous-tendent les usages linguistiques variés

1. M. Dummett, « The Significance of Quine's Indetermination Thesis », art. cit., p. 414.

par lesquels nous nous rapportons au monde. En d'autres termes : on a affaire au règlement de la machinerie linguistique. Notons qu'il s'agit d'une conception qui ne se limite pas à l'usage cognitif mais prétend valoir pour le langage en général.

Une telle distinction entre deux niveaux d'usages du langage s'oppose à une position naturaliste et immanentiste. En particulier, elle conduit à distinguer deux catégories de phrases : 1) les énoncés qui peuvent être utilisés à différentes fins dans le cadre d'un usage de premier ordre du langage, et 2) les phrases dont le rôle est d'exhiber, dans le cadre d'un usage de second ordre, les principes qui sous-tendent ces différents usages de premier ordre. À la suite de la citation qui vient d'être mentionnée, Dummett souligne que toute distinction de ce type est exclue par une approche naturaliste du type de celle de Quine :

> La conception de Quine implique que l'on oblitère cette distinction, et, si c'est le cas, tout espoir de pouvoir parvenir à une vision claire des principes en conformité avec lesquels nous utilisons notre propre langage disparaît avec elle [1].

Ainsi, à la conception selon laquelle le langage serait un réseau d'énoncés qui se situent tous sur le même plan par rapport à l'expérience [2], le normativisme oppose une conception du langage comme structure différenciée, au sein de laquelle on peut distinguer des éléments de nature différente, et en particulier un ensemble d'éléments qui ont pour rôle de spécifier, à différents niveaux, le fonctionnement des énoncés qui peuvent être formulés au sein de cette structure. Nous allons devoir préciser et défendre une telle affirmation. Mais avant d'examiner plus avant les caractéristiques des phrases normatives, nous devons clarifier le statut de la distinction sur laquelle elle fait fond.

1. LE NORMATIVISME COMME STRATÉGIE INTERPRÉTATIVE

Une conception normativiste du langage a été introduite par les acteurs du tournant linguistique lorsqu'ils ont transposé dans le domaine de la philosophie du langage une certaine forme de conventionnalisme. Carnap,

1. M. Dummett, « The Significance of Quine's Indetermination Thesis », art. cit., p. 414.

2. Une telle position, proprement qualifiée de gradualiste, découle directement du naturalisme envisagé comme revendication d'immanence, que ce soit dans le cadre d'investigations épistémologiques ou linguistiques.

Schlick, mais aussi Wittgenstein, ont pu ainsi défendre ce type de position. Carnap a par exemple distingué les règles qui constituent ce qu'il appelle un « cadre linguistique » des énoncés qui peuvent être formulés à l'intérieur de ce cadre[1]. Wittgenstein a pour sa part longuement discuté la question des règles linguistiques qui occupent selon lui un statut distinct au sein de la machinerie du langage[2]. Schlick reconnaît lui aussi la pertinence de la distinction entre règles et énoncés lorsqu'il affirme : « la phrase elle-même ne dit jamais rien à son propre sujet – et pas non plus si elle est vérifiable; cela, seules le disent les règles qui appartiennent à la phrase »[3]. Chacun de ces auteurs a défendu une variante spécifique du normativisme dans le cadre propre de sa pensée; mais tous s'accordent pour admettre, contre le naturalisme immanentiste, la pertinence de la distinction entre ce qui relève d'un usage de premier ordre du langage et ce qui relève d'un usage de second ordre, au statut spécifiquement normatif.

Afin d'éviter les vains débats, il est essentiel d'être au clair sur le statut du normativisme ici adopté : il ne s'agit pas de formuler une thèse cognitive sur le fonctionnement du langage, mais de proposer une certaine interprétation de nos pratiques linguistiques, sur la base de laquelle on puisse élucider de manière satisfaisante et éclairante les différents aspects de la notion de signification. La position que je défends est proche du type de pragmatisme qui sous-tend de manière essentielle le programme philosophique de Carnap. Pour ce dernier, le rôle du philosophe est d'établir et de proposer des systèmes de règles qui peuvent servir de cadres au sein desquels il devient possible de mener une discussion ou une argumentation rationnelles précises. En ce sens, les règles linguistiques fixent les conditions de possibilité de nos différentes formes de discours rationnels, mais elles n'ont pas elles-mêmes de justification autre que pragmatique : il ne saurait être question de règles « vraies » ou « correctes », mais seulement de règles adaptées ou appropriées à l'objectif visé. De plus, la distinction thématisée par Carnap entre deux types de phrases, règles d'une part et propositions de l'autre, ne prétend pas avoir de valeur théorique, au sens où elle n'est pas univoquement déterminée par nos pratiques linguistiques

1. *Cf.* par exemple R. Carnap, « Empirisme, sémantique, ontologie » (1950), trad. fr. F. Rivenc et Ph. de Rouilhan, dans R. Carnap, *Signification et nécessité*, *op. cit.*, p. 311-335.

2. *Cf.* par exemple A. Soulez (dir.), *Dictées à Waismann et pour Schlick*, Paris, PUF, 1997; L. Wittgenstein, *Grammaire philosophique*, R. Rhees (éd.), trad. fr. M.-A. Lescourret, Paris, Gallimard, 1980; *Recherches philosophiques*, trad. fr. F. Dastur, M. Élie, J.-L. Gautero, D. Janicaud, É. Rigal, Paris, Gallimard, 2005.

3. M. Schlick, *Logik und Erkenntnistheorie*, *op. cit.*, p. 51-52.

effectives – même si sa pertinence est légitimée par certaines caractéristiques de nos pratiques[1], comme le note Richard Creath :

> Ainsi, même en laissant de côté la logique pure, on trouve au sein de notre compréhension naissante du raisonnement empirique une motivation pour considérer que nos diverses assertions (*claims*) relèvent, de manière importante, de différents types : certaines représentent directement le monde, et d'autres sont mieux comprises comme conférant structure et signification à ces assertions descriptives, empiriques[2].

Une telle distinction présente en outre un certain nombre d'avantages :

> En premier lieu, elle permet de représenter naturellement les raisonnements que nous faisons effectivement en science, ainsi que les présuppositions asymétriques qui sous-tendent nos différentes assertions (*claims*) (comme lorsque la science newtonienne présuppose le calcul). En second lieu, en raison du fait que les diverses sciences ont leurs concepts propres et que ces concepts ont une structure propre (comme lorsque la biologie darwinienne rejette le genre d'espèces naturelles que Mill pensait requis pour le raisonnement en physique), elle fait justice au fait que la texture du raisonnement peut varier d'une discipline à une autre. Enfin, et c'est le plus important du point de vue de Carnap, elle permet de disposer d'un critère utile pour établir en général qu'il y a identité ou conflit entre nos assertions. Cela permet de faire retomber et de désamorcer de nombreux conflits théoriques […] Que cette stratégie désamorce également les débats philosophiques sur les méthodes scientifiques, cela constitue un bonus supplémentaire[3].

La distinction entre règles et énoncés relève ainsi de l'attitude pragmatique de Carnap au sens où elle permet de formuler clairement des cadres linguistiques qui établissent les conditions de possibilité de discussions rationnelles fécondes, en conformité avec nos pratiques linguistiques et nos modes de raisonnement effectifs, mais sans prétendre livrer une caractérisation « correcte » ou « vraie » de ces dernières. Le point décisif pour ce qui nous intéresse est que, si chacun de ces avantages fournit une motivation pratique pour admettre la distinction entre règles et énoncés cognitifs, aucun d'eux ne saurait venir la *confirmer* ni la *prouver* comme vraie, pour la bonne raison que les questions de confirmation ou de vérité ne s'y

1. Voir par exemple la réponse de Carnap à Quine, dans *The Philosophy of Rudolf Carnap*, *op. cit.*, p. 919-921.

2. R. Creath, « Quine's Challenge to Carnap », dans M. Friedman and R. Creath (eds.), *The Cambridge Companion to Carnap*, Cambridge, Cambridge UP, 2007, p. 325.

3. *Ibid.*, p. 325-326.

appliquent pas. On peut alors affirmer qu'elle ne prétend pas avoir d'autre valeur que celle d'une stratégie interprétative. Creath ajoute : « Bien sûr, ces avantages, même si on les prend de manière collective et sans entrer dans le détail, ne prouvent pas que la stratégie d'interprétation de Carnap soit la stratégie correcte. Carnap n'a pas le souci de montrer qu'il y a une stratégie correcte. Ce qu'il veut, c'est proposer des structures de raisonnement qui seront utiles à la science »[1].

L'analogie avec le statut du normativisme linguistique que je défends apparaît plus clairement : en disant que les différents aspects de la signification sont gouvernés par des normes à chaque fois spécifiques, il s'agit de clarifier ce que nous entendons lorsque nous attribuons une signification à nos énoncés. Une telle stratégie est empiriquement motivée, dans la mesure où elle s'appuie sur certaines caractéristiques observables de nos pratiques linguistiques, mais elle reste fondamentalement sous déterminée par rapport à ces faits. On peut néanmoins argumenter rationnellement en sa faveur et j'affirmerai que l'on a de bonnes raisons de penser qu'il s'agit d'une position qui doit être préférée à celle du naturalisme linguistique immanentiste. Parmi les avantages qu'elle présente, outre le fait qu'elle permet une représentation adéquate de nos pratiques linguistiques, sa capacité à désamorcer les débats prétendument théoriques au sujet de la nature de la signification n'est pas le moindre.

2. NORMES, *A PRIORI*, ANALYTICITÉ

Une des critiques récurrentes à l'encontre des positions normativistes concerne la possibilité d'une distinction entre différentes catégories de phrases. La forme la plus fameuse que prend cette critique est celle d'une opposition à la distinction analytique/synthétique. Une problématique connexe concerne la notion d'*a priori*. Mais nous allons voir qu'il s'agit là de problèmes distincts, qui ne se recoupent pas, ni ne s'impliquent. Dans ce qui suit, je tenterai de distinguer les différentes questions auxquelles visent à répondre respectivement les notions d'*a priori*, d'analyticité et de règles ou normes linguistiques, afin de démêler les confusions qui grèvent parfois les discussions à ce sujet, et de leur restituer leur pertinence propre.

1. R. Creath, « Quine's Challenge to Carnap »dans M. Friedman and R. Creath (eds.), *The Cambridge Companion to Carnap*, *op. cit.*, p. 326.

Tout au long de sa carrière philosophique, Carnap s'est attaché à proposer différentes définitions de la notion d'analyticité[1]. La motivation première, commune à chacune de ces stratégies définitionnelles, est de rendre compte clairement de la distinction entre les sciences formelles que sont la logique et les mathématiques d'une part, et les sciences du réel d'autre part. Dans le cadre des discussions philosophiques, la notion d'analyticité est en effet habituellement utilisée pour capturer le statut spécifique des propositions qui relèvent des sciences formelles. Elle vise à rendre compte des modalités spécifiques de leur vérité, dues intuitivement à leur absence de contenu factuel. Cependant, Carnap considère que le terme « analytique », tel qu'il est utilisé par les philosophes, reste vague. Si l'on veut discuter de manière précise de l'analyticité, il faut par conséquent en proposer une définition rigoureuse et procéder pour cela à une explication de ce terme, c'est-à-dire le remplacer par un concept défini au moyen de règles qui en déterminent précisément l'application[2]. Carnap s'est ainsi attaché à formuler différentes définitions possibles de l'analyticité en fonction du type de règles qu'il pensait adéquat d'admettre pour un langage donné[3] – règles syntaxiques, règles sémantiques, ou postulats de signification. Une conséquence importante est que chacune des définitions qu'il a proposées ne vaut que pour un langage spécifique, déterminé par un ensemble de règles explicites. Corrélativement, la notion d'*analytique* ne peut être appliquée de manière précise qu'aux propositions d'un tel langage.

Dans la quatrième partie de la *Syntaxe logique du langage*, consacrée à la syntaxe générale, Carnap propose une définition de l'analyticité pour un langage construit quelconque à partir d'une distinction première entre expressions logiques et expressions descriptives de ce langage. Cette tentative a fait l'objet de critiques répétées de la part de Quine, ce dernier reprochant à la définition carnapienne de ne pas être descriptivement adéquate : selon le critère établi par Carnap, n'importe quel terme général des sciences de la nature pourrait être reconstruit comme logique et, par

1. S. Awodey a donné une présentation particulièrement claire de ces différentes définitions, des raisons de leur échec, ainsi qu'une définition défendable de l'analyticité, dans un exposé lors du colloque « Carnap's Ideal of Explication : Logic, Metalogic and Wissenschaftslogik », qui s'est tenu à Paris en mai 2009. Cette conférence devrait donner lieu à une publication.

2. Sur la notion carnapienne d'explication, *cf.* ci-dessus, section 5.2.

3. Voir par exemple R. Carnap, « Die alte und die neue Logik », *Erkenntnis*, 1, 1930, p. 12-26 ; « Science formelle et science du réel » (1935), trad. fr. P. Wagner, dans Ch. Bonnet et P. Wagner (éds.), *L'Âge d'or de l'empirisme logique*, *op. cit.* ; *Signification et nécessité*, *op. cit.*, § 2.

conséquent, la définition d'analyticité, qui repose elle-même sur ce critère, échouerait à singulariser les phrases de la logique et des mathématiques. Mais Carnap admet tout à fait la relativité de la distinction entre expressions logiques et expressions descriptives : il reconnaît par exemple, dans *La Syntaxe*, que le terme qui désigne le tenseur métrique fondamental dans une théorie physique peut être admis soit au nombre des termes mathématiques, soit au nombre des termes physiques, en fonction de la théorie et donc du langage formel considérés[1]. Par conséquent, il admet également le caractère relatif de la catégorie d'analyticité : il ne s'agit pas de capturer une propriété essentielle de certains de nos énoncés, mais bien de proposer une caractérisation claire et précise de cette notion pour certaines des propositions d'un langage formellement construit.

Il n'en reste pas moins qu'une telle stratégie définitionnelle ne permet effectivement pas de clarifier de manière satisfaisante le sens auquel on peut être tenté de dire que les énoncés logiques et mathématiques sont analytiques, puisqu'elle peut s'appliquer aussi bien à d'autres propositions qui correspondent à des énoncés habituellement admis comme doués d'une valeur informative véritable. Il est donc légitime d'affirmer que cette définition ne remplit pas l'objectif de clarification visé.

Par la suite, Carnap adopte une stratégie nouvelle, qui consiste à définir la notion d'analyticité à partir de certaines des règles d'un cadre linguistique. Cela implique de sélectionner certaines règles spécifiques lors de leur mise en place – nous allons voir qu'il peut s'agir de règles logiques, de postulats de signification ou de règles sémantiques. Une telle procédure se distingue de celle de la syntaxe générale qui vient d'être évoquée et dans laquelle, on l'a vu, les différents types de règles ne sont pas singularisés au moment où elles sont établies, mais seulement dans un second temps, par un critère formel qui repose sur la distinction entre expressions logiques et expressions descriptives. Ce second type de stratégie implique par conséquent de considérer que la catégorie des règles linguistiques est première par rapport à celle d'analyticité, au sens où une définition de l'analyticité ne peut être obtenue que sur la base de règles linguistiques spécifiques établies au préalable.

Une deuxième évolution par rapport à la stratégie définitionnelle suivie en 1934 tient au fait que Carnap sera conduit à distinguer, dans les années 1950, les propositions logiques d'un côté et les propositions analytiques de l'autre, les premières constituant une sous-classe des secondes. Une

1. Cf. *La Syntaxe logique du langage*, *op. cit.*, § 51.

distinction de ce type a été proposée par Quine dans « Les deux dogmes de l'empirisme », et elle a été reprise et illustrée par Carnap dans son articule sur les « Postulats de signification ». Soit les deux affirmations :

> (1) « Fido est noir ou Fido n'est pas noir. »
> (2) « Si Jacques est célibataire, alors il n'est pas marié. »
> Dans les deux cas, il suffit de comprendre l'affirmation pour établir sa vérité; nulle connaissance des faits (extra-linguistiques) n'est impliquée. Cependant, il y a une différence. Pour s'assurer de la vérité de (1), seules sont requises les significations des particules logiques (« est », « ou », « ne ... pas »); les significations des mots descriptifs (*i.e.* non logiques; « Fido », « noir ») ne sont pas pertinentes (sauf qu'ils doivent appartenir à des types appropriés). Pour (2), au contraire, les significations de certains mots descriptifs sont impliquées, nommément celle de « célibataire » et celle de « marié ».
> Quine a récemment insisté sur cette distinction; il utilise le terme « analytique » pour le genre plus large d'affirmations auquel appartiennent les deux exemples, et « logiquement vrai » pour le genre plus étroit auquel (1), mais non (2), appartient. J'utiliserai de même ces deux termes pour les *explicanda*[1].

Dans la suite de l'article, Carnap propose une définition sémantique des vérités analytiques, selon laquelle celles-ci sont conséquences des postulats de signification d'un langage. Cela signifie que sont à présent considérées comme analytiques non seulement les propositions qui sont conséquences de n'importe quelle proposition du langage par les seules règles logiques et indépendamment de la signification de leurs termes descriptifs – il s'agit là des propositions logiques –, mais aussi les propositions qui sont conséquences logiques des postulats de signification de ce langage. Disposer d'une définition des propositions analytiques suppose alors que l'on dispose au préalable non seulement de règles logiques explicites, mais aussi de postulats de signification.

Cela implique également qu'il soit possible de donner une caractérisation satisfaisante des postulats de signification. Or, un détracteur de l'analyticité pourrait maintenir en ce point qu'il n'est pas possible de disposer d'une telle caractérisation : les postulats de signification ne peuvent être singularisés que de façon triviale, par le fait qu'ils sont formulés sous l'étiquette « postulats de signification ». Quine formule une critique analogue à l'encontre de l'étiquette « règles sémantiques ».

1. R. Carnap, « Postulats de signification » (1952), trad. fr. F. Rivenc et Ph. de Rouilhan, dans R. Carnap, *Signification et nécessité*, *op. cit.*, p. 336.

> Tournons-nous maintenant vers une deuxième forme de règle sémantique affirmant, non pas que tels énoncés sont analytiques, mais simplement que de tels énoncés sont inclus dans les vérités. On ne reprochera pas à une telle règle de contenir le mot inintelligible « analytique » ; et l'on peut admettre, dans l'intérêt de l'argument, que le terme plus inclusif « vrai » n'offre aucune difficulté. Une règle sémantique du second type, qui est une règle de vérité, n'est pas censée spécifier toutes les vérités du langage ; elle stipule simplement, récursivement ou d'une autre manière, un certain nombre d'énoncés qu'on va dès lors considérer, avec d'autres qui ne sont pas spécifiés, comme vrais. On peut bien dire qu'une telle règle est tout à fait claire. On pourrait après-coup caractériser l'analyticité de la manière suivante : un énoncé est analytique s'il est (non seulement vrai mais) vrai conformément à la règle sémantique.

Quine affirme alors :

> Et pourtant nous n'avons pas vraiment progressé. Au lieu de faire appel au mot inexpliqué « analytique », nous faisons maintenant appel à l'expression inexpliquée « règle sémantique ». [...] Apparemment, on ne peut distinguer les règles sémantiques que par le fait qu'elles apparaissent sur une page sous le titre « Règles sémantiques » ; et ce titre est lui-même dépourvu de signification [1].

Carnap prend acte de la critique de Quine et lui répond quelques années plus tard en ces termes :

> Le premier des arguments critiques de Quine consiste dans la remarque selon laquelle les postulats de signification ne sont reconnaissables que par l'étiquette « postulats de signification » et que le sens de cette étiquette n'est pas clair ; de la même manière, il a dit dans son livre [2] que les règles sémantiques ne sont reconnaissables que par l'en-tête « règles sémantiques » qui est lui-même dépourvu de sens. Cette remarque m'a rendu perplexe parce que ni Quine ni personne d'autre n'a critiqué auparavant le fait évident que, par exemple, les formes admises des propositions d'un langage formel *L* ne sont reconnaissables que par une étiquette du type « formes propositionnelles dans *L* », précédant une liste de formes d'expressions, ou le fait que les axiomes d'un calcul logique ne sont reconnaissables que par l'étiquette « axiomes ». Pourquoi le même fait devrait-il faire l'objet de critique dans le cas des postulats de signification [3] ?

1. W.v.O. Quine, « Les deux dogmes de l'empirisme », art. cit., p. 66-67.
2. Carnap fait ici référence à la citation de Quine reprise ci-dessus.
3. R. Carnap, « Replies », art. cit., p. 918.

Carnap admet cependant que l'on puisse requérir une explicitation des règles sémantiques pour donner corps à cette notion :

> La remarque [de Quine] sur la possibilité de reconnaissance par étiquettes peut seulement être comprise non pas comme une critique des règles sémantiques elles-mêmes, mais plutôt comme mettant en évidence le manque d'*explicandum*. Il affirme dans son livre *D'un Point de vue logique* : « la difficulté vient alors simplement de ce que les règles [sémantiques] contiennent le mot "analytique" que nous ne comprenons pas ! » [1]. [...] Tel que je comprends Quine aujourd'hui, je serais d'accord avec son idée de base, à savoir qu'un concept pragmatique, basé sur un critère empirique, devrait servir *d'explicandum* pour une reconstruction purement sémantique [2].

Nous reviendrons plus en détail par la suite sur la question de savoir si on peut établir un *explicandum* empirique pour la notion de postulat de signification et, de manière plus générale, pour celle de règle linguistique. L'idée qui me semble devoir être soulignée à présent est qu'il n'est possible de donner une définition satisfaisante des propositions analytiques et des propositions logiquement vraies que si l'on dispose au préalable d'une caractérisation satisfaisante des règles linguistiques sur la base desquelles de telles propositions pourraient être ainsi définies. Alors que les propositions analytiques seraient vraies en vertu des règles logiques et des postulats de signification du langage dans lequel elles figurent, les vérités logiques seraient vraies en vertu des seules règles logiques. Ainsi se dessine une distinction importante entre 1) les vérités logiques et les vérités analytiques d'une part, et 2) la catégorie des règles linguistiques d'autre part, au sein de laquelle on doit pouvoir établir une distinction subséquente entre différents types de règles : règles logiques, règles sémantiques et postulats de signification. Le point essentiel est que chacune des deux grandes catégories de phrases a un statut distinct : alors que les premières sont censées représenter un certain type de vérités – il s'agit plus exactement de phrases valides, dont on peut déterminer la valeur de vérité indépendamment de la configuration des choses dans le monde –, les règles linguistiques ne sont nullement des phrases pour lesquelles les questions de vérité ou de validité sont pertinentes. Au contraire, ces questions n'ont un sens spécifiable qu'une fois que de telles règles ont été établies.

1. *Cf.* W.v.O. Quine, *Du point de vue logique*, *op. cit.*, p. 65.
2. R. Carnap, « Replies », art. cit., p. 919.

La question de la vérité ou de la validité ne peut donc être posée que pour les énoncés qui sont formulés au sein d'un cadre linguistique, et non pour les règles qui constituent ce cadre. Pour le dire autrement encore, les énoncés analytiques et les vérités logiques font partie des énoncés qui sont formulés à l'*intérieur* d'un cadre linguistique déterminé, lui-même constitué par un ensemble de règles. Dans une note consacrée à l'article de Quine sur « Les deux dogmes de l'empirisme », Carnap affirme très clairement que « la différence entre analytique et synthétique est une différence *interne*, qui concerne deux types d'énoncé à l'*intérieur* d'une structure linguistique donnée »[1].

La question de savoir si l'on peut attribuer à certains énoncés formulés au sein d'un langage le statut d'énoncés analytiques ou logiques est donc bien différente de celle de savoir si l'on peut parvenir à caractériser de manière satisfaisante un ensemble de règles linguistiques et, parmi elles, des sous-catégories spécifiques. Une autre façon de formuler la distinction entre vérités logiques et analytiques d'une part, et règles linguistiques d'autre part, consiste à dire que, alors qu'« être une règle » est une propriété déterminée d'un point de vue extérieur au langage, « être une proposition analytique ou logiquement vraie » est une propriété déterminée de l'intérieur d'un langage donné – *i.e.* sur la base des règles de ce langage. Seule la question des règles linguistiques retiendra ici notre attention.

On trouve chez Schlick une position similaire. Il admet lui aussi que les énoncés analytiques sont conséquences des définitions des termes qui y figurent, ces dernières faisant partie de la catégorie des règles linguistiques. De plus, les règles linguistiques sont conçues par lui comme des conventions pour lesquelles aucune question de validité ou de vérité n'est pertinente. Il reconnaît en outre que, une fois les règles posées, il devient possible de considérer que les énoncés qui sont de simples conséquences de ces règles sont vrais – en un sens qui n'a rien à voir avec la vérité factuelle.

> Les tautologies (ou les jugements analytiques) sont les seules propositions *a priori*. Elles ont une validité absolue, mais elles la doivent à leur seule forme et non à une correspondance avec les faits. Elles ne nous disent rien du monde. Elles représentent des structures vides [...] Il suit de la définition de la mesure que, si un nombre indique le résultat d'une mesure, tous les autres nombres sont exclus (pourvu que nous utilisions la même unité). Pareillement, il suit de la façon dont nous employons les noms de couleur

1. R. Carnap, « Quine on Analyticity » (1952), dans R. Creath (ed.), *Dear Carnap, Dear Van*, Berkeley-Los Angeles-Londres, University of California Press, 1990, p. 431, je souligne.

> que, si nous attribuons une couleur déterminée à quelque chose, nous excluons du même coup toutes les autres couleurs. C'est, comme dans tous les cas de structure interne, une question de règles grammaticales [1].

Dans la suite de ce texte, Schlick donne comme exemples d'énoncés analytiques ou de tautologies (les deux termes sont équivalents pour lui) : 1) « une tache ne peut être verte et rouge au même endroit » et 2) « si je possède un terrain de 12 arpents, alors je possède un terrain de 5+7 arpents ». On notera qu'au sens strict, est tautologique une proposition selon laquelle un théorème est conséquence d'un système d'axiomes donné. Dans son acception stricte, la notion de tautologie vaut donc pour les propositions d'un système formel. Il est clair que l'usage que fait Schlick de ce terme est beaucoup plus étendu, puisque les exemples qu'il donne relèvent du langage naturel et non d'un système formel rigoureusement défini. On pourrait alors reprocher à Schlick d'étendre le sens de la notion de tautologie de façon illégitime. D'un autre côté, on peut admettre que cette notion puisse être comprise dans un sens étendu lorsqu'elle est appliquée au langage naturel, et on comprendra alors que les phrases que Schlick donne en exemple sont tautologiques au sens où elles sont conséquences des définitions des termes qui y figurent. Ainsi, (2) s'avère être une tautologie dans la mesure où c'est une conséquence de la proposition mathématique « 5+7=12 », qui définit les termes numériques « 5+7 » et « 12 » en les posant comme équivalents. De même, (1) est une conséquence de la définition des termes de couleurs selon laquelle un seul terme de couleur peut être associé à une position spatio-temporelle donnée. Cependant, en ce qui concerne (1), Schlick affirme explicitement que nous sommes en présence d'une *règle* sur l'usage des termes de couleur. Il n'établit donc pas de distinction claire entre une règle et les énoncés qui en sont conséquences. Il me semble pourtant, comme je l'ai souligné, qu'une telle distinction est cruciale : il est nécessaire de distinguer les notions d'analyticité et de règles si l'on veut pouvoir apporter quelque éclaircissement sur chacune d'entre elles.

On pourrait être tenté d'objecter à cela que les règles sont conséquences d'elles mêmes et qu'elles peuvent à ce titre être considérées comme valides, et analytiques. Carnap lui-même affirme que les postulats de signification sont analytiques, alors qu'il définit d'un autre côté la notion d'analyticité sur la base de tels postulats [2]. Contre une telle objection, je

1. M. Schlick, *Forme et contenu*, *op. cit.*, p. 144-149.
2. *Cf.* « Postulats de signification », art. cit.

maintiendrai qu'il y a une différence essentielle entre les règles et les vérités analytiques ou logiques, et que cette différence tient au fait que, dans le second cas, il est possible d'établir la vérité de la proposition concernée en la rapportant à la règle dont elle est conséquence ; alors que dans le cas des règles, il est impossible de se rapporter à rien d'autre que la règle elle même : en ce sens, la question de la validité de la règle ou de son caractère analytique n'a aucune pertinence. Si on décide d'attribuer de telles propriétés à la règle, ce ne peut être qu'une attribution triviale et vide. Et, dans la mesure où une telle attribution conduirait en outre à confondre règles et analyticité, il me semble plus approprié de résister à cette tentation et de maintenir une distinction claire entre la problématique des règles linguistiques d'une part et celle des propositions analytiques d'autre part : alors que la seconde notion vise à singulariser certaines propositions en vertu de leurs modalités de vérité spécifiques, la première vise à capturer les principes de fonctionnement du langage.

Une autre motivation pour maintenir cette distinction tient au fait que, comme je l'ai souligné au début de ce chapitre, les règles linguistiques sont la formulation explicite de normes qui recouvrent elles-mêmes un ensemble d'éléments divers, parmi lesquels on peut compter non seulement des règles logiques mais aussi des définitions d'usage, des normes qui établissent une procédure de test canonique pour un énoncé dans un certain type d'usage, etc. Carnap lui-même admet au nombre des règles qui constituent un cadre linguistique non seulement des règles logiques et des postulats de signification, mais aussi des règles physiques, par exemple des propositions scientifiques que l'on choisit de faire figurer au nombre des règles d'inférence d'un langage. La catégorie des règles linguistiques ne saurait par conséquent être réduite à celle d'analyticité : il s'agit de deux catégories distinctes qui visent à répondre à des problèmes distincts, celui de la normativité linguistique d'une part, celui de la vérité non factuelle d'autre part.

La question de l'analyticité est par ailleurs traditionnellement liée à celle de l'*a priori*, puisqu'il s'agit d'identifier un type de vérité ou de connaissance non factuelle, obtenu ou justifié *a priori*, indépendamment de toute expérience. La caractérisation par Kant de la connaissance *a priori* recouvre trois propriétés essentielles : il s'agit d'un type de connaissance 1) indépendante de l'expérience, 2) apodictique, c'est-à-dire universelle et non révisable, 3) constitutive, au sens où elle détermine les conditions de possibilité de la connaissance empirique des phénomènes. Reichenbach le premier a affirmé, en 1920, qu'il était nécessaire de distinguer ces différentes caractéristiques de l'*a priori* si on voulait conserver une conception cohérente de la connaissance scientifique. La théorie de la relativité einsteinienne a en effet révélé que les principes newtoniens selon lesquels le temps et l'espace auraient un caractère absolu – principes élevés par Kant au rang de connaissances synthétiques *a priori* –, étaient en fait révisables, et qu'ils n'étaient donc pas apodictiques. Or, on peut encore retenir comme caractéristique de l'*a priori* sa fonction constitutive, ce que propose de faire Reichenbach dans son premier grand ouvrage: *Relativitätstheorie und Erkenntnis* Apriori. Michael Friedman a récemment décrit de la manière suivante cette évolution à laquelle Reichenbach soumet la conception de l'*a priori*:

> La formulation la plus claire de la nouvelle conception des principes *a priori* proposée par les empiristes logiques a peut-être été fournie par Hans Reichenbach dans son premier livre, *La Théorie de la relativité et la connaissance* a priori, publié en 1920. Reichenbach distingue deux sens de l'*a priori* kantien: nécessaire et non révisable, fixé de tout temps d'une part, et «constitutif du concept de l'objet de la connaissance [scientifique]» d'autre part. Sur cette base, Reichenbach argumente pour montrer que la grande leçon de la théorie de la relativité est que le premier sens doit être abandonné alors que le second doit être retenu. La théorie de la relativité implique des principes constitutifs *a priori* en tant que présuppositions nécessaires de ses affirmations proprement empiriques, tout comme la physique newtonienne; mais ces principes ont changé de manière essentielle lors du passage de la seconde théorie à la première: alors que la géométrie euclidienne par exemple est en effet constitutivement *a priori* dans le contexte de la physique newtonienne, seule la géométrie euclidienne infinitésimale – consistante avec toutes les valeurs possibles de la courbure [de l'espace] – est constitutivement *a priori* dans le contexte de la théorie de la relativité générale [1].

Je voudrais suggérer pour ma part que l'on peut distribuer les trois sens de l'*a priori* de la manière suivante. J'ai indiqué que les normes linguistiques qui se manifestent dans un usage de second ordre du langage fixaient les conditions de possibilité d'un usage de premier ordre. Par conséquent, je suggèrerai que seule la dernière caractéristique de l'*a priori*, son caractère constitutif, peut s'appliquer aux règles linguistiques explicites, et, plus généralement, aux normes qui valent pour un langage donné. La première caractéristique de l'*a priori* semble quant à elle devoir s'appliquer aux énoncés analytiques et logiques, dans la mesure où c'est la possibilité

1. M. Friedman, *Dynamics of Reason*, Stanford (Ca.), Center for the Study of Language and Information, 2001, p. 30-31.

d'une connaissance indépendante de l'expérience qui est visée par ces catégories. Les énoncés logiques se distinguent des énoncés analytiques du fait que leur validité peut être établie indépendamment de la signification des termes descriptifs qui y figurent, alors que la validité des énoncés analytiques ne peut être établie que si la signification de leurs termes descriptifs est connue, mais on a affaire dans les deux cas à des énoncés *a priori*, au sens où l'on dispose pour eux d'un type de justification spécifique qui ne repose sur aucun élément extralinguistique – leur validité s'avérant alors exclusivement formelle. J'émettrai enfin l'hypothèse selon laquelle la condition d'apodicticité, deuxième caractéristique de l'*a priori* kantien, ne pourrait être appliquée qu'à une certaine catégorie de règles linguistiques : les règles logiques, et à une certaine catégorie d'énoncés : les énoncés logiques. Cela revient à dire que seuls les règles et les énoncés logiques pourraient demeurer inchangés au cours de l'évolution de la connaissance et du langage. Mais cette hypothèse ne serait pertinente que s'il était possible de distinguer effectivement une catégorie de règles et d'énoncés spécifiquement logiques, problème qui dépasse largement le cadre de mon examen[1].

Je terminerai cette section en remarquant que certaines des tentatives récentes pour réhabiliter l'*a priori* s'attachent à thématiser une telle notion en faisant référence aux capacités du sujet connaissant, et conduisent en conséquence à caractériser l'*a priori* en termes de nécessité épistémique. On peut penser ici aux travaux de Christopher Peacocke et de Paul Boghossian[2], présentés par Pascal Engel en ces termes :

> Le rationalisme modéré se distingue à la fois du rationalisme classique (kantien en l'occurrence) et du conventionnalisme viennois (essentiellement carnapien). À la différence du premier, il ne soutient pas que les connaissances *a priori* soient associées à une forme d'intuition ni qu'elles soient infaillibles. Par exemple les conditions de possession dont parle Peacocke sont associées à des concepts perceptifs, qui par définition sont révisables. À la différence du second, les principes *a priori* ne sont pas liés à une quelconque convention linguistique. Les conditions de possession sont au niveau de la pensée, et non pas du langage, et en ce sens, la théorie

1. Sur ce problème, on pourra se référer aux articles de D. Bonnay, « Carnap's Criterion of Logicality », dans P. Wagner, *Carnap's Logical Syntax of Language*, Basingstoke, Palgrave-MacMillan, 2009; « Logicality and Invariance », *Bulletin of Symbolic Logic*, vol. 14, n° 1, 2008, p. 29-68.

2. *Cf.* Ch. Peacocke, « How are Apriori Truths Possible ? », *European Journal of Philosophy*, vol. 1, n° 2, 1993, p. 175-199; P. Boghossian and Ch. Peacocke (eds.), *New Essays on the Apriori*, Oxford, Oxford UP, 2000; P. Boghossian, « Analyticity Reconsidered », *Noûs*, vol. 30, n° 3, 2006, p. 360-391.

> de Peacocke et de Boghossian rompt avec ce que Dummett appelait « l'article de base de la philosophie analytique », c'est-à-dire la priorité de la structure du langage sur la structure de la pensée. L'idée de base est que la structure des concepts forme un niveau autonome par rapport à la structure de la signification linguistique des expressions [1].

Le sens de l'*a priori* réhabilité par le rationalisme modéré dont parle Engel rejoint clairement la première caractérisation kantienne de l'*a priori*. Or, formuler le problème en termes d'un type de connaissance particulier dont la validité dépendrait de structures de la pensée conduit à réintroduire la question de l'*a priori* comme instance de vérité particulière et nous avons vu qu'une telle caractérisation n'était pas pertinente pour les règles linguistiques. En outre, il me semble qu'un des apports décisifs de la philosophie du langage consiste à distinguer clairement la question du statut des normes ou des règles linguistiques d'une part, et celle du statut des énoncés logiques et analytiques d'autre part. J'affirmerai par conséquent qu'une analyse de l'*a priori* en termes de connaissance ou de structure de pensée, si elle peut avoir sa légitimité, ne doit toutefois pas perdre de vue les distinctions établies dans le champ de la philosophie du langage, au risque de se voir confrontée aux problèmes inextricables qui résultent d'une confusion entre règles et normes linguistiques, énoncés logiques et analytiques, *a priori* constitutif (en tant que tel non cognitif) et *a priori* en termes de validité formelle. Ainsi, plutôt que de chercher à savoir laquelle de la philosophie de l'esprit ou de la philosophie du langage doit être considérée comme première, on pourrait s'attacher à s'interroger sur la manière dont on peut articuler de manière cohérente et féconde les apports respectifs de chacune d'entre elles.

3. Règles et normes linguistiques

Si les questions de la possibilité de l'identification d'énoncés analytiques et logiques, ainsi que celle d'un *a priori* apodictique ou formellement valide, dépassent le cadre de notre propos, il nous faut en revanche clarifier le statut des règles et des normes linguistiques. Considérons en premier lieu la citation suivante de Schlick :

1. P. Engel, « Quine et le retour de l'*a priori* », art. cit., p. 173-174.

> Sont arbitraires, premièrement, les règles qui fixent les relations entre les signes employés, et donc les axiomes mathématiques et les définitions explicites des concepts dérivés qui sont ceux de la science de la nature, et, deuxièmement, les définitions ostensives (présentations), par lesquelles est établie en dernier recours la signification des concepts fondamentaux de la science de la nature. Ces règles forment dans leur ensemble la grammaire de la langue scientifique, c'est-à-dire l'inventaire exhaustif des règles selon lesquelles les symboles (caractères, mots, propositions, etc.) doivent être utilisés pour décrire les faits. Toutes les règles « grammaticales », et elles seules, déterminent ensemble le *sens* des propositions de la science, car le sens d'une proposition peut être indiqué par le fait que j'indique comment celle-ci doit être utilisée, et par ce fait seulement, et cela, ces règles l'indiquent complètement [1].

Laissons de côté pour le moment la question de l'arbitraire ou du statut conventionnel des règles pour nous intéresser à leur nature. Schlick semble admettre que les règles constituent un système fixé préalablement à l'utilisation du langage et auquel nos usages linguistiques doivent se conformer pour que nos énoncés aient un sens spécifiable. La conception de la normativité que je défends est quelque peu différente : il me semble plus adéquat de considérer que nos pratiques linguistiques se déroulent selon un ensemble de normes implicites, établies au cours de l'évolution du langage dans une communauté linguistique, transmises lors de son apprentissage et perfectionnées au cours de l'utilisation ultérieure qui en est faite. C'est seulement lorsque l'on adopte une attitude réflexive sur certains éléments de notre pratique linguistique que l'on peut être conduit à formuler explicitement des règles linguistiques. En d'autres termes, la normativité linguistique n'est pas déterminée par un ensemble de règles formulées préalablement et gouvernant notre pratique linguistique, pour ainsi dire, de l'extérieur. Au contraire, la formulation des règles est possible lors d'un usage de second ordre précisément parce que notre usage de premier ordre est structuré implicitement selon certaines normes, elles-mêmes héritées de la communauté linguistique dans laquelle nous nous inscrivons et affinées au cours de l'évolution du langage.

Soulignons de nouveau que les règles que l'on peut être conduit à formuler, et qui viennent expliciter ou préciser certaines des normes qui guident nos pratiques linguistiques, ne sont pas exclusivement de nature

1. M. Schlick, « Les lois de la nature sont-elles des conventions ? » (1936), trad. fr. C. Vautrin, dans Ch. Bonnet et P. Wagner (éds.), *L'Âge d'or de l'empirisme logique*, *op. cit.*, p. 546.

logique, au sens restreint du terme. En ce qui concerne la vérifiabilité, il s'est avéré que l'on pouvait avoir recours à des règles linguistiques des types suivants : 1) des définitions d'usage ou des définitions structurelles pour les termes descriptifs, 2) des règles d'inférence, 3) des normes qui fixent des procédures de vérification canoniques. Au titre des règles de la catégorie (1), Schlick mentionne des phrases telles que « une tache colorée ne peut être rouge et verte au même endroit », ou « un son a une hauteur et un ton déterminés ». De telles phrases dépassent largement le cadre strict de la logique; elles fonctionnent néanmoins comme règles constitutives en tant qu'elles déterminent la signification de termes tels que « tache colorée » ou « son »[1]. De même, les postulats de signification admis par Carnap fixent les significations des termes descriptifs d'un langage en établissant les relations conceptuelles qui les lient aux autres termes et il ne s'agit pas de principes logiques au sens strict. Manifestement, les règles de la catégorie (3), dans la mesure où elles fixent les conditions expérimentales du test ou de l'acceptation d'un énoncé, ne sont pas elles non plus de nature exclusivement logique.

On peut toutefois se demander ce qu'il en est des règles de la catégorie (2). Doit-on considérer qu'elles sont de nature exclusivement logique ? J'ai eu l'occasion d'indiquer que Carnap admettait, dès les années 1930, la possibilité de formuler des règles physiques aussi bien que des règles logiques au titre des règles d'inférence d'un système formel adapté à l'expression de la connaissance scientifique. Dans *La Syntaxe logique du langage*, il va jusqu'à affirmer qu'il est en principe possible d'admettre au nombre des règles d'inférence n'importe quelle proposition physique momentanément acceptée comme vraie[2]. D'un point de vue exclusivement formel, cela est trivial : il est en effet possible de choisir de manière arbitraire les propositions que l'on souhaite faire figurer au nombre des propositions primitives d'un système formel. Cependant, si une telle possibilité doit avoir quelque pertinence pour éclairer nos modes de raisonnement scientifique, il faut qu'elle ait une contrepartie dans la pratique scientifique effective. Or, précisément, je voudrais suggérer que la possibilité de faire figurer des propositions physiques, ou scientifiques en général, au nombre des règles d'inférence d'un langage, correspond à la fonction normative

1. Schlick affirme cependant que de telles phrases sont des règles logiques, et procède par conséquent à une extension de la signification de ce terme analogue à celle qu'en fait Wittgenstein. Ainsi, est logique selon Schlick tout ce qui relève de la grammaire du langage, au sens wittgensteinien du terme. Voir ci-dessus, section 4.2 et note 3, p. 109.

2. Cf. *La syntaxe logique du langage*, *op. cit.*, § 51, et plus haut, p. 130.

qu'exercent certains principes dans le cadre des différentes disciplines scientifiques. La possibilité formelle mise au jour par Carnap permet ainsi de mettre en évidence le statut constitutif spécifique qu'occupent certains principes scientifiques au sein des disciplines qu'ils fondent.

Michael Friedman montre que cette idée est plausible à partir d'un examen de l'histoire des sciences. Cependant, à la différence de Carnap, il affirme que n'importe quel principe physique ne peut pas exercer la fonction de règle : les principes physiques proprement constitutifs sont au contraire singularisés comme tels au sein de la théorie dans laquelle ils jouent ce rôle. Comme premier exemple, Friedman donne la physique newtonienne. Il note que cette théorie a produit trois avancées révolutionnaires : 1) un nouvel outil mathématique : le calcul infinitésimal, 2) une nouvelle conception de la force et de la masse exprimée dans les trois lois du mouvement et 3) une nouvelle loi de la nature : la loi de la gravitation. Or ces différentes avancées ne doivent pas être placées toutes sur le même plan. On peut distinguer parmi elles certains principes proprement constitutifs de la manière suivante :

> Considérez par exemple la relation entre les mathématiques du calcul et la formulation newtonienne des lois de la mécanique. La seconde loi du mouvement de Newton (dans une forme seulement légèrement anachronique) affirme que la force égale la masse multipliée par l'accélération, où l'accélération est le taux instantané de changement de vélocité (lui-même étant le taux instantané de changement de position) ; ainsi, sans les mathématiques du calcul (les mathématiques des processus infinitésimaux à la limite et des taux de changement instantanés), cette seconde loi du mouvement ne pourrait même pas être formulée ou écrite, et encore moins fonctionner pour décrire les phénomènes empiriques. [...] les mathématiques du calcul ne fonctionnent pas seulement comme un élément supplémentaire dans une conjonction plus grande, mais plutôt comme une présupposition nécessaire sans laquelle le reste de la conjonction putative n'a aucune sens ni aucune valeur de vérité. La partie mathématique de la théorie de Newton fournit ainsi des éléments du langage ou du cadre conceptuel, pourrait-on dire, au sein duquel le reste de la théorie est ensuite formulé [1].

Les principes constitutifs ne sont pas tous de nature mathématique : certains principes physiques peuvent également jouer ce rôle. Ainsi, Friedman montre que « sans les lois newtoniennes de la mécanique, la loi de la gravitation universelle n'aurait aucun sens empirique, et elle fournirait encore moins un compte-rendu correct des phénomènes empiriques. Car le

1. M. Friedman, *Dynamics of Reason*, *op. cit.*, p. 35-36.

concept d'accélération universelle, qui figure de façon essentielle dans cette loi, n'aurait aucun sens ni aucune application empiriques : nous n'aurions simplement aucune idée de ce que pourrait être le cadre de référence pertinent en relation avec lequel de telles accélérations sont définies »[1].

De même, la théorie générale de la relativité peut être considérée, toujours selon Friedman, comme consistant en trois avancées révolutionnaires fondamentales : 1) le développement d'une nouvelle mathématique : le calcul tensoriel ou la théorie générale des variétés ; 2) le principe d'équivalence, qui identifie la masse gravitationnelle et la masse inertielle ; 3) les équations d'Einstein pour le champ gravitationnel qui décrivent comment la courbure de l'espace dépend de la distribution de la matière et de l'énergie. Or, là encore, Friedman montre que « tout comme dans le cas de la théorie de la gravitation newtonienne, les trois avancées qui comprennent ensemble la théorie révolutionnaire d'Einstein ne doivent pas être considérées comme des éléments d'une conjonction plus large fonctionnant de manière symétrique : les deux premiers fonctionnent plutôt comme des parties nécessaires du langage ou du cadre conceptuel au sein duquel le troisième a un sens, à la fois mathématique et empirique »[2]. On voit qu'il est tout à fait plausible de considérer que certains principes scientifiques exercent une fonction constitutive qui les place sur un plan différent de celui des énoncés cognitifs formulés dans la même théorie, et auxquels ils permettent d'attribuer un contenu empirique déterminé. La formulation explicite de ces principes en tant que règles permet alors de mettre en lumière leur fonction normative propre.

4. L'IDENTIFICATION DES RÈGLES MISE EN PÉRIL PAR LEUR CARACTÈRE RÉVISABLE

La caractérisation des règles linguistiques à laquelle nous sommes parvenus a deux conséquences qui méritent d'être notées : en premier lieu, elle conduit à admettre que la constitution de la signification ne s'établit pas de manière exclusivement formelle ; en second lieu, elle implique qu'il n'est pas possible de singulariser sur la base de critères formels ce qui vaut comme règle linguistique. Il s'avère en outre que ce qui vaut comme principe normatif dans le cadre d'une théorie scientifique pourra être aban-

1. M. Friedman, *Dynamics of Reason*, *op. cit.*, p. 35-36.
2. *Ibid.*, p. 39.

donné dans une autre : c'est là une condition du progrès scientifique. Il est également apparu que nous pouvions être conduits à modifier certaines de nos définitions d'usage lorsque nous nous trouvons face à des résultats expérimentaux inattendus et non prévus par celles dont nous disposions (*cf.* section 3.2). Or, un normativisme adéquat doit prendre acte de ces caractéristiques de notre pratique linguistique; il semble par conséquent difficile d'imposer une condition d'apodicticité aux règles d'un langage. En d'autres termes, si le normativisme doit constituer une interprétation appropriée de nos pratiques linguistiques, il doit faire place à la possibilité de modifier les normes et, corrélativement, de réviser les règles linguistiques. Cependant, est-il possible et pertinent d'établir une distinction entre normes et énoncés d'un langage une fois admise la possibilité de réviser les premières ?

Un des arguments qui fonde le rejet par Quine d'une distinction pertinente entre deux catégories d'énoncés essentiellement distinctes, les énoncés analytiques et les énoncés synthétiques, consiste à souligner que tous les énoncés d'une théorie peuvent également être abandonnés et modifiés face à une expérience récalcitrante et que, par conséquent, ils entretiennent tous le même rapport à l'expérience. Une telle critique pourrait également être adressée aux règles linguistiques telles que je les ai caractérisées : si l'on admet qu'elles ne sont pas formellement distinctes des énoncés dont elles spécifient les conditions de signification, et si on admet en outre leur caractère révisable, il semble difficile de prétendre que l'on puisse les singulariser comme ayant un statut essentiellement distinct de celui des autres énoncés. Le passage suivant de la *Philosophie de la logique* de Quine résume ce type de critique :

> Aucune partie de la science n'est isolée du reste absolument. Les parties qui sont aussi étrangères qu'on voudra auront en fin de compte sans doute en commun les principes de la logique et de l'arithmétique, ainsi que diverses généralités de bon sens touchant les corps en mouvement. Si on est légaliste, on pourra prétendre que la preuve vaut toujours pour ou contre le système tout entier de la science, si peu enchaîné soit-il. Une preuve contre le système n'est pas une preuve contre tel énoncé plutôt que contre tel autre; mais on peut agir sur elle moyennant l'un quelconque de divers ajustements[1].

Comme nous avons déjà eu l'occasion de le mentionner, l'image des théories scientifiques que propose Quine est celle d'un système d'énoncés

1. W.v.O. Quine, *Philosophie de la logique* (1970), trad. fr. J. Largeault, Paris, Aubier, 2008, p. 15.

confrontés tous ensembles au « tribunal de l'expérience », et qui, pour cette raison, ont tous le même statut face à cette expérience. Comme le résume Sandra Laugier, « il n'y a pas de rupture entre la périphérie et le centre, seulement des degrés, toujours provisoires et jamais vraiment mesurables, de proximité à l'expérience » [1]. C'est là le sens de ce que l'on appelle le « gradualisme » quinien. Certes, certains énoncés sont plus proches que d'autres de la périphérie, ils sont en conséquence dans un rapport plus direct à l'expérience. Mais en aucun cas il n'est question d'établir des statuts distincts entre les différents énoncés qui constituent une théorie : les uns comme les autres sont sujets à révision, et parce qu'aucun d'eux n'occupe de position de surplomb par rapport à l'expérience, aucun d'eux n'échappe à la possibilité d'être abandonné face à une expérience récalcitrante. Sandra Laugier souligne le caractère central de cette idée de la façon suivante :

> Il n'y a [...] aucune place privilégiée à l'intérieur du schème conceptuel. Un énoncé, même occupant une place tout à fait centrale dans le système, peut être mis en question ; c'est le cas des lois logiques, qui, malgré leur « position décisive », pourraient être révisées s'il en résultait une simplification indispensable à la survie du système [2].

Sandra Laugier nuance toutefois la portée du holisme de Quine en mettant en avant son « conservatisme ». Ainsi, Quine lui même note que « si une révision de notre système d'énoncés s'impose, nous préférons une révision qui dérange le système le moins possible » [3]. De ce point de vue, ce sont les lois logiques et les énoncés mathématiques qui seront touchés en dernier lieu : « mathématiques et logique, situées comme elles le sont au centre de notre schème conceptuel, tendent à se voir accorder une telle immunité, conséquence de notre préférence conservatrice pour les révisions qui dérangent le système le moins possible » [4]. Cependant, cette immunité de fait des lois logiques et des énoncés mathématiques ne change rien, selon Quine, au fait qu'ils sont exactement sur le même plan que les autres énoncés de la science. Par conséquent, cela ne justifie en rien, selon Quine, l'idée selon laquelle on devrait leur conférer un statut spécifique – apodicticité ou validité formelle –, pas plus que cela ne légitime une

1. S. Laugier, *L'Anthropologie logique de Quine*, *op. cit.*, p. 200.
2. *Ibid.*
3. W.v.O. Quine, *Philosophie de la logique*, *op. cit.*, introduction D. Bonnay et S. Laugier.
4. W.v.O. Quine, *Le Mot et la chose*, *op. cit.*, p. 20.

distinction de principe entre les énoncés de la logique et des mathématiques d'une part, et les énoncés cognitifs d'autre part.

La critique de Quine vise avant tout la possibilité d'un *a priori* au sens d'une connaissance indépendante de l'expérience et apodictique. Quine ne discute pas directement l'idée d'un *a priori* constitutif. Cependant, on peut faire valoir contre le second le type de critique qu'il adresse au premier : tout comme la possibilité de réviser les énoncés logiques empêche de leur attribuer un statut épistémologique distinct, la possibilité de réviser les règles linguistiques empêche de considérer qu'elles exercent une fonction spécifique. Autrement dit, si les règles linguistiques sont révisables, cela signifie que leur statut n'est pas distinct de celui des énoncés à visée cognitive et que l'idée selon laquelle elles seraient singularisées par leur fonction constitutive doit être abandonnée. Comme le résume Jacques Bouveresse, pour Quine, « il n'y a pas, d'un côté, des vérités proprement dites et, de l'autre, des règles ou des conventions qui, comme dirait Wittgenstein, ne sont en toute rigueur ni vraies ni fausses, mais une seule et unique catégorie de propositions »[1].

Il est intéressant de mentionner en ce point la position récemment défendue par David Stump dans son article « Defending Conventions as *Functional Apriori* Knowledge ». Cette position peut être lue comme un entre-deux, se situant à mi-chemin entre le gradualisme holiste de Quine et le normativisme ici défendu. Stump défend l'idée selon laquelle certaines parties d'une théorie scientifique fonctionnent sur le mode d'un *a priori* constitutif : « certains éléments d'une théorie sont requis avant que d'autres puissent être testés ou même formulés »[2]. Il appelle « *a priori* fonctionnel » de tels éléments et maintient que ces derniers sont singularisés, au sein d'une théorie particulière, par la manière dont celle-ci fonctionne. Il donne l'exemple suivant :

> Dans la théorie newtonienne, nous savons *a priori* que l'espace est euclidien, mais dans la théorie de la relativité générale, la métrique est déterminée empiriquement. Ainsi, la théorie d'arrière-plan et le contexte déterminent ce qui est *a priori* et ce qui est empirique, c'est-à-dire quelles parties de la théorie fonctionnent comme connaissances *a priori*[3].

1. J. Bouveresse, *La Force de la règle*, Paris, Minuit, 1987, p. 99.

2. D. Stump, « Defending Conventions as *Functional A priori* Knowledge », *Philosophy of Science*, vol. 70, n° 5, 2003, p. 1151.

3. *Ibid.*, p. 1154.

On retrouve là une caractérisation proche de celle donnée par Friedman des principes physiques constitutifs et que nous avons présentée dans la section précédente. Cependant, alors que Friedman voit dans l'adoption d'un *a priori* relativisé une motivation pour défendre un type de rationalisme non empiriste [1], Stump inscrit sa caractérisation de l'*a priori* fonctionnel dans un cadre qui se veut résolument empiriste, et il insiste à ce titre sur le fait que ces principes ne sont pas soustraits à la possibilité du test empirique.

> Par empirisme, je veux dire que toutes les vérités, mises à part les définitions explicitement stipulées, sont empiriquement justifiées, bien que les parties fonctionnellement *a priori* de la théorie physique ne soient empiriques qu'au sens extrêmement faible où la théorie générale qui les a classées comme *a priori* est une théorie empirique [2].

Stump veut ainsi défendre une position dans la lignée d'un empirisme quinien tout en admettant la possibilité de connaissances *a priori*, établies indépendamment de l'expérience et exerçant une fonction constitutive, sans être toutefois apodictiques. Il affirme que la seule différence entre sa position et celle de Quine consiste à mettre l'accent sur le rôle spécifique de certaines parties des théories scientifiques :

> Puisque j'adopte le naturalisme, le faillibilisme et l'empirisme, il peut sembler que j'ai simplement atterri des deux pieds dans le camp de Quine, et en un sens c'est vrai. [...] En un sens, la différence entre le holisme quinien et une théorie de l'*a priori* fonctionnel est une question d'accentuation. Les quiniens soulignent la nature (en définitive) empirique de la connaissance mathématique, alors que les défenseurs de l'*a priori* fonctionnel soulignent la base conventionnelle de la connaissance scientifique [3].

Il est instructif de noter que deux positions aussi différentes que celles du rationalisme et de l'empirisme peuvent être défendues à partir de la reconnaissance des mêmes caractéristiques du fonctionnement des théories, à

1. *Cf.* l'affirmation suivante de M. Friedman, *Dynamics of Reason*, *op. cit.*, p. 71 : « La notion d'un *a priori* relativisé et cependant constitutif est centrale à la version modifiée d'une philosophie des sciences kantienne que je vise à formuler [...] Bien que nous reconnaissions explicitement que ce que nous appelons ici principes *a priori* (à la fois mathématiques et physiques) change et se modifie avec le progrès continu de la science empirique de la nature, nous continuons à insister, contre le holisme épistémologique quinien, sur le fait que ces principes devraient cependant être considérés comme constitutivement *a priori*, en un sens très proche du sens kantien original ».

2. D. Stump, « Defending Conventions as *Functional A priori* Knowledge », art. cit., p. 1158.

3. *Ibid.*, p. 1158.

savoir la fonction constitutive de certains principes et la possibilité de leur révision. Cela témoigne à mon sens du fait que les positions philosophiques élaborées à partir de ces faits ne sont au mieux que des interprétations, et ne sauraient prétendre au statut de thèses factuelles (voir section 7.1). D'un autre côté, cela ne signifie pas qu'aucune contrainte ne pèse sur ces interprétations, ni qu'elles soient livrées à l'arbitraire, puisqu'elles doivent être adéquates à l'ensemble des pratiques dont elles prétendent expliciter le fonctionnement. Cela ne signifie pas non plus qu'il n'est pas possible de déterminer des critères sur la base desquels on pourra choisir l'interprétation la mieux appropriée et la plus plausible. De l'interprétation proposée par Stump, on peut dire qu'elle est pour le moins acrobatique : si l'on insiste sur le fait que les principes constitutifs d'une théorie sont soumis à la possibilité du test empirique, il semble difficile d'échapper à un holisme épistémologique de type quinien, bien que Stump veuille s'en défendre en insistant sur la fonction constitutive de ces principes. La position de Stump se voit confrontée au problème suivant : comment admettre que certains principes fondent la possibilité de la vérification des énoncés cognitifs d'une théorie, tout en considérant qu'ils sont eux-mêmes vérifiables ? Il me semble difficile de concilier ces différentes déterminations dans une position cohérente. La difficulté principale tient au fait que Stump assimile les sens (1) et (3) de l'*a priori*, que j'ai distingués pour ma part dans la section précédente : si des éléments sont véritablement constitutifs de la vérifiabilité et de la connaissance empirique, ils ne peuvent être dans le même temps eux-mêmes vérifiés, ni faire l'objet d'une connaissance empirique.

Par conséquent, défendre une position normative implique de distinguer soigneusement les normes d'une part et ce sur quoi elles portent d'autre part. Pour le dire autrement, les principes constitutifs doivent être soigneusement distingués de ce qu'ils constituent. Ainsi, l'affirmation selon laquelle des normes pouvant être formulées sous forme de règles linguistiques déterminent la vérifiabilité et la signification d'énoncés à visée cognitive ne peut être comprise dans un sens fort que si l'on est prêt à admettre une distinction essentielle entre ces normes et les énoncés cognitifs dont elles régissent les modalités de vérification et de signification. Le normativisme n'est en ce sens pas compatible avec le naturalisme gradualiste ni avec le holisme épistémologique quiniens, dont nous avons vu qu'ils ne permettent pas de rendre compte d'un usage linguistique de second ordre. Il semble cependant indubitable que les normes puissent être révisées au cours de l'évolution du langage et de la connaissance. C'est là un fait dont le normativisme se doit de prendre en considération. Le problème auquel on se voit confronté est alors le suivant : comment admettre que les normes évoluent et que les règles linguistiques puissent être révisées tout en affirmant qu'elles ont un statut essentiellement distinct de celui des énoncés cognitifs, en raison de la fonction constitutive qu'elles exercent en propre ?

5. Une voie de sortie : point de vue statique et point de vue dynamique sur le langage

Carnap reconnaît explicitement le caractère révisable des règles sans pour autant les placer le même plan que les énoncés cognitifs, et donc sans renoncer à une position normative. Dans *La Syntaxe logique du langage*, il affirme ainsi :

> Aucune règle du langage physique n'est définitive; toutes les règles sont formulées avec la réserve qu'elles peuvent être modifiées dès l'instant où il semble opportun de le faire [1].

Je suggèrerai pour ma part qu'il est possible de maintenir une position normative tout en reconnaissant la possibilité de réviser les règles linguistiques si l'on est prêt à distinguer deux points de vue sur le langage [2] : 1) un point de vue dynamique, selon lequel on a affaire à une structure évolutive qui connaît des modifications au cours de son développement, et 2) un point de vue statique, selon lequel on considère l'état du langage à un moment donné de son évolution. Ainsi, lorsqu'on adopte un point de vue dynamique, on peut maintenir qu'une phrase qui exerçait une fonction constitutive à un certain moment de l'évolution du langage est abandonnée et remplacée par une autre à un autre moment de cette évolution, et cela est compatible avec l'affirmation selon laquelle, à un moment donné, d'un point de vue statique, on peut distinguer les phrases qui exercent une fonction constitutive de celles qui exercent une fonction descriptive. Autrement dit, si les normes linguistiques évoluent au cours du développement d'une structure linguistique, il est néanmoins possible d'identifier les phrases qui valent comme normes à un moment donné de cette évolution.

Par exemple, les phrases selon lesquelles « la chaleur est constituée d'un fluide que l'on appelle "phlogistique" » et « le phlogistique est un principe chimique qui entre dans la composition des corps inflammables »

1. R. Carnap, *La Syntaxe logique du langage*, *op. cit.*, § 82.

2. Je reprends cette distinction à M. Dummett, « The Significance of Quine's Indeterminacy Thesis », art. cit. Il s'agit ici bien évidemment du langage *naturel*.

peuvent être considérées comme des définitions qui contribuent à établir la signification des termes « phlogistique » et « combustion » dans le cadre de la théorie du phlogistique. L'énoncé (a) : « le corps c est composé de phlogistique » peut alors être vérifié par la procédure qui consiste à mesurer la masse du corps avant combustion, à le brûler, et à mesurer ensuite la masse des résidus de la combustion. Cette procédure est déterminée par les règles qui étaient acceptées par les représentants de la communauté scientifique à la fin du XVIIe siècle, et jusqu'à la mise en cause de la théorie du phlogistique par Lavoisier à la fin du XVIIIe siècle. De plus, les conditions auxquelles un tel énoncé est vérifié sont déterminées par la règle selon laquelle un corps qui contient du phlogistique a, après combustion, une masse inférieure à celle qu'il avait avant combustion. La signification cognitive de (a) est ainsi déterminée, au sein de la théorie du phlogistique, par les modalités de sa vérification telles qu'elles sont établies sur la base des règles de la théorie.

De nombreuses expériences ont cependant conduit Lavoisier à abandonner ces règles et à en formuler de nouvelles, qui constituent le cadre d'une nouvelle théorie chimique sur la base de laquelle on décrit désormais la combustion comme un processus qui implique la combinaison d'une substance avec de l'oxygène. Le terme « phlogistique » ne figure plus dans cette nouvelle théorie, et les règles qui fixaient les conditions de vérification d'énoncés dans lesquels il figurait sont de même abandonnées. (a) n'a donc pas de signification cognitive dans le cadre de la nouvelle théorie chimique.

Mais s'il est possible, d'un point de vue dynamique, de réviser et de modifier certaines règles linguistiques, cela ne met pas en cause le caractère constitutif des règles antérieurement admises, en l'occurrence des règles qui fixaient la signification du terme « phlogistique ». Même plus : il reste possible de comprendre la signification de ce terme en faisant appel aux différentes normes du discours des scientifiques du XVIIe siècle qui fixaient la vérifiabilité des énoncés dans lesquels il figurait[1]. Cela illustre à la fois la fonction constitutive des règles, la possibilité de les réviser lors de développements ultérieurs et leur indépendance théorique à l'égard des faits empiriques.

Soulignons par ailleurs que l'on n'abandonne pas une règle linguistique et un énoncé à visée cognitive pour les mêmes raisons : dans le premier cas,

1. On peut mentionner à ce propos l'affirmation de Th. Kuhn selon laquelle l'historien des sciences est « l'interprète et l'enseignant d'une langue », voir « Commensurabilité, communicabilité, comparabilité », art. cit., p. 285-322.

il ne s'agit pas de rejeter comme faux un énoncé auparavant admis comme vrai, mais d'abandonner une règle qui s'avère inadéquate au profit d'une règle ou d'un ensemble de règles nouvelles qui paraissent plus appropriées. Le caractère approprié ou non des règles dépend des observations que l'on peut faire des faits en question et du type de description que l'on vise à donner de ces faits. Ainsi, de nouvelles observations dont les résultats n'étaient pas prévus ni anticipés par les normes admises à un moment donné peuvent conduire à une complexification importante de nos descriptions factuelles. Pour reprendre notre exemple, la description des phénomènes de combustion est devenue de plus en plus compliquée dans le cadre de la théorie du phlogistique, notamment en raison d'observations qui révélaient que certains corps, tels que le magnésium, ont, après combustion, une masse supérieure à celle qu'ils avaient avant combustion. Mais les partisans de la théorie n'ont pas considéré que la règle selon laquelle le phlogistique était un principe chimique entrant dans la composition des corps inflammables fût réfutée par ces observations. Ils ont au contraire été conduits à formuler certaines hypothèses supplémentaires pour préserver son applicabilité : ils ont pu admettre par exemple que le phlogiston du magnésium avait un poids négatif, afin de continuer à décrire la combustion du magnésium dans le cadre de la théorie du phlogistique. De cette manière, la règle mentionnée reste constitutive de la signification du terme « phlogistique » – même si, d'un autre côté, admettre cette règle conduit à une description compliquée et non unifiée des phénomènes de combustion, description qui s'avère en outre finalement inadéquate.

L'abandon d'une règle précédemment établie et la formulation d'une règle nouvelle peuvent être motivés par certaines observations, mais cela ne les place pas pour autant sur le même plan que les énoncés cognitifs : modifier une règle revient à modifier une des normes qui déterminent, à un moment donné de l'évolution du langage, les modalités de la signification de termes ou d'énoncés cognitifs. L'extension de la modification peut être plus ou moins grande, elle peut concerner une règle isolée ou un ensemble de règles : il s'agit toutefois dans tous les cas d'une modification ayant trait à la machinerie linguistique et non au contenu de notre connaissance. Dans sa réponse à Quine du volume Schilpp, Carnap décrit de la façon suivante la différence entre ces deux types de modifications :

> Je dois faire une distinction entre deux types de réajustements dans le cas d'un conflit avec l'expérience, à savoir entre une modification dans le langage, et une simple modification, ou un simple ajout, de la valeur de vérité attribuée à un énoncé indéterminé (c'est-à-dire un énoncé dont la valeur de vérité n'est pas fixée par les règles du langage, disons par les

> postulats de la logique, des mathématiques et de la physique). Une modification du premier type constitue, à proprement parler, une altération radicale, parfois une révolution, et elle a lieu seulement à certains moments historiquement décisifs du développement de la science. D'un autre côté, des modifications du second type ont lieu à tout instant. Une modification du premier type constitue, à proprement parler, une transition d'un langage L_n à un nouveau langage L_{n+1} [1].

Les changements du premier type relèvent ce que Carnap appelle les questions externes[2]; ils touchent au cadre linguistique qui définit un langage. Les questions externes sont du type : est-on prêt à accepter des définitions par phrases réductives en plus des définitions explicites ?; quels postulats de signification admet-on pour les termes théoriques tels que « électron » ou « masse »?; quelles règles d'inférence et d'application est-on prêt à accepter ? etc. Il ne saurait être question de réponse correcte ou non, mais simplement de réponse plus ou moins appropriée. Il faut entendre par là que les règles sont choisies de sorte à fournir la description la plus adéquate possible des choses et des événements du monde que l'on est en mesure d'observer.

Dire, comme Carnap, que la modification d'une règle nous conduit à changer de langage est cependant problématique : on est alors confronté au problème de la prolifération des langages et de l'incommensurabilité entre ces différents langages. Mais la distinction que nous avons établie entre point de vue statique et point de vue dynamique s'avère utile en ce point; elle permet d'échapper à ce genre de problème puisqu'on peut considérer que la modification d'une règle conduit à passer d'un état du langage à un autre, mais que c'est bien à chaque fois du même langage qu'il s'agit. Autrement dit, si l'on considère le langage d'un point de vue dynamique, on peut tout à fait admettre que même une modification de règle linguistique ne nous conduit pas à changer de langage, mais simplement à modifier, au sein de ce dernier, la manière dont nous décrivons certaines choses et certains évènements du monde.

L'évolution du langage peut ainsi être appréhendée comme un processus continu, conformément à la manière dont évoluent effectivement les langues, telle que le français par exemple. La modification régulière des dictionnaires, l'ajout de nouveaux termes et l'abandon de termes tombés en désuétude, témoignent en effet de ce que les normes qui déterminent la

1. R. Carnap, « Replies », art. cit., p. 921.

2. *Cf.* R. Carnap, « Empirisme, sémantique, ontologie », art. cit., p. 315.

signification des mots du français sont continuellement modifiées au cours de son usage.

On admettra d'un autre côté que, dans le cas des théories scientifiques, certains changements peuvent prendre une ampleur beaucoup plus grande. Une des raisons à cela tient au fait qu'il y a une différence importante entre le langage ordinaire et le langage scientifique du point de vue de leurs degrés de systématicité respectifs. Dans la mesure où le langage scientifique est utilisé à des fins cognitives qui requièrent un degré de précision élevé, les normes qui le régissent sont elles-mêmes plus systématiques et plus précises que celles du langage ordinaire – même s'il ne s'agit là que d'une différence de degré. Cela permet de comprendre que, dans le cas du langage utilisé par les scientifiques, les changements de normes ou la modification de règles sont plus manifestes et peuvent s'avérer plus brutaux que dans le cas de l'évolution continue du langage ordinaire. En outre, dans le cadre des théories scientifiques ayant atteint un degré de systématicité élevé, les règles sont établies de telle sorte qu'il n'est pas possible de modifier l'une d'entre elles sans en modifier également de nombreuses autres. La modification des règles présente donc un caractère holiste, proportionnel au degré de systématicité du système linguistique considéré.

On peut néanmoins admettre une certaine continuité entre les différentes étapes de l'évolution du langage scientifique si l'on adopte un point de vue dynamique. Ainsi, le langage des théories scientifiques peut changer radicalement à certaines périodes sans que l'on soit pour autant contraint d'admettre une incommensurabilité radicale entre les états antérieur et postérieur du langage de la science. Il reste en effet possible de comprendre les énoncés qui ont été formulés lors d'un état antérieur du langage d'une discipline scientifique. Comme nous l'avons vu, nous pouvons comprendre les énoncés des textes de Becher qui décrivent les phénomènes de combustion en termes de phlogistique puisque nous sommes capables d'indiquer les règles qui déterminent leur signification cognitive, *i.e.* la manière dont ils peuvent être vérifiés. Il peut bien sûr s'avérer difficile de mettre au jour de telles règles et, du point de vue de notre langage actuel, cette manière de décrire les phénomènes de combustion s'avère excessivement compliquée et finalement inadéquate. Mais cela n'enlève rien au fait qu'il est en principe possible de comprendre de tels énoncés. On notera toutefois que le processus inverse ne peut pas être réalisé : on ne peut formuler les énoncés de la théorie de Lavoisier dans les termes de la théorie du phlogistique. On peut voir là un signe de ce que l'évolution du langage et la modification des règles va dans le sens d'une plus grande adéquation de la description, et ne constitue par conséquent pas un processus réversible.

Dans la *Théorie générale de la connaissance*, Schlick donne l'exemple suivant d'une modification de règle au cours de l'évolution scientifique :

> Que l'on pense par exemple au mot et au concept d'électricité. Après avoir été défini dans un tout premier stade par l'action exercée par l'ambre frotté sur des petits corpuscules, le concept attaché à ce mot est aujourd'hui défini de la manière la plus appropriée, au niveau supérieur de la physique théorique, au moyen des relations formulées par les équations fondamentales de l'électrodynamique contemporaine, desquelles on peut déduire, à titre de conséquences particulières, les phénomènes qui avaient été découverts en premier [1].

Il s'agit d'une modification similaire à celles qui ont entraîné le passage de la théorie du phlogistique à la théorie de la combustion de Lavoisier. La citation de Schlick fait en outre apparaître que le passage d'un système de règles à un autre correspond au passage d'une théorie moins appropriée à une théorie plus appropriée et, dans le cas de l'exemple qu'il donne, à une théorie fournissant une meilleure description, plus unifiée, des phénomènes électriques.

Il est également possible qu'une phrase utilisée comme énoncé cognitif à un moment donné puisse acquérir par la suite le statut de règle. Dans la *Théorie générale de la connaissance*, Schlick admet encore que les définitions que nous établissons pour nos termes peuvent résulter du choix d'accorder un statut définitionnel à certains énoncés formulés au départ comme énoncés de connaissance [2]. Dans un texte plus tardif, Carnap fait une observation similaire :

> Sur la base de la théorie des éléments chimiques, on a progressivement sélectionné, de manière de plus en plus explicite, certaines propriétés comme essentielles. Pour un corps composé, la formule moléculaire (par exemple, « H_2O ») fut prise comme définitionnelle, et plus tard le diagramme de la structure moléculaire [3].

La phrase « l'eau est constituée de molécules H_2O » exprimait au départ la découverte de la structure moléculaire de l'eau ; mais, comme le note Carnap, elle est passée du statut d'énoncé cognitif à celui de règle

1. M. Schlick, *Théorie générale de la connaissance*, *op. cit.*, § 8, A45/B44.
2. Voir *ibid.*, § 8, A44/B43-44.
3. R. Carnap, « Signification et synonymie dans les langages naturels » (1955), trad. fr. F. Rivenc et Ph. de Rouilhan, dans R. Carnap, *Signification et nécessité*, *op. cit.*, p. 361.

linguistique lorsqu'on a décidé d'en faire une définition. Elle a alors perdu son caractère descriptif pour acquérir une fonction constitutive, à savoir : fixer la signification du terme « eau » en contribuant à déterminer la manière dont on peut vérifier des énoncés à visée cognitive dans lesquels il figure. Un tel processus correspond à ce que l'on peut appeler « sédimentation de l'usage ».

Cela explique en partie l'échec à donner un critère formel pour l'identification des règles linguistiques : si une même phrase peut, à différents moments de l'évolution du langage, avoir le statut soit de règle, soit d'énoncé cognitif, aucune propriété formelle ne saurait permettre de l'identifier en tant que règle. L'identification des règles linguistiques ne peut être effectuée sur la base de la seule considération des phrases, mais implique de prendre en compte le contexte linguistique dans lequel elles sont formulées, ainsi que la fonction spécifique qu'elles exercent dans ce contexte propre [1].

Si l'on admet la distinction entre point de vue statique et point de vue dynamique, reconnaître le processus d'évolution linguistique ne nous conduit donc pas nécessairement à oblitérer la distinction entre règles et énoncés cognitifs. D'un point de vue statique, il est possible de maintenir une distinction entre les phrases qui exercent une fonction constitutive et celles qui exercent une fonction descriptive. La précision suivante, faite par Schlick dans la seconde édition de la *Théorie générale de la connaissance*, bien que formulée dans sa propre terminologie, me semble aller encore dans ce sens :

> On pourrait [...] être tenté de penser que la distinction entre jugements analytiques et jugements synthétiques est instable et caduque, puisqu'un seul et même jugement est aussi bien synthétique qu'analytique, selon ce qui est pensé dans le concept du sujet. Mais ce serait oublier qu'en vérité le jugement n'est pas *le même* dans les deux cas. Si, dans la proposition « tous les corps sont pesants », le concept de corps a été défini une première fois de telle manière que le poids fait partie de ses caractères et une seconde fois de telle manière qu'il n'en fait pas partie, la proposition contient bien les deux fois les mêmes mots, mais désigne deux jugements différents, car le concept du sujet est bel et bien différent dans les deux cas, le mot « corps » n'ayant pas la même signification dans chacun des deux. Il a déjà été

1. Il se pourrait que les règles logiques puissent être caractérisées par le fait que, même d'un point de vue dynamique, leur statut de règles n'est jamais mis en cause, ce qui impliqueraient que certaines phrases conservent leur fonction de règles sous toute modification possible de la structure linguistique. Mais c'est là une hypothèse dont la discussion dépasse le cadre de cet ouvrage. Voir ci-dessus la section 7.2, p. 188.

> précisé plus haut que, dans une même langue, une seule et même phrase pouvait exprimer aussi bien une définition qu'une connaissance. Cela dépend des concepts que l'on se représente par les mots. La division des jugements en analytiques et synthétiques est donc parfaitement rigoureuse et a une valeur objective, elle ne dépend pas du point de vue subjectif ni de la façon de voir de celui qui juge [1].

Dans l'article plus tardif, « Les lois de la nature sont-elles des conventions ? », présenté au premier congrès pour l'unité de la science à Paris en 1935, Schlick affirme de nouveau que, si une même suite de signes peut jouer soit le rôle d'un énoncé cognitif soit celui d'une règle linguistique, cela ne doit pas conduire à perdre de vue la différence essentielle entre ces deux fonctions : la phrase a alors deux statuts essentiellement distincts et non compatibles.

> On peut certes faire d'une *proposition* (d'une suite de signes) qui, sous les présupposés de la grammaire en usage, exprime une loi de la nature, un principe du langage, en la définissant simplement par convention comme une règle syntaxique. Mais par là, on a justement modifié la grammaire, et on a par conséquent donné à la proposition un sens tout à fait nouveau, ou plutôt on l'a à proprement parler dépouillée de son sens. Elle n'est plus désormais une loi de la nature, absolument plus un énoncé, mais une règle portant sur les signes [2].

Cette citation permet d'insister sur la fonction proprement constitutive des règles et vient conforter l'idée selon laquelle ce qui les caractérise et les singularise par rapport aux énoncés cognitifs est la fonction spécifique qu'elles exercent. Ainsi, une règle linguistique ne peut être pourvue d'un sens cognitif, précisément en raison de la fonction constitutive qu'elle exerce à l'égard du sens des énoncés cognitifs.

6. Conventions et expérience

Afin de préciser le statut des règles linguistiques, je voudrais discuter à présent le sens auquel on peut dire qu'elles sont conventionnelles. En premier lieu, on notera que conventionnel ne signifie par arbitraire. Dans la mesure où la formulation explicite de règles a pour rôle de préciser ou de corriger certains aspects de l'usage linguistique naturel – qu'il s'agisse du

1. M. Schlick, *Théorie générale de la connaissance*, *op. cit.*, § 11, B70.
2. M. Schlick, « Les lois de la nature sont-elles des conventions ? », art. cit., p. 547, note.

langage ordinaire ou du langage scientifique –, ces règles ne sont pas formulées de manière arbitraire, mais doivent répondre à un principe d'adéquation, que ce soit envers nos pratiques linguistiques effectives ou envers les pratiques visées, lorsqu'une règle est formulée pour palier une insuffisance du langage naturel.

J'ai en outre affirmé à plusieurs reprises que les règles étaient explicitement établies de façon à ce que la description des états de choses dont elles fixent les modalités puisse être effectuée de la manière la plus simple possible. On a là un sens de la convention qui peut être rapproché du second sens de ce terme envisagé en 1923 par Carnap, dans l'article intitulé « La tâche de la physique et l'application du principe de plus grande simplicité », lorsqu'il reconnaît que les principes de la théorie de la relativité permettent une description des phénomènes naturels plus simple que celle obtenue au moyen de la théorie newtonienne – même si on peut considérer par ailleurs que les principes de la théorie de la relativité générale sont eux-mêmes plus compliqués que ceux de la théorie newtonienne. Le choix de certaines règles est ainsi conventionnel au sens où il est guidé par la plus grande simplicité de la description de la nature qu'elles permettent d'obtenir. De ce point de vue également, on peut affirmer que le choix des règles de la théorie de Lavoisier est plus adéquat que le choix des règles de la théorie du phlogistique : les premières permettent une description plus simple des phénomènes de combustion.

La contrainte de simplicité de la description peut être conçue comme une limitation de type pragmatique sur le choix des règles : il s'agit de parvenir à une description plus pratique de la nature. On peut comprendre en ce sens cette affirmation de Carnap :

> Ce qui décidera de l'adoption ou du rejet des formes linguistiques abstraites, tout comme de l'adoption ou du rejet de n'importe quelle autre forme linguistique dans n'importe quelle branche de la science, c'est, en dernier ressort, leur efficacité instrumentale, le rapport entre les résultats atteints et l'ampleur et la complexité des efforts exigés [1].

Donner une caractérisation précise de ce que l'on entend par « simplicité » ou par « efficacité instrumentale » dans de tels contextes n'est pas chose aisée. Mais cela n'est pas non plus nécessaire pour l'argument présent : nous voulons simplement affirmer que les règles, dans la mesure où elles fixent les modalités de notre description des phénomènes naturels, ne sont pas établies indépendamment de toute prise en considération de

1. R. Carnap, « Empirisme, sémantique et ontologie », art. cit., p. 335.

l'expérience – sans être toutefois contraintes par elle. Carnap formule cette idée de la façon suivante en 1935 :

> Les résultats des expériences nous montrent simplement qu'un mode de formulation serait plus approprié qu'un autre, c'est-à-dire plus approprié eu égard au système tout entier de la physique [1].

La dépendance à l'égard de l'expérience est alors de nature pragmatique et non logique ou théorique. Cela vaut pour les règles linguistiques explicites mais aussi pour les normes qui régissent implicitement le langage naturel dans ses usages ordinaires : on peut considérer que ces dernières sont établies au cours de l'évolution du langage de manière à ce que les différents usages linguistiques puissent remplir leurs objectifs respectifs – transmettre des connaissances, formuler des ordres, obtenir une réponse, etc. – de la manière la plus simple possible, étant donné le contexte d'usage considéré. On affirmera par conséquent qu'il y a continuité entre la normativité explicite du langage naturel tel qu'il est employé par les scientifiques et la normativité implicite qui gouverne les usages ordinaires du langage naturel. De même, il y a continuité entre les règles qui déterminent un langage formel adapté à l'expression de la connaissance scientifique et les règles du langage naturel des scientifiques : celles-ci présentent un degré de précision et de systématicité plus ou moins élevé en fonction de ce que requièrent l'usage et les objectifs visés.

Il est intéressant de remarquer que, lorsqu'il est question de l'usage cognitif, Carnap ne considère nullement qu'il y a rupture entre le langage scientifique et le langage ordinaire, pas plus qu'entre les langages formels et le langage naturel, scientifique comme ordinaire. Selon lui, il s'agit simplement d'outils plus ou moins perfectionnés, élaborés de manière plus ou moins explicite en fonction des objectifs poursuivis. Reprenant une métaphore de type frégéen, il affirme ainsi :

> Un langage naturel est comme un canif rudimentaire et primitif, très utile pour des centaines de buts différents. Mais pour certains buts spécifiques, des outils spéciaux sont plus efficaces, par exemple des ciseaux, des hachoirs, et le microtome. Si nous trouvons que le canif est trop rudimentaire pour un certain but et qu'il crée des produits défectueux, nous devons alors trouver la cause de l'échec et soit nous utilisons le canif avec plus d'adresse, soit nous le remplaçons, pour ce but précis, par un outil plus approprié, ou même par un nouvel outil que nous inventons [2].

1. R. Carnap, *Philosophy and Logical Syntax*, *op. cit.*, p. 87.
2. R. Carnap, « Replies », art. cit., p. 938-939.

En ce qui concerne la pertinence des langages formels, Carnap affirme également que « l'usage de la logique symbolique et d'un langage-système construit avec des règles syntaxiques et sémantiques explicites est la méthode la plus élaborée et la plus efficace. Pour des explications philosophiques, l'usage d'une telle méthode n'est recommandé que pour des cas spéciaux, et non en général » [1]. Ce sont donc des critères pragmatiques qui viennent guider le choix que l'on peut faire de formuler explicitement tel type de règle plutôt que tel autre, de même que ce sont les diverses fonctions pratiques du langage qui nous conduisent à développer et à adopter, au cours de notre expérience, tel type de norme plutôt que tel autre. Schlick formule une idée similaire en ce qui concerne le langage naturel :

> Les manières de parler ne sont jamais imposées par la réalité, elles sont au contraire toujours arbitraires ; elles sont seulement suggérées par certaines expériences (lorsque je vois continuellement un objet, que je le revois quotidiennement, je ne dois pas pour cette raison le désigner par le même nom ; je pourrais également le nommer chaque jour de manière différente, mais il ne serait tout simplement pas pratique de faire cela) [2].

Cette citation invite à une précision. Schlick affirme que la manière dont on parle du monde est arbitraire. On admettra qu'une conception de la convention comme arbitraire ait pu paraître naturelle aux auteurs qui, parmi les premiers, ont admis le fait que les règles ne sont pas soumises au tribunal de l'expérience – qu'il s'agisse de l'expérience sensible ou d'une quelconque forme d'intuition intellectuelle. Cependant, j'ai souligné qu'il était plus adéquat de maintenir une distinction entre convention et arbitraire. L'assimilation des deux conduit en effet à oblitérer l'asymétrie entre différents systèmes de règles du point de vue de leur adéquation descriptive : on pourrait certes choisir de décrire les phénomènes de combustion dans les termes de la théorie du phlogistique, mais ce faisant, la description de ces phénomènes serait plus compliquée, et donc moins appropriée qu'une description alternative plus simple. On aurait là affaire à un choix véritablement arbitraire. Assimiler convention et arbitraire suggère en outre qu'il n'y a aucun progrès véritable en sciences. Si l'on admet au contraire que les règles sont conventionnelles au sens où elles ne sont pas contraintes par l'expérience, tout en reconnaissant que certaines règles sont plus adéquates que d'autres, on pourra alors s'interroger plus précisément

1. R. Carnap, « Replies », art. cit., p. 936.
2. M. Schlick, *Logik und Erkenntnistheorie*, *op. cit.*, p. 61.

sur les conditions et la signification du progrès de la science, et, plus généralement, de la connaissance.

D'un autre côté, il faut reconnaître qu'en parlant d'arbitraire, Schlick vise à mettre en avant le fait qu'il est en principe toujours possible de sélectionner d'autres règles. Tout comme on peut considérer qu'il est en principe possible d'introduire n'importe quelle phrase comme règle d'un système formel, on peut considérer qu'un individu pourrait vouloir introduire des définitions arbitraires pour ses termes. Il pourrait par exemple vouloir désigner un objet par un nom différent à chaque fois qu'il le rencontre dans un nouveau contexte, il pourrait vouloir imposer la convention selon laquelle la combustion doit être décrite dans les termes de la théorie du phlogistique, ou encore considérer qu'il est possible d'établir certaines règles pour un énoncé tel que « le néant néantise » [1]. Il s'agit certes à chaque fois de possibilités envisageables en principe, comme le note Schlick :

> Lorsque l'utilisateur du langage peut indiquer des règles pour ses phrases, alors il peut les formuler de manière quelconque (par exemple il peut dire aussi : « le néant néantise », pourvu qu'il puisse dire comment cette phrase doit être vérifiée) [2].

Mais il est essentiel d'ajouter qu'il ne s'agit là précisément que d'une possibilité de principe, qui ne correspond nullement à la manière dont les règles sont effectivement formulées, ni les normes mises en place, au cours de l'évolution du langage. Un locuteur pourrait certes choisir d'établir de façon purement arbitraire de nouvelles règles et déterminer ainsi de façon nouvelle la manière dont ses énoncés peuvent être vérifiés; cependant, en procédant de la sorte, la communication s'avérera si ce n'est impossible, du moins extrêmement compliquée. Il devra préciser à chaque fois quelles sont les règles auxquelles il se réfère et qui déterminent la signification de ses énoncés.

Cela nous conduit à examiner un autre sens de la convention : celui d'accord partagé. Il est tout à fait approprié de dire que les normes linguistiques sont conventionnelles au sens où elles sont partagées par les locuteurs d'une communauté linguistique donnée. On peut même aller plus loin et affirmer que les règles sont conventionnelles au sens où elles doivent

1. Il s'agit d'un énoncé de Heidegger, discuté par Carnap dans un article paru en 1931 : « Le dépassement de la métaphysique par l'analyse logique du langage », trad. fr. B. Cassin *et alii*, dans A. Soulez (éd.), *Manifeste du Cercle de Vienne et autres écrits*, Paris, PUF, 1985, p. 153-179; rééd. Paris, Vrin, 2010, p. 147-171.

2. M. Schlick, *Logik und Erkenntnistheorie*, *op. cit.*, p. 64.

pouvoir être acceptées par les locuteurs d'un groupe linguistique. C'est là en effet une condition de la possibilité de la communication : la nécessité d'un accord partagé vient peser comme une contrainte supplémentaire sur la sélection naturelle de certaines normes, tout comme sur la formulation explicite de certaines règles. On trouve cette idée esquissée sous la plume de Schlick en 1932 :

> Aucun fait ne peut être « expression », si ce n'est en vertu d'un accord. Rien n'exprime *par soi-même* quelque chose. Aucune série de signes – qu'elle consiste en des sons humains, en des marques sur le papier ou en quelque autre élément naturel ou artificiel – n'est une « proposition » simplement en vertu de sa nature propre, si par « proposition » nous désignons ce qui « dit » quelque chose ou qui a un « sens ». Une série de marques ne peut devenir une proposition qu'en vertu d'un accord qui attribue une signification aux signes isolés et une grammaire à la façon dont ils sont combinés [1].

Cependant, si l'on restreint l'idée de convention à celle d'accord partagé, n'est-on pas finalement conduit à adopter une position relativiste, incompatible avec le réalisme empirique en faveur duquel nous nous sommes prononcés plus haut [2] ? Afin d'écarter ce risque, il faut préciser que la raison pour laquelle les règles sont acceptées par les locuteurs d'une communauté linguistique, de même que la raison pour laquelle certaines normes survivent au détriment d'autres, tient précisément au fait qu'elles ont une efficacité pratique supérieure, *i.e.* qu'elles garantissent que les buts des différents usages linguistiques pourront être atteints de la façon la plus appropriée. Pour ce qui concerne l'usage cognitif, cela signifie qu'elles garantissent une description plus adéquate des choses et des événements du monde et, en ce sens, elles répondent bien à une contrainte extérieure, au sens du réalisme empirique.

Je voudrais indiquer à présent quelques pistes pour préciser le sens auquel on peut dire qu'une description est plus adéquate qu'une autre. Un premier critère est fourni par le fait que toutes les théories scientifiques ne permettent pas de faire les mêmes prédictions. Par exemple, la théorie de la relativité générale permet de prédire la déviation du périhélie de Mercure, alors que la théorie newtonienne ne le permet pas [3]. Un deuxième critère peut être établi sur la base du degré d'unification de la description du

1. M. Schlick, *Forme et contenu*, *op. cit.*, p. 67.

2. Voir section 5.4.

3. *Cf.* A. Einstein, *La Relativité. Théorie de la relativité restreinte et générale*, *op. cit.*, p. 175-176.

monde qu'une théorie permet d'obtenir, tel qu'il est déterminé par exemple par le rapport du nombre de prédictions et du nombre de prémisses de la théorie. Plus ce rapport est élevé, plus le degré d'unification de la théorie est grand. Dans la perspective du langage ordinaire, on mentionnera également le fait que certaines définitions permettent de réaliser une description plus adéquate que d'autres, au sens où la description obtenue est mieux adaptée aux pratiques de la communauté linguistique qui les adopte. Par exemple, les Inuits ont besoin de distinguer, pour des raisons pratiques liées à leurs conditions de vie, les différents types de neige et de glace auxquels ils peuvent avoir affaire et ils disposent à cet effet d'un ensemble de normes linguistiques et de règles définitionnelles plus complexes que les nôtres, et par conséquent mieux adaptées à la discrimination et à la description des différents états de neige et de glace – ce qui ne signifie bien sûr pas que nous soyons incapables de décrire, en français, les différentes types de glace et de neige observables, mais seulement que notre description est beaucoup moins « pratique » : elle implique par exemple d'avoir recours à des périphrases, à des expressions complexes, etc.[1].

Un principe supplémentaire, qui vient encore limiter le champ des possibles en matière de normes et de règles linguistiques, est celui selon lequel ces dernières doivent être établies de façon harmonieuse. J'ai eu l'occasion de souligner l'interdépendance mutuelle des différents types de normes et de règles linguistiques, due au fait qu'elles déterminent des aspects connexes de la signification (voir notamment section 3.4). Une conséquence de cela est que celles-ci doivent être établies de façon cohérente. En ce sens, ce qui vaut comme norme au sein d'un système linguistique donné est singularisé sur la base de la pratique des locuteurs envisagée comme un tout cohérent. On ne saurait donc ériger n'importe quelle phrase au statut de règle. En d'autres termes, la normativité doit être envisagée au niveau d'un système de normes ou de règles, et non au niveau d'une norme ou d'une règle isolée. Cela apparaît de manière particulièrement claire dans le cas du langage des théories scientifiques, dont nous avons souligné le degré de systématicité plus élevé que celui du langage ordinaire. Cependant, il n'y a pas de différence de principe entre les deux. Dans le cas du langage ordinaire également notre capacité à agir sur le système des normes ou des règles explicites est limitée par l'exigence de cohérence du système. Notre degré de liberté est certes plus élevé, puisque le degré de

1. Cela ne signifie pas non plus que nous ne décrivions pas la même réalité, seulement que nous nous y rapportons, au moyen du langage, d'une manière différente. Voir, sur ce point, la fin du chapitre 5 ci-dessus.

systématicité est en général moins élevé, mais ce n'est là précisément qu'une question de degré.

Rappelons enfin que c'est au niveau de la communauté linguistique que se déploie un système normatif. Cela signifie qu'une règle ne peut être introduite au titre de règle constitutive du langage que dans la mesure où elle s'accorde avec les règles précédemment admises comme telles par les membres de la communauté. Si ces derniers s'accordent éventuellement pour introduire de nouvelles règles qui ne sont pas compatibles avec les précédentes, ils seront conduits à modifier ces dernières de manière à obtenir un système cohérent, qui permettra une meilleure description du monde : c'est une situation que l'on rencontre de manière privilégiée dans le domaine des sciences. Le fait que les règles linguistiques soient partagées par les locuteurs d'une communauté permet de considérer par ailleurs qu'il est possible de disposer de critères d'identification pour ces règles. C'est ce que nous allons examiner plus en détail dans la section suivante.

7. IDENTIFICATION DES RÈGLES LINGUISTIQUES

Les normes linguistiques sont conventionnelles au sens où 1) elles sont partagées par les différents locuteurs d'une communauté linguistique donnée et 2) elles ne sont pas descriptives mais fixent les conditions de possibilité des usages linguistiques de premier ordre. J'ai également noté que ces normes n'étaient pas nécessairement formulées de manière explicite. Elles sont au contraire admises la plupart du temps de manière implicite dans le cadre du langage naturel. Comme le remarque Schlick : « Nous notons ici le fait remarquable qu'on ne les rencontre ni dans la science, ni dans la vie, à l'exception d'un usage purement rhétorique (ainsi, un orateur pourrait dire “Après tout, ce qui est noir n'est pas blanc”) »[1]. En tant qu'elles en fixent les conditions, les normes linguistiques se manifestent dans nos usages de premier ordre, sans avoir besoin d'être explicitement formulées. C'est là un signe du bon fonctionnement de la normativité linguistique : nous ne sommes heureusement pas tous les jours conduits à expliciter ou à préciser nos usages en formulant pour cela des règles précises.

1. M. Schlick, « Is There a Factual Apriori ? » (1932), trad. angl. W. Sellars dans M. Schlick, *Philosophical Papers*, vol. 2, Dordrecht, Reidel, 1979, p. 166.

En ce qui concerne les définitions structurelles de nos termes, Schlick affirme encore :

> À proprement parler, aucune de nos phrases portant sur la feuille verte n'exprime la structure interne du vert; néanmoins, elles la révèlent d'une certaine manière ou – pour utiliser une expression de Wittgenstein – elles la *montrent ouvertement*. La structure du « vert » se donne à voir dans les multiples possibilités d'emploi du mot « vert » : elle est révélée par sa grammaire. Un langage n'exprime certes pas sa propre grammaire, mais celle-ci se montre dans l'usage du langage [1].

On peut considérer avec Schlick qu'un premier critère d'identification des normes linguistiques est fourni par l'observation de la façon dont les locuteurs d'une communauté linguistique utilisent leurs énoncés. De cette manière, il est possible de déceler les conditions auxquelles ces derniers acceptent un énoncé comme vérifié, comment ils s'y prennent pour vérifier leurs énoncés à visée cognitive, ainsi que les associations conceptuelles qui y figurent.

Dans le cas du langage scientifique, il est souvent plus aisé d'identifier les phrases qui fonctionnent comme normes, en raison du fait que celles-ci sont plus à même d'être formulées de manière explicite au moyen de règles, ainsi que nous avons eu l'occasion de le souligner dans la section qui précède. Schlick note cette asymétrie entre les deux types de systèmes linguistiques de la manière suivante :

> Les règles n'ont pas besoin d'être communiquées à part pour les propositions de la vie quotidienne, car on les connaît de toute façon. Mais il en va autrement lorsque l'on établit des propositions scientifiques ou, en particulier, philosophiques; là, le philosophe doit être conscient qu'il est nécessaire de donner de manière séparée ces règles d'application. Dans les ouvrages scientifiques, il en va ainsi : ces règles, les définitions, se trouvent au début, de sorte que l'on peut toujours s'y reporter; cela est effectué dans ces ouvrages en fonction du degré de nécessité [2].

On peut néanmoins être conduit, même dans le cadre du langage ordinaire, à formuler explicitement les normes linguistiques sous la forme de règles. Si la question se pose de l'identification d'une certaine norme – et cela vaut pour le langage ordinaire comme pour le langage scientifique – une stratégie possible consiste en effet à interroger les locuteurs sur le statut qu'ils sont prêts à attribuer à la phrase en question. Dans sa réponse à Quine

1. M. Schlick, *Forme et contenu*, *op. cit.*, p. 51-52.
2. M. Schlick, *Logik und Erkenntnistheorie*, *op. cit.*, p. 52.

du volume Schilpp, Carnap décrit de la sorte la procédure qui permettrait à deux linguistes de tester empiriquement l'hypothèse selon laquelle la phrase (S_1) : « tous les corbeaux sont noirs » est une proposition analytique.

> Nous admettons que les deux linguistes s'accordent, sur la base d'expériences précédentes, sur le fait que X utilise les mots « tous » et « sont » dans leur sens ordinaire, et que X a affirmé de manière répétée la phrase S_1, et que par conséquent il la considère sans doute comme vraie. Maintenant, le premier linguiste formule l'hypothèse suivante :
> (5) « La phrase S_1 est analytique dans le langage *L* pour la personne X. »
> L'autre linguiste rejette cette hypothèse. Afin d'obtenir des preuves pertinentes pour (5), les linguistes disent à X : « M. Dupont nous a dit qu'il avait trouvé un corbeau qui n'était pas noir mais blanc, et qu'il allait vous le montrer demain. Révoquerez-vous alors votre assertion de S_1 ? » Considérons deux des réponses de X parmi les nombreuses réponses possibles qu'il pourrait donner :
> (6) « Je n'aurais jamais cru qu'il y avait des corbeaux blancs; et je ne le crois toujours pas tant que je n'en ai pas vu un moi-même. Dans ce cas, bien sûr, je devrais révoquer mon assertion. »
> (7) « Il ne peut pas y avoir de corbeaux blancs. Si un oiseau n'est pas noir, alors je ne l'appellerai pas un corbeau. Si M. Dupont dit que son corbeau n'est pas noir, alors (à supposer qu'il ne ment pas ou qu'il ne plaisante pas) son usage soit du mot "corbeau", soit du mot "noir" est différent du mien. »

Carnap conclut en ces termes :

> Il me paraît évident qu'une réponse comme (6) constituerait une preuve venant infirmer l'hypothèse (5), alors qu'une réponse comme (7) serait une preuve venant la confirmer. Il est donc clair que (5) est une hypothèse empirique qui peut être testée par des observations du comportement linguistique de X [1].

Une procédure analogue pourrait être utilisée afin de déterminer si une certaine phrase est tenue pour une règle linguistique ou pour un énoncé descriptif par les locuteurs d'une communauté linguistique. Mais on peut également rencontrer des règles linguistiques explicitement formulées dans des circonstances moins artificielles : lors des situations d'apprentissage ou lors des situations de désaccord.

Nous avons vu que les définitions d'usage pouvaient être considérées comme des règles fixant les conditions auxquelles un énoncé pouvait être accepté comme vérifié, et nous avons montré que de telles définitions pouvaient être explicitement formulées lors de l'apprentissage du langage

1. R. Carnap, « Replies », art. cit., p. 920.

ou lorsque les circonstances de la vérification effective n'étaient pas prévues par les règles auparavant disponibles (voir sections 3.2 et 3.3). Considérons à présent les cas de désaccord entre les locuteurs. La situation suivante, décrite par Schlick, peut être lue dans une telle perspective :

> Supposons qu'un explorateur nous assure qu'il est tombé par hasard, en Afrique, sur des lions de couleur jaune normale, qui étaient cependant également bleus de la tête aux pattes ! Quelle serait alors la situation ? Nous devrions bien sûr immédiatement indiquer que cela est impossible. Et s'il répondait que notre incrédulité était simplement due au fait qu'il se trouve que nous n'avons jamais eu l'occasion de voir une couleur qui était jaune de part en part, mais aussi entièrement bleue, cela ne nous conduirait pas à changer d'avis [1].

Plus exactement : cela ne nous conduirait pas à abandonner la norme selon laquelle une tache colorée ne peut être de deux tons de couleur différents au même endroit. Cependant, dans une telle situation, si nous voulions parvenir à un accord avec l'explorateur, ou tout du moins mettre au jour notre point de désaccord, nous serions conduits à formuler explicitement cette norme sous forme de règle, et à reconnaître que l'explorateur admet pour sa part une norme différente pour l'usage qu'il fait des mêmes termes de couleur – il pourra alors s'avérer que la norme utilisée par ce dernier permet une description moins adéquate que celle à laquelle nous pouvons parvenir au moyen des nôtres, car elle ne lui permet pas de différencier un objet jaune d'un objet bleu quant à sa couleur.

Grice et Strawson, dans un article écrit en réponse à la critique formulée par Quine, dans « Les deux dogmes de l'empirisme », à l'encontre de l'analyticité, montrent également que la distinction entre différents types d'énoncés se manifeste dans des usages ordinaires du langage et correspond à des pratiques linguistiques déterminées et identifiables. Ils imaginent le dialogue suivant pour montrer que certaines phrases ont un statut constitutif, différent de celui des énoncés cognitifs :

> Nous pourrions apprendre à notre élève à imaginer deux conversations, l'une commençant par l'affirmation suivante faite par la personne (X) :
> (1) « L'enfant de mon voisin, âgé de trois ans, comprend la théorie des types de Russell »,
> et l'autre qui commence par l'affirmation suivante faite par la personne (Y) :
> (1') « L'enfant de mon voisin, âgé de trois ans, est un adulte. »

1. M. Schlick, « Is There a Factual Apriori ? », art. cit., p. 166-167.

> Il ne serait pas inadéquat de répondre à (X) en prenant sa remarque comme une hyperbole :
> (2) « Vous voulez dire que l'enfant est un garçon particulièrement éveillé. »
> Si X devait répondre :
> (3) « Non, je veux bien dire ce que je dis – il comprend vraiment la théorie des types »,
> on pourrait être tenté de répondre :
> (4) « Je ne vous crois pas, la chose est impossible. »
> Mais si on faisait paraître l'enfant, et s'il exposait alors la théorie correctement (comme on sait qu'il ne le ferait pas), s'il répondait à des questions, la critiquait, etc., on serait finalement forcé de reconnaître que l'affirmation était littéralement vraie, et que l'enfant était un prodige. Considérez maintenant la réaction que l'on pourrait avoir à l'affirmation de Y. Pour commencer, la situation pourrait être analogue au cas précédent. On pourrait dire :
> (2') « Vous voulez dire qu'il est exceptionnellement raisonnable ou très avancé pour son âge. »
> Si Y répondait :
> (3') « Non, je veux dire ce que je dis »,
> nous pourrions répondre :
> (4') « Peut-être voulez-vous dire qu'il ne grandira plus, ou qu'il est bizarre, ou qu'il est déjà complètement développé ? »
> Y répond :
> (5') « Non, il n'est pas bizarre, c'est juste un adulte. »
> En ce point – ou, si nous sommes patients, peut-être un peu plus tard –, nous serions enclins à dire que nous ne comprenons tout simplement pas ce que dit Y, et nous serions tentés de suspecter qu'il ne comprend tout simplement pas le sens de certains des mots qu'il utilise. Car à moins qu'il ne soit prêt à admettre qu'il utilise ses mots en un sens figuratif ou inhabituel, nous devrions dire non pas que nous ne le croyons pas, mais que ses mots n'ont *aucun* sens [1].

Cet exemple est instructif à deux titres : il apparaît en premier lieu que l'on comprend ce que dit X parce que l'on sait comment on pourrait procéder pour tester son affirmation et établir qu'elle est vérifiée ; il s'agit donc bien d'un énoncé cognitif et nous pouvons indiquer la manière dont il pourrait être vérifié telle qu'elle est déterminée par des normes partagées. En second lieu, si l'on ne comprend pas l'affirmation de Y, c'est parce que l'on ne sait pas comment on pourrait la tester, ni dans quelles conditions on pourrait la

1. P. Grice and P.F. Strawson, « In Defence of a Dogma », *The Philosophical Review*, vol. 65, n° 2, 1956, p. 150-151.

tenir pour vérifiée. Aucune des normes dont nous disposons ne permet d'établir sa vérifiabilité. Il ne s'agit donc pas d'un énoncé cognitif. Même plus, il s'agit d'une phrase contradictoire, au sens où la définition dont nous disposons pour le terme « enfant » exclut qu'un même individu puisse être qualifié au même moment d'« enfant » et d'« adulte ».

Dans un tel cas, si l'on veut rendre cohérente la position de Y, on devra admettre qu'il accepte pour ces termes d'autres définitions que les nôtres. On sera alors conduit à formuler de manière explicite la définition que nous acceptons pour les termes « enfant » et « adulte » afin de mettre au jour notre point de désaccord avec Y. On notera de plus que si Y en vient à formuler les définitions qu'il prétend adopter pour sa part, il ne pourra s'agir que de règles purement arbitraires, incompatibles avec celles admises au sein de notre communauté linguistique. Cela signifie que, si ses définitions devaient jamais permettre une description cohérente et appropriée du monde, Y devrait procéder à une modification d'un grand nombre des autres règles communément admises afin de parvenir à établir un système harmonieux lui permettant de donner véritablement un sens à ses énoncés. Si c'était le cas, nous pourrions nous interroger pour savoir si les règles admises par Y permettent une meilleure description des enfants et des adultes que celles que nous admettons, et il est vraisemblable que la réponse serait négative.

Ces deux exemples de désaccord témoignent de situations dans lesquelles un locuteur va délibérément à l'encontre des normes en vigueur dans sa communauté linguistique. Dans les deux cas, il apparaît que nous pouvons être conduits à formuler explicitement les règles que nous admettons, ce qui atteste de la pertinence de l'idée selon laquelle nous accordons bien des statuts différents aux différentes phrases de notre langage.

On peut encore mentionner d'autres cas de désaccords effectifs, dus au fait que, au niveau de la communauté linguistique, l'usage de certains termes, la manière dont certains énoncés peuvent être vérifiés, ou encore ce qui vaut comme procédure de vérification canonique d'un énoncé, n'est pas établi de façon claire et univoque, ou de façon suffisamment précise. Une telle imprécision laisse une marge de manœuvre à chaque locuteur individuel pour choisir d'utiliser ses termes d'une façon ou d'une autre, en adoptant pour cela des règles implicites qui lui sont propres. Cela signifie que les normes en vigueur au niveau de la communauté linguistique ne fournissent pas une partition exhaustive de l'ensemble des phrases en règles d'un côté, énoncés de l'autre, et qu'il est en conséquence possible que certaines phrases aient un statut ambigu, et soient admises comme règles par certains, comme énoncés par d'autres, ou tout simplement que leur statut reste indécidé. Dans des cas de ce genre, on peut parler de processus de complémentation des normes linguistiques par un locuteur individuel. Un tel processus consiste, pour un locuteur donné, à compléter le système des normes disponibles au niveau de la communauté afin de préciser la signification de ses énoncés dans certains contextes spécifiques. Lorsque la nécessité s'en fera sentir, on pourra alors être conduit à formuler explicitement le statut que l'on accorde à la phrase en litige. Mais, qu'il soit explicite ou non, ce processus ne peut en aucun cas être arbitraire s'il doit conduire à des résultats probants : la principale contrainte qui pèse sur lui est de devoir être effectué en harmonie avec les normes et les règles déjà admises au niveau de la communauté considérée – comme c'est apparu de façon manifeste dans les exemples précédents. En outre, une fois que chacun des locuteurs sera parvenu à identifier clairement les règles qu'il admet pour sa part, on pourra se demander si certaines sont plus appropriées que d'autres, *i.e.* si elles permettent une meilleure description des faits concernés. Par conséquent, une discussion est possible pour parvenir à un accord quant aux règles qu'il est plus adéquat d'admettre au titre de la complémentation des normes implicites partagées par l'ensemble des membres de la communauté linguistique. Rappelons enfin qu'une telle complémentation est à chaque fois effectuée en vue d'un usage ou d'un objectif spécifiques, et doit en conséquence être appropriée au contexte particulier dans lequel elle s'insert et fonctionne.

Considérons un exemple de processus de complémentation. Jusqu'à l'été 2006, le terme « planète » était défini de la manière suivante : « une planète est un corps céleste du système solaire, sans lumière propre et décrivant autour du soleil une orbite elliptique ». Au vu d'observations nouvelles, il s'est avéré que cette définition manquait de précision : elle ne permettait pas d'apporter une réponse à la question de savoir si Cérès, un gros astéroïde d'un peu moins de 1000 kilomètres de diamètre, situé entre Mars et Jupiter, ou bien le corps céleste 2003 UB 313, encore appelé Xena et récemment découvert aux confins du système solaire, devaient ou non être décrits comme des planètes. On se trouvait dans une situation dans laquelle certaines observations étaient réalisées qui n'étaient pas prévues par la définition du terme « planète ». En conséquence, la question de savoir si l'énoncé « on a découvert une nouvelle planète » était vérifié ou non par ces nouvelles observations restait sans réponse.

Une telle imprécision dans la définition laissait les astronomes libres de compléter comme bon leur semblait les normes en usage dans leur communauté scientifique. Mais cela a fini par avoir pour conséquence une plurivocité gênante, source de désaccords potentiels et de mécompréhension entre ces scientifiques. Ces derniers ont alors estimé nécessaire de se mettre d'accord sur l'adoption d'une règle plus précise afin de préserver les conditions d'une communication efficace entre eux. Une communauté d'experts s'est réunie à Prague au cours de l'été 2006 et elle est parvenue à un accord sur une nouvelle définition du terme « planète », plus précise, et permettant de décrire adéquatement les différents corps célestes en mesure d'être observés à ce jour. Selon cette nouvelle définition, quatre conditions doivent être remplies par un corps céleste pour pouvoir être désigné par le terme « planète » :

> (1) être « en orbite autour du Soleil », (2) avoir « une masse suffisante pour que sa gravité l'emporte sur les forces de cohésion du corps solide et le maintienne en équilibre hydrostatique, sous une forme presque sphérique », et (3) « avoir éliminé tout corps susceptible de se déplacer sur une orbite proche » [1].

La quatrième condition est que le corps en question ne soit pas un satellite d'une autre planète, comme le sont par exemple la Lune ou Titan, le satellite de Saturne. Or cette nouvelle définition, fruit d'un accord conventionnel explicite, modifie les modalités de la vérifiabilité d'un énoncé dans lequel figure le terme « planète ». Cela vaut par exemple pour l'énoncé a) « la Terre est une planète », aussi bien que pour l'énoncé b) « Pluton est une planète ». Dans les deux cas, la procédure de vérification, ainsi que les conditions auxquelles on tiendra l'énoncé pour vérifié, ont été modifiées; et la signification cognitive de chacun de ces énoncés s'est vue modifiée en conséquence. En outre, alors que (a) continue d'être accepté comme vrai sur la base de la nouvelle règle définitionnelle, (b) ne l'est plus, car Pluton ne remplit pas la troisième condition de la nouvelle définition. En d'autres termes, la classe des énoncés acceptés comme vrais varie en fonction de la règle définitionnelle adoptée. Les normes linguistiques n'ont donc pas seulement une incidence sur la signification de nos énoncés, elles ont aussi un effet sur les énoncés que l'on accepte comme vrais – conformément à la version du vérificationnisme que nous avons défendue. Cela ne signifie bien sûr pas, contrairement à ce que l'on a pu lire ou entendre à cette occasion, que la réalité a été modifiée : la nouvelle définition concerne non pas la réalité, mais la manière dont nous nous y rapportons. Pluton reste Pluton, le corps céleste n'est pas affecté par la règle adoptée, simplement il est

1. Texte de résolution adopté le 14 août 2006 à Prague par les 2500 astronomes de l'Union astronomique internationale (UAI), cité dans un article du *Figaro* daté du 25 août 2006.

décrit dorénavant de manière différente, nous nous rapportons différemment à ce même objet. Le lien entre référence et signification tel qu'il est envisagé dans la perspective du réalisme empirique se voit également illustré de manière particulièrement claire ici.

Cet exemple nous donne en outre l'occasion de souligner que l'on peut établir une distinction entre les règles qui sont acceptées comme telles par l'ensemble des locuteurs d'une communauté linguistique et celles qui sont acceptées comme telles par un sous-groupe seulement de cette communauté. Vraisemblablement, la nouvelle définition de « planète » n'est communément acceptée que par un sous-groupe compétent de la communauté linguistique : les astronomes. D'un autre côté, on peut considérer que des règles telles que « une tache rouge n'est pas verte », ou « une chose est rouge si elle donne lieu à une certaine perception par un individu doué de facultés perceptives normales et sous une lumière blanche » seront acceptées comme telles par l'ensemble des locuteurs. En revanche, et pour prendre un autre exemple, une règle telle que « un électron est une particule sub-atomique de charge 10^{-16} Coulombs » sera acceptée par l'ensemble des membres du groupe des physiciens, mais non par l'ensemble des locuteurs de la communauté linguistique. De manière corrélative, seuls les membres du groupe des physiciens pourront indiquer avec précision les modalités de la vérification d'un énoncé décrivant le mouvement des électrons autour du noyau d'un atome. Cela signifie que seuls ces derniers sont en mesure de déterminer de façon précise la signification cognitive d'un tel énoncé. Il apparaît donc, de manière générale, que la procédure à suivre pour pouvoir vérifier certains énoncés ne peut être indiquée de façon précise que par les membres d'un sous-groupe qualifié de la communauté linguistique, qui maîtrisent et sont d'accord sur un certain nombre de règles constitutives spécifiques. Les autres locuteurs devront quant à eux faire appel aux experts membres de ce groupe s'ils veulent pouvoir assigner une signification cognitive précise aux énoncés pour lesquels ils ne sont pas en mesure d'indiquer des règles déterminées.

Carnap décrit de la manière suivante la façon dont le langage utilisé dans le cadre de pratiques scientifiques, la chimie en l'occurrence, évolue vers un plus grand degré de précision grâce à la formulation de règles explicites :

> Pour les substances élémentaires, on a d'abord sélectionné de plus en plus clairement comme définitionnelles certaines propriétés expérimentales, par exemple le poids atomique, plus tard la position dans le tableau de Mendeleïev. Plus tard encore, avec la distinction des différents isotopes, on a tenu pour définitionnelle la composition du noyau, caractérisée,

> disons, par le nombre de protons (le nombre atomique) et le nombre de neutrons [1].

Cette citation illustre une fois encore le fait que l'acquisition du statut de règle se fait au cours de l'évolution du langage et plus spécifiquement, dans le cas de la science, par la formulation de conventions explicites. D'un autre côté, on notera que la plupart des normes linguistiques du langage ordinaire résultent d'un processus de sédimentation de l'usage et, de ce point de vue, on pourra distinguer différentes parties du langage naturel, par exemple les idiomes techniques et les idiomes de la vie de tous les jours, en fonction de la proportion relative de normes implicites et de règles explicites qui les déterminent. Il ne s'agit toutefois pas d'une différence tranchée mais d'une question de degré. En outre, nous avons eu l'occasion de souligner que, dans le cadre du langage ordinaire, le degré de systématicité et de précision des normes était moindre que dans le cas d'une théorie scientifique dont les principes et les postulats sont clairement et explicitement formulés. J'ajouterai qu'un langage artificiel constitue de ce point de vue un cas limite, puisqu'on vise alors à établir une reconstruction rigoureuse et précise d'un état donné de l'évolution du langage en faisant abstraction de l'imprécision mais aussi de la plasticité du langage naturel. Le statut de chaque phrase du système, règle ou énoncé, est alors établi de manière à la fois exclusive et exhaustive. Cependant, il ne s'agit là encore que d'une différence de degré de systématicité, qui dépend de l'objectif spécifique à chaque fois poursuivi.

Nous avons en outre évoqué que, dans le système des normes du langage naturel, les espaces laissés en friche au niveau de la communauté linguistique pouvaient être investis par un locuteur individuel. Un processus de complémentation permettra alors à chacun de déterminer si, dans un contexte donné, une phrase fonctionne comme règle ou comme énoncé. Cela signifie qu'une même phrase peut être admise par un même locuteur, en fonction des contextes de son occurrence, soit comme règle, soit comme énoncé ; et, dans un même contexte, elle peut également être reconnue par différents locuteurs soit comme règle soit comme énoncé. Par exemple, dans un certain contexte d'usage, il est possible qu'un locuteur admette la phrase « l'eau est une substance de formule atomique H_2O » au nombre des règles qui déterminent la signification du mot « eau », alors qu'un autre locuteur verra là l'expression d'un énoncé à visée informative. Cependant, dans un tel cas, les locuteurs peuvent très bien expliciter le statut qu'ils

1. R. Carnap, « Signification et synonymie dans les langages naturels », art. cit., p. 361.

attribuent à la phrase si la nécessité s'en fait sentir, c'est-à-dire si leurs attributions respectives les conduisent à un désaccord ou à un malentendu.

Une situation caractéristique d'un désaccord de ce type nous est fournie par l'exemple donné par Putnam dans l'article « Sur la signification de signification » paru en 1975. Sur une planète éloignée de la Terre, que Putnam appelle « Terre Jumelle », on admet que l'on observe une substance qui présente exactement les mêmes caractéristiques phénoménales que la substance que nous appelons « eau » sur Terre : elle est transparente, désaltérante, sans odeur, etc. Cependant, elle a pour formule moléculaire XYZ. Dira-t-on que l'on a affaire à de l'eau ? Il est vraisemblable que la réponse variera en fonction 1) des locuteurs à qui on pose la question, 2) du contexte dans lequel elle est posée. Mais dans tous les cas, la réponse donnée dépendra de ce qu'on accepte la phrase *p* : « l'eau est une substance de formule atomique H_2O » comme règle – auquel cas on considérera qu'il n'est pas approprié de décrire la substance découverte sur Terre Jumelle comme de l'eau –, ou comme énoncé à visée cognitive – auquel cas on sera amené à réviser la valeur de vérité que l'on attribuait à *p*[1].

Dans un contexte scientifique, les locuteurs pourront sans doute se mettre d'accord pour admettre *p* au nombre des règles définitionnelles devant être respectées. Mais dans le cas d'un usage ordinaire, on privilégiera certainement la règle selon laquelle « l'eau est une substance liquide à température ambiante, transparente, désaltérante, sans odeur, etc. », car elle suffit à garantir un usage du terme qui soit approprié aux objectifs poursuivis dans les contextes ordinaires. Cela signifie que les conditions de vérification d'un énoncé tel que « cette substance est de l'eau » peuvent varier en fonction du contexte de son occurrence, en particulier en fonction du degré de précision requis lors de son énonciation. Par conséquent, ce même énoncé n'a pas tout à fait la même signification cognitive dans chacun des cas considérés, même s'il est manifeste que les différentes significations et les différents types de règles qui valent pour lui sont complémentaires. Ainsi, les règles admises dans le cadre de l'usage scientifique viennent préciser celles qui valent dans le cadre de l'usage ordinaire, *i.e.* elles viennent apporter une détermination supplémentaire en formulant un nouveau critère d'application du terme, qui vient s'ajouter à ceux admis à l'ordinaire.

1. On retrouve ici la distinction examinée plus haut entre révision d'une règle et révision d'un énoncé cognitif. Cet exemple peut également être rapproché de celui des corbeaux noirs, donné par Carnap et présenté au début de cette section.

L'usage que je viens de faire de l'exemple de l'eau sur Terre Jumelle n'est pas orthodoxe. Alors que Putnam l'utilise pour défendre l'idée selon laquelle les termes d'espèce naturelle ont une signification déterminée par leur référence directe, posant ainsi les prémisses d'une théorie causale de la référence, je l'ai utilisé pour appuyer la version du vérificationnisme et du normativisme linguistique élaborée au cours de cet ouvrage. Cela témoigne à mon sens de ce que ces différentes conceptions de la signification ne représentent pas des théories à proprement parler, mais diverses interprétations possibles de nos pratiques linguistiques. Elles prennent comme point de départ les mêmes faits empiriques, en particulier linguistiques, et les inscrivent dans un contexte explicatif différent. Affirmer cela n'empêche pas de maintenir que la stratégie interprétative que je propose est plus adéquate que celle de Putnam, au sens où elle correspond mieux à nos intuitions pré-systématiques ainsi qu'à nos pratiques linguistiques effectives, selon lesquelles la signification cognitive dépend tout autant des faits désignés que de la manière dont ils le sont et donc, finalement, du langage utilisé. En particulier, les exemples qui viennent d'être discutés viennent asseoir l'idée selon laquelle il est possible d'établir empiriquement quelles phrases sont acceptées comme règles et quelles phrases sont acceptées comme énoncés cognitifs par les locuteurs d'une communauté linguistique donnée. Dans cette mesure, ils attestent du fait qu'il est possible de distinguer les phrases qui valent comme énoncés à visée cognitive et celles qui valent comme normes constitutives de la signification de ces derniers. Le normativisme linguistique apparaît finalement comme une interprétation adéquate du fonctionnement du langage, que celui-ci soit envisagé en tant que langage naturel ou en tant que langage formel, dans ses usages ordinaires comme scientifiques, et, de ce fait, le vérificationnisme constructif se voit établi pour fournir une explicitation des modalités spécifiques de la signification de nos énoncés à visée cognitive.

CONCLUSION

Dans l'introduction à cet ouvrage, j'ai affirmé que mon objectif était de proposer une *explication* et non une *théorie* de la signification cognitive. Cette affirmation se voit finalement confirmée à deux titres. Premièrement, il est apparu que les normes linguistiques et le contexte d'occurrence d'un énoncé jouaient un rôle décisif pour déterminer plus avant sa vérifiabilité, et donc les modalités spécifiques de sa signification cognitive. Pour cette raison, il ne saurait être question de *théorie* de la signification : ce en quoi consiste précisément la signification d'un énoncé ne peut être déterminé qu'en faisant appel au contexte de son occurrence, et non par une procédure de décision abstraite qui vaudrait pour tout proposition d'un système linguistique donné. S'il est possible de mettre au jour certains principes permettant de clarifier nos attributions de signification, cela n'équivaut pas à donner une réponse générale à la question de savoir quelle est la signification de tout énoncé donné d'un langage, ni une procédure de décision générale pour y répondre.

En outre, la clarification de la notion de signification cognitive à laquelle je me suis attachée prend pour point de départ l'idée selon laquelle ce que cela signifie de dire qu'un énoncé a un sens ne peut être envisagé indépendamment du type d'usage qui en est fait. Ce n'est donc non pas une théorie générale de la signification qui était visée, mais l'explicitation de certaines intuitions présystématiques que nous pouvons avoir au sujet de la signification. Une telle position se déploie à partir de l'intuition plus fondamentale selon laquelle le langage est un *instrument de communication*, et non pas un outil de *représentation* du monde. Mon but n'était dont pas d'élucider la teneur d'un certain type de contenu représentationnel, mais plutôt de mettre au jour les rouages d'un certain mode de fonctionnement linguistique.

Cette position ouvre la voie à de nouvelles perspectives dans l'optique d'une conception vérificationniste renouvelée. En particulier, les modalités spécifiques de la vérification des différents types d'énoncés cognitifs dans les contextes ordinaires et scientifiques demanderaient à être caractérisées plus avant. Pour cela, il faudrait procéder à un examen détaillé des différents types de contextes dans lesquels on rencontre des énoncés à visée cognitive, ainsi que des objectifs d'un tel usage. Je n'ai procédé en ce sens qu'à une première esquisse de la version holiste modérée du vérificationnisme. Cependant, j'espère avoir ainsi fourni une cartographie utile de ce type de position et montré, plus généralement, que le vérificationnisme pouvait se présenter comme une option viable, qui mérite d'être défendue face aux autres conceptions disponibles de la signification – et qui s'avère même plus conforme à nos pratiques et à nos intuitions. Il est important de préciser que cela implique de concevoir le vérificationnisme non pas comme une approche complète et exhaustive, se suffisant à elle-même, mais au contraire comme une position qui trouve sa place dans un cadre plus général, selon lequel la signification d'un énoncé se modélise selon le type d'usage qui en est fait et est déterminée sur la base des normes qui valent pour lui dans le contexte spécifique dans lequel il figure. Le vérificationnisme constructif vient ainsi préciser, pour un certain type d'usage linguistique, les principes généraux de la signification de nos énoncés.

Les empiristes logiques n'ont accordé que peu d'attention, voire aucune, à l'idée selon laquelle la signification d'un énoncé dépendait de son usage. Cependant, les positions de Carnap et de Schlick ont constitué une source d'inspiration importante pour l'élaboration de l'intuition selon laquelle le vérificationnisme ne peut être envisagé indépendamment d'une forme de normativisme linguistique. En m'efforçant d'appuyer la version du vérificationnisme que j'ai esquissée sur les tentatives faites dans le même sens par ces auteurs, et en m'attachant à mettre en valeur tout au long de ma discussion les éléments de leurs positions qui me semblaient pertinents, j'ai voulu aller à l'encontre de l'idée communément répandue selon laquelle l'empirisme logique serait un mouvement philosophique dépassé, et j'espère être parvenue à montrer que les positions de ces auteurs ont ouvert des voies de réflexion fructueuses qui restent encore à explorer plus en détail.

En particulier, il me semble possible et même nécessaire de donner un second souffle aux conceptions de la rationalité cognitive et scientifique

que ces auteurs se sont attachés à promouvoir. En rejetant dans le même mouvement a) leurs positions sur certains points particuliers et b) leur conception générale de la science comme connaissance objective du monde, établie et validée sur la base de l'expérience, on court en effet le risque de se voir embrasser une forme de constructivisme qui ne permet plus de rendre raison de l'entreprise de connaissance en tant qu'entreprise rationnelle visant à l'objectivité. D'un autre côté, si l'on veut défendre une telle conception de la science sans se heurter aux limites qu'ont rencontrées les empiristes logiques, il est nécessaire de ne pas limiter l'analyse au seul langage de la science, mais de l'intégrer à une perspective plus compréhensive, non seulement sur le langage mais aussi sur la connaissance en général, en ouvrant pour cela l'analyse à la prise en considération des pratiques linguistiques et cognitives dans leur ensemble et dans leur diversité.

Le réalisme empirique sur lequel se fonde le vérificationnisme constructif, et qu'il permet d'asseoir en retour, me semble en outre mériter une attention particulière : en se positionnant comme une attitude naturelle et non métaphysique, il se présente comme une position forte pour rendre compte de la signification cognitive d'une manière conforme à nos intuitions de sens commun, ordinaires comme scientifiques, en ce qui concerne l'objet de notre connaissance et de notre discours cognitif, et, plus fondamentalement, l'objectivité de la connaissance que nous avons du monde. Dire qu'un énoncé est vérifiable, cela implique en effet, dans cette perspective, que l'on puisse déterminer s'il désigne effectivement des choses ou des événements du monde dans lequel nous évoluons, et qui sont admis comme *réels*, en un sens non métaphysique du terme, parce qu'ils peuvent donner lieu à certaines observations. Il est ainsi possible de rendre compte de la *référence* de nos énoncés de connaissance sans faire de celle-ci un substrat indépendant, mais en signifiant seulement par là que nos énoncés de connaissance portent sur des éléments du monde auxquels nous nous rapportons sur un mode spécifique lorsque nous les décrivons au moyen d'énoncés cognitifs.

Le vérificationnisme constructif permet également de préciser le type d'influence qu'exerce l'expérience sur la détermination de la signification cognitive, tout en induisant un changement de perspective radical par rapport à un empirisme traditionnel, aussi bien phénoménaliste que réductionniste. Selon le vérificationnisme constructif, l'expérience exerce bien une contrainte sur la détermination du sens des énoncés à visée cognitive, dans la mesure où ces derniers doivent pouvoir être justifiés sur la base d'énoncés d'observation. Néanmoins, j'ai montré d'une part que le rôle joué par l'expérience pour l'acceptation des énoncés d'observation était déterminé conformément à certaines normes – même si ces dernières peuvent être modifiées et précisées au vu d'expériences nouvelles, ce qui signifie qu'il y a un mouvement de détermination mutuelle et réciproque entre normes et conditions empiriques de la vérification – et, d'autre part, que les énoncés cognitifs ne pouvaient être dérivés à partir d'un ensemble fini d'énoncés d'observation. En d'autres termes, les énoncés à visée cognitive ne sont pas établis sur la base de la seule expérience, même si, pour avoir un sens en tant que tels, ils doivent pouvoir être mis à l'épreuve de l'expérience. Le vérificationnisme constructif comporte ainsi une dimension normative, qui n'est pas posée *a priori* ni de manière abstraite, mais vise à refléter le propre de la rationalité à l'œuvre dans les procédures de validation empirique et de justification de notre connaissance du monde.

J'ai également eu l'occasion de discuter à plusieurs reprises des principes méthodologiques qui ont guidé mon analyse. En particulier, j'ai insisté sur la parenté de mon approche avec le programme carnapien de reconstruction rationnelle, et sur sa différence d'avec un naturalisme qui se définirait par son caractère exclusivement descriptif et par son statut d'immanence à l'égard de son objet d'étude. L'approche que j'ai défendue suppose d'adopter une attitude réflexive par rapport à son objet, afin d'être en mesure d'en restituer la cohérence. Elle implique également de dépasser la conception dualiste qui consiste à opposer questions de langage d'un côté et questions de fait de l'autre : une attention à nos usages linguistiques et à leur diversité est tout aussi nécessaire qu'une prise en considération des faits empiriques au contact desquels ceux-ci se déploient. Et même plus : les usages et pratiques linguistiques ne sont pas moins factuels que les faits qui font l'objet d'un examen scientifique – la preuve en est qu'ils peuvent également constituer l'objet d'une étude empirique telle que la linguistique. Conformément à cela, je serais prête à défendre l'idée selon laquelle les problèmes philosophiques sont, de manière générale, tout autant des questions de faits empiriques que des questions de langage, et que la solution qu'ils appellent consiste à articuler de manière maximalement cohérente les faits empiriques qui nous sont livrés par l'examen scientifique et les faits linguistiques qu'un examen de nos usages permet de mettre au jour. Mais il est essentiel de noter que ces faits ne viennent en aucun cas exercer une contrainte univoque sur l'interprétation proposée. Par conséquent, si une telle interprétation ne saurait prétendre être vraie ou correcte – pas plus qu'aucune des autres conceptions de la signification que l'on peut proposer – elle peut en revanche s'avérer plus éclairante et plus appropriée que d'autres, au sens où elle fournit une image à la fois plus cohérente et plus adéquate des intuitions présystématiques qui en guident l'élaboration d'une part, et où elle a pour résultat, d'autre part, la mise en place de normes explicites qui s'avèrent permettre une caractérisation appropriée de nos usages et de nos pratiques. On peut espérer que le vérificationnisme retrouve de ce fait la place qui lui revient dans les débats philosophiques sur la signification de nos énoncés assertoriques.

BIBLIOGRAPHIE

AUSTIN J.L., *Quand dire c'est faire* (1962), trad. fr. G. Lane, Paris, Seuil, 1971 ; rééd. avec une postface de F. Récanati, 1991.

AYER A.J., *Logical Positivism*, Glencoe (Ill.), The Free Press, 1959.

BENOIST J., « Schlick et la métaphysique », *Les Études philosophiques*, 3, 2001, p. 301-316.

BERNARD Cl., *Introduction à l'étude de la médecine expérimentale* (1895), Paris, Flammarion, 1993.

BOGHOSSIAN P., « Analyticity Reconsidered », *Noûs*, vol. 30, n° 3, 1996, p. 360-391.

– « Logicality and Invariance », *Bulletin of Symbolic Logic*, vol. 14, n° 1, 2008, p. 29-68.

— and PEACOCKE Ch. (eds.), *New Essays on the Apriori*, Oxford, Oxford UP, 2000.

BONNAY D., « Carnap's Criterion of Logicality », dans P. Wagner, *Carnap's Logical Syntax of Language*, Basingstoke, Palgrave-MacMillan, 2009.

BONNET Ch. et WAGNER P. (éds.), *L'Âge d'or de l'empirisme logique*, Paris, Gallimard, 2006.

BOUVERESSE J., « La théorie et l'observation dans la philosophie des sciences du positivisme logique », dans F. Châtelet, *Le XXe siècle. Histoire de la philosophie VIII*, Paris, Hachette, 1973, p. 76-134.

– *Le Mythe de l'intériorité*, Paris, Minuit, 1976.

– *La Force de la règle*, Paris, Minuit, 1987.

– *Langage, perception et réalité*, t. 1, Nîmes, Éditions J. Chambon, 1995.

– « Moritz Schlick et le problème des propositions synthétiques *a priori* », dans F. Nef et D. Vernant, *Le Formalisme en question*, Paris, Vrin, 1998, p. 215-243.

— CHAPUIS-SCHMITZ D. et ROSAT J.-J. (éds.), *L'Empirisme logique à la limite. Schlick, le langage et l'expérience*, Paris, Éditions du CNRS, 2006, p. 87-108.

BRANDOM R., *Making It Explicit*, Cambridge (Mass.)-Londres, Harvard UP, 1994.

BRIDGMAN P.W., *The Logic of Modern Physics*, New York, MacMillan, 1927.

CARNAP R., « Über die Aufgabe der Physik und die Anwendung des Grundsatzes der Einfachstheit », *Kant-Studien*, 28, 1923, p. 90-107.

– *Physikalische Begriffsbildung*, Berlin, Karlsruhe, 1926.

– *La Construction logique du monde* (1928), trad. fr. Th. Rivain, revue par E. Schwartz, Paris, Vrin, 2002.

– *Scheinprobleme in der Philosophie: Das Fremdpsychische und der Realismusstreit*, Berlin, Weltkreis, 1928; rééd. dans Carnap, *Scheinprobleme in der Philosophie und andere metaphysikkritische Schriften*, Th. Mormann (ed.), Hambourg, Felix Meiner, 2004.

– « Die alte und die neue Logik », *Erkenntnis*, 1, 1930, p. 12-26.

– « Le dépassement de la métaphysique par l'analyse logique du langage » (1932), trad. fr. B. Cassin *et alii*, dans A. Soulez (éd.), *Manifeste du Cercle de Vienne et autres écrits*, Paris, PUF, 1985, p. 153-179; rééd. Paris, Vrin, 2010, p. 147-171.

– « La langue de la physique comme langue universelle de la science » (1932), trad. fr. D. Chapuis-Schmitz, dans Ch. Bonnet et P. Wagner (éds.), *L'Âge d'or de l'empirisme logique*, Paris, Gallimard, 2006, p. 321-362.

– « Psychologie in physikalischer Sprache », *Erkenntnis*, 3, 1932, p. 107-142; trad. angl. G. Schick, « Psychology in Physical Language », dans A.J. Ayer, *Logical Positivism*, Glencoe (Ill.), The Free Press, 1959.

– « Über Protokollsätze », *Erkenntnis*, 3, 1932, p. 215-228.

– *Logische Syntax der Sprache*, Vienne, Springer, 1934; trad. fr. J. Bouveresse, *La Syntaxe logique du langage*, Paris, Gallimard, à paraître.

– « La tâche de la logique de la science » (1934), trad. fr. S. Colas et P. Wagner, dans S. Laugier et P. Wagner (éds.), *Philosophie des sciences*, vol. 1, Paris, Vrin, 2004, p. 194-229.

– *Philosophy and Logical Syntax*, Londres, Kegan Paul-Trench-Trubner, 1935.

– « Science formelle et science du réel » (1935), trad. fr. P. Wagner, dans Ch. Bonnet et P. Wagner (éds.), *L'Âge d'or de l'empirisme logique*, Paris, Gallimard, 2006, p. 451-459.

– « Verification and the Unity of Science », conférence prononcée dans le cadre du Colloquium Ch. Morris, à Chicago, le 11 février 1936, *University of Pittsburgh, Archives de Philosophie Scientifique*, RC 081-03-02.

– « Testability and Meaning », *Philosophy of Science*, 3, 1936, p. 419-471; 4, 1937, p. 1-40.

– « On Inductive Logic », *Philosophy of Science*, vol. 12, n° 2, 1945.

– « Empirisme, sémantique, ontologie » (1950), trad. fr. F. Rivenc et Ph. de Rouilhan, dans R. Carnap, *Signification et nécessité*, Paris, Gallimard, 1997, p. 311-335.

– *Logical Foundations of Probability*, Chicago, University of Chicago Press, 1950.

– « Postulats de signification » (1952), trad. fr. F. Rivenc et Ph. de Rouilhan, dans R. Carnap, *Signification et nécessité*, Paris, Gallimard, 1997, p. 335-345.

– « Quine on Analyticity » (1952), dans R. Creath (ed.), *Dear Carnap, Dear Van*, Berkeley-Los Angeles-Londres, University of California Press, 1990, p. 427-432.

– « Signification et synonymie dans les langages naturels » (1955), trad. fr. F. Rivenc et Ph. de Rouilhan, dans R. Carnap, *Signification et nécessité*, Paris, Gallimard, 1997, p. 349-367.

– *Signification et nécessité* (1956), trad. fr. F. Rivenc et Ph. de Rouilhan, Paris, Gallimard, 1997.

– « Beobachtungssprache und theoretische Sprache », *Dialectica*, XII, Neuchâtel, 1958, p. 236-248.

– « Intellectual Autobiography », dans P.A. Schilpp, *The Philosophy of Rudolf Carnap*, La Salle (Ill.), Open Court, 1963, p. 1-84.

– « Replies », dans P.A. Schilpp, *The Philosophy of Rudolf Carnap*, La Salle (Ill.), Open Court, 1963, p. 857-1013.

– *Introduction to the Philosophy of Science*, M. Gardner (ed.), New York, Basic Books, 1966; trad. fr. J.-M. Luccioni et A. Soulez, *Les Fondements philosophiques de la physique*, Paris, Armand Colin, 1973.

CHALMERS A.F., *What is This Thing Called Science?*, Cambridge, Hackett Publishing Company, 3 e éd. révisée 1999.

CHANG H., « A Case for Old-Fashioned Observability, and a Reconstructed Constructive Empiricism », 2004, PhilSci Archives, url: http://philsciarchive.pitt.edu/archive/00002122/

CHAPUIS-SCHMITZ D., « Le structuralisme logique en question : Schlick vs. Carnap », dans J. Bouveresse, D. Chapuis-Schmitz et J.-J. Rosat (éds.), *L'Empirisme logique à la limite. Schlick, le langage et l'expérience*, Paris, Éditions du CNRS, 2006, p. 87-108.

– « Quelle référence pour le "je" ? », dans J. Benoist et S. Laugier (éds.), *Langage ordinaire et métaphysique. Strawson*, Paris, Vrin, 2005, p. 141-170.

– « Ni trompeurs ni muets : les sens en action », dans B. Ambroise et S. Laugier (éds.), *La philosophie du langage ordinaire : Histoire et actualité de la philosophie d'Oxford (1925-2000)*, Hildesheim, Olms, à paraître.

CHAUVIRÉ Ch., *Peirce et la signification. Introduction à la logique du vague*, Paris, PUF, 1998.

CHURCH A., « Review of A.J. Ayer's *Language, Truth and Logic*, Second Edition », *Journal of Symbolic Logic*, vol. 14, n° 1, 1949, p. 52-53.

COFFA A., *The Semantic Tradition from Kant to Carnap. To the Vienna Station*, L. Wessels (ed.), Cambridge, Cambridge UP, 1991.

CREATH R. (ed.), *Dear Carnap, Dear Van*, Berkeley-Los Angeles-Londres, University of California Press, 1990.

– « Quine's Challenge to Carnap », dans M. Friedman et R. Creath (eds.), *The Cambridge Companion to Carnap*, Cambridge, Cambridge UP, 2007, p. 316-335.

DUHEM P., *La Théorie physique, son objet, sa structure* (1906), P. Brouzeng (éd.), Paris, Vrin, 1981.

DUMMETT M., *Frege : Philosophy of Language*, Londres, Duckworth, 1973.
– « The Significance of Quine's Indeterminacy Thesis » (1974), dans M. Dummett, *Truth and Other Enigmas*, Cambridge (Mass.), Harvard UP, 1978, p. 375-419.
– *Truth and Other Enigmas*, Cambridge (Mass.), Harvard UP, 1978.
– *Philosophie de la logique* (1978), trad. fr. F. Pataut, Paris, Minuit, 1991.
– *Les Origines de la philosophie analytique* (1991), trad. fr. M.-A. Lescourret, Paris, Gallimard, 1993.
EINSTEIN A., *La Relativité. Théorie de la relativité restreinte et générale. La relativité et le problème de l'espace* (1956), trad. fr. M. Solovine, Paris, Payot, 1963, 2001.
ENGEL P., « Quine et le retour de l'*a priori* », dans J.-M. Monnoyer (éd.), *Lire Quine. Logique et ontologie*, Paris-Tel-Aviv, L'éclat, 2006, p. 159-184.
ESFELD M., « Was besagt semantischer Holismus? Zwei Möglichkeiten der Konzeptualisierung », dans G. Bertram und J. Liptow (eds.), *Holismus in der Philosophie. Ein zentrales Motiv der Gegenwartsphilosophie*, Weilerswist, Verlbrück Wissenschaft, 2002, p. 41-58.
FEIGL H. et BLUMBERG A.E., « Le positivisme logique. Un nouveau courant dans la philosophie européenne » (1931), trad. fr. P. Wagner dans Ch. Bonnet et P. Wagner, *L'Âge d'or de l'empirisme logique*, Paris, Gallimard, 2006, p. 135-159.
FODOR J. and LEPORE E., *Holism. A Shopper's Guide*, Oxford, Blackwell, 1992.
FREGE G., « Sens et dénotation » (1892), dans G. Frege, *Écrits logiques et philosophiques*, trad. fr. C. Imbert, Paris, Seuil, 1971, p. 102-126.
FRIEDMAN M., *Reconsidering Logical Empiricism*, Cambridge, Cambridge UP, 1999.
– *Dynamics of Reason*, Stanford (Ca.), Center for the Study of Language and Information, 2001.
GALISON P., « How the First Neutral-Current Experiments Ended », *Review of Modern Physics*, vol. 55, n° 2, 1983, p. 477-509.
GLOCK H.J., *Dictionnaire Wittgenstein* (1996), trad. fr. H. Roudier de Lara et Ph. de Lara, Paris, Gallimard, 2003.
GOODMAN N., « Sense and Certainty », *The Philosophical Review*, vol. 61, n° 2, 1952, p. 160-167.
– *La Structure de l'apparence* (1953), trad. fr. J.-B. Rauzy (dir.), Paris, Vrin, 2005.
GRANGER G.-G., *La Vérification*, Paris, Odile Jacob, 1992.
GRICE H.P. and STRAWSON P.F., « In Defence of a Dogma », *The Philosophical Review*, vol. 65, n° 2, 1956, p. 141-158.
HACKING I., « Est-ce qu'on voit à travers un microscope? » (1981), trad. fr. M. Kirsch, dans S. Laugier et P. Wagner (éds.), *Philosophie des sciences*, vol. 2, Paris, Vrin, 2004, p. 238-274.
– *Representing and Intervening*, Cambridge, Cambrige UP, 1983; trad. fr. B. Ducrest, *Concevoir et expérimenter*, Paris, Christian Bourgois, 1993.
HANFLING O., *Logical Positivism*, New York, Columbia UP, 1981.

HEMPEL C.G., « The Empiricist Criterion of Meaning », *Revue internationale de Philosophie*, 4, 1950, p. 41-63.

– « Les critères empiristes de la signification cognitive : problèmes et changements » (1951), dans P. Jacob (éd.), *De Vienne à Cambridge*, Paris, Gallimard, 1980, p. 63-89.

– *Éléments d'épistémologie* (1966), trad. fr. B. Saint-Sernin, Paris, Armand Colin, 1972.

HOLDCROFT D., « Schlick and the Verification Theory of Meaning », *Revue Internationale de Philosophie*, 144-145, 1983, p. 47-67.

JACOB P., *L'Empirisme logique*, Paris, Minuit, 1980.

– (éd.), *De Vienne à Cambridge*, Paris, Gallimard, 1980.

KANT E., *Critique de la raison pure* (1781/1787), dans *Œuvres philosophiques*, t. 1, Paris, Gallimard, 1980.

KIM J., « What is Naturalized Epistemology ? », *Philosophical Perspectives*, 2, J.E. Tomberlin (ed.), Asascadero (Ca.), Ridgeview Publishing Co, 1988, p. 381-406.

KRAFT V., *Der Wiener Kreis*, Vienne, Springer, 1950.

KUHN Th., « Commensurabilité, comparabilité, communicabilité » (1982), trad. fr. M. Coelho, dans S. Laugier et P. Wagner (éds.), *Philosophie des sciences*, vol. 2, Paris, Vrin, 2004, p. 285-322.

LAUDAN L., « Normative Naturalism », *Philosophy of Science*, 57, 1990, p. 44-59.

– *Science and Relativism*, Chicago, University of Chicago Press, 1990.

LAUGIER S., « De Quine à Carnap : l'empirisme logique aujourd'hui », *Revue internationale de philosophie*, vol. 51, n° 202, 1997, p. 541-555.

– *L'Anthropologie logique de Quine. L'apprentissage de l'obvie*, Paris, Vrin, 1992.

— et Wagner P. (éds.), *Philosophie des sciences*, 2 vols., Paris, Vrin, 2004.

LEITGEB H., « New Life for Carnap's *Aufbau* ? », *Synthese*, à paraître.

LEPORE E. and SMITH B. (eds.), *The Oxford Handbook of Philosophy of Language*, Oxford, Oxford UP, 2006.

MCDOWELL J., *L'Esprit et le monde* (1994), trad. fr. Ch. Alsaleh, Paris, Vrin, 2007.

MCGUINNESS B. (éd.), *Wittgenstein et le Cercle de Vienne : d'après les notes de Friedrich Waismann* (1967), édition bilingue, trad. fr. G. Granel, Mauvezin, TER, 1991.

MONNOYER J.-M., *Lire Quine. Logique et ontologie*, Paris-Tel Aviv, L'éclat, 2006.

MONTNIMY M., *Les Fondements empiriques de la signification*, Montréal-Paris, Bellarmin-Vrin, 1998.

NEURATH O., « Protokollsätze », *Erkenntnis*, 3, 1932, p. 204-214 ; trad. fr. J. Sebestik et A. Soulez, « Énoncés protocolaires », dans A. Soulez (éd.), *Manifeste du Cercle de Vienne et autres écrits*, Paris, PUF, 1985 ; rééd. Paris, Vrin, 2010, p. 207-218.

NOË A., Précis of *Action in Perception*, *Psyche*, vol. 12, n° 1, 2006.

OBERDAN Th., *Protocols, Truth, and Convention*, Amsterdam-Atlanta (Ga.), Rodopi, 1993.

OUELBANI M., « Carnap und die Einheit der Wissenschaft », dans E. Nemeth und N. Roudet (eds.), *Paris-Wien. Enzyklopädien im Vergleich*, Vienne-New York, Springer, 2005.

– *Le Cercle de Vienne*, Paris, PUF, 2006.

PAGIN P., « Meaning and Holism », dans E. Lepore and B. Smith (eds.), *The Oxford Handbook of Philosophy of Language*, Oxford, Oxford UP, 2006, p. 213-232.

PARRINI P., SALMON M. and SALMON W. (eds.), *Logical Empiricism. Historical and Contemporary Perspectives*, Pittsburgh, University of Pittsburgh Press, 2003.

PEACOCKE Ch., « How are Apriori Truths Possible ? », *European Journal of Philosophy*, vol. 1, n° 2, 1993, p. 175-199.

PEIRCE C.S., « Comment rendre nos idées claires ? » (1879), dans C.S. Peirce, *Textes anti-cartésiens*, trad. fr. et présentation J. Chenu, Paris, Aubier, 1984.

POPPER K., *Les Deux problèmes fondamentaux de la connaissance* (1930/1933), trad. fr. Ch. Bonnet, Paris, Hermann, 1999.

– « Problèmes fondamentaux de la logique de la connaissance » (1934), trad. fr. Ch. Bonnet, dans S. Laugier et P. Wagner (éds.), *Philosophie des sciences*, vol. 1, Paris, Vrin, 2004, p. 237-266.

PRAWITZ D., « Quine and Verificationism », *Inquiry*, 37, 1995, p. 487-494.

PUTNAM H., « The Meaning of "Meaning" » (1975), dans H. Putnam, *Philosophical papers*, vol. 2, *Mind, Language and Reality*, Cambridge, Cambridge UP, 1975, p. 215-271 ; trad. fr. partielle D. Boucher, « La signification de "signification" », dans D. Fisette et P. Poirier (éds.), *Philosophie de l'esprit. Problèmes et perspectives*, Paris, Vrin, 2003.

– *Raison, vérité et histoire* (1981), trad. fr. A. Gerschenfel, Paris, Minuit, 1984.

– « Sense, Nonsense, and the Senses : An Inquiry into the Powers of the Human Mind », *The Journal of Philosophy*, vol. 91, n° 9, 1994, p. 445-517.

QUINE W.v.O., « Les deux dogmes de l'empirisme », dans W.v.O. Quine, *Du Point de vue logique* (1953), trad. fr. S. Laugier (dir.), Paris, Vrin, 2003.

– *Du Point de vue logique* (1953), trad. fr. de S. Laugier (dir.), Paris, Vrin, 2003.

– *Le Mot et la chose* (1960), trad. fr. J. Dopp et P. Gochet, Paris, Flammarion, 1968.

– « Le mythe de la signification », *La Philosophie analytique*, Paris, Minuit, 1962, p. 139-169.

– *Relativité de l'ontologie et autres essais* (1969), trad. fr. J. Largeault, préface S. Laugier, Paris, Aubier, 2008.

– « L'épistémologie naturalisée » (1969), trad. fr. J. Largeault, dans S. Laugier et P. Wagner (éds.), *Philosophie des sciences*, vol. 2, Paris, Vrin, 2004, p. 36-60.

– *Philosophie de la logique* (1970), trad. fr. J. Largeault, introduction D. Bonnay et S. Laugier, Paris, Aubier, 2008.

– « Sur les systèmes du monde empiriquement équivalents » (1975), trad. fr. S. Hutin et S. Laugier, dans S. Laugier et P. Wagner (éds.), *Philosophie des sciences*, vol. 2, Paris, Vrin, 2004, p. 114-138.

RADDER H., *The World Observed/The World Conceived*, Pittsburgh, University of Pittsburgh Press, 2006.

REICHENBACH H., *Relativitätstheorie und Erkenntnis Apriori*, Berlin, Springer, 1920; trad. angl. M. Reichenbach, *The Theory of Relativity and Apriori Knowledge*, Los Angeles, University of California Press, 1965.

RICHARDSON A., *Carnap's Construction of the World. The* Aufbau *and the Emergence of Logical Empiricism*, Chicago (Ill.), The University of Chicago Press, 1998.

ROSAT J.-J., « Schlick, Waismann, Wittgenstein et la grammaire des lois de la nature », *Les Études philosophiques*, 3, 2001, p. 317-333.

– « Le langage, la science et l'hypothèse. La philosophie de Wittgenstein à l'époque du Cercle de Vienne », *Europe*, 906, 2004, p. 51-62.

RUNGGALDIER E., *Carnap's Early Conventionalism. An Inquiry into the Historical Background of the Vienna Circle*, Amsterdam, Rodopi, 1984.

RUSSELL B., *La Méthode scientifique en philosophie et notre connaissance du monde extérieur* (1914), Paris, Payot, 1971, 2002.

RYCKMAN Th., *The Reign of Relativity. Philosophy in Physics 1915-1925*, Oxford, Oxford UP, 2005.

RYLE G., « Unverifiability-by-me », *Analysis*, vol. 4, n° 1, 1936, p. 1-11.

SAUER W., « Carnap's *Aufbau* in kantianischer Sicht », *Graze Philosophische Studien*, 23, 1985, p. 19-35.

SCHILPP P.A., *The Philosophy of Rudolf Carnap*, La Salle (Ill.), Open Court, 1963.

SCHLICK M., « Das Wesen der Wahrheit nach der modernen Logik » (1910), dans M. Schlick, *Philosophische Logik*, B. Philippi (ed.), Francfort/M., Suhrkamp, 1986.

– *Théorie générale de la connaissance* (1918/1925), trad. fr. Ch. Bonnet, Paris, Gallimard, 2009.

– « La causalité dans la physique contemporaine » (1931), trad. fr. C. Vautrin, dans Ch. Bonnet et P. Wagner (éds.), *L'Âge d'or de l'empirisme logique*, Paris, Gallimard, 2006, p. 171-219.

– « Gibt es ein materiales Apriori ? », *Wissenschaftlicher Jahresbericht der Philosophischen Gesellschaft an der Universität zu Wien für das Vereinsjahr 1931/32*, 1932, p. 55-62; trad. angl. W. Sellars : « Is There a Factual Apriori ? », dans M. Schlick, *Philosophical Papers*, vol. 2, Dordrecht, Reidel, 1979, p. 161-170.

– *Forme et contenu. Une introduction à la pensée philosophique* (1932), trad. fr. D. Chapuis-Schmitz, Marseille, Agone, 2003.

– *Die Probleme der Philosophie in ihrem Zusammenhang*, cours du semestre d'hiver 1933/1934, H. Mulder, A.J. Kox und R. Hegselmann (eds.), Francfort/M., Suhrkamp, 1986; trad. angl. P. Heath, *The Problems of Philosophy in their Interconnection*, Dordrecht, Reidel, 1987.

– « Sur le fondement de la connaissance » (1934), trad. fr. D. Chapuis-Schmitz, dans Ch. Bonnet et P. Wagner (éds.), *L'Âge d'or de l'empirisme logique*, Paris, Gallimard, 2006, p. 415-439.

– *Logik und Erkenntnistheorie, Vorlesungen Wintersemester 1934/1935*, Archives of the Vienna Circle Foundation, Universiteit van Amsterdam.

– *Sur le fondement de la connaissance*, trad. fr. E. Vouillemin, Paris, Hermann, 1935.

– « Meaning and Verification », *The Philosophical Review*, 45, 1936, p. 339-369; rééd. dans M. Schlick, *Philosophical Papers*, vol. 2, Dordrecht, Reidel, 1979, p. 456-481.

– « Les lois de la nature sont-elles des conventions ? » (1936), trad. fr. C. Vautrin, dans Ch. Bonnet et P. Wagner (éds.), *L'Âge d'or de l'empirisme logique*, Paris, Gallimard, 2006, p. 537-548.

– *Philosophical Papers*, vol. 1, H.L. Mulder and B.F.B. van de Velde-Schlick (eds.), Dordrecht, Reidel, 1978.

– *Philosophical Papers*, vol. 2, H.L. Mulder and B.F.B. van de Velde-Schlick (eds.), Dordrecht, Reidel, 1979.

SELLARS W., *Empiricism and the Philosophy of Mind* (1950), introduction R. Rorty et postface R. Brandom, Cambridge (Mass.)-Londres, Harvard UP, 1997; trad. fr. F. Kayla, *Empirisme et philosophie de l'esprit*, introduction R. Rorty, Paris, L'éclat, 1997.

SHAPERE D., « The Concept of Observation in Science and in Philosophy », *Philosophy of Science*, 49, 1982, p. 485-525.

SIMONS P., « Wittgenstein, Schlick, and the Apriori », dans P. Simons, *Philosophy and Logic in Central Europe from Bolzano to Tarski. Selected Essays*, Dordrecht-Boston-Londres, Kluwer Academic Publishers, 1992.

SKORUPSKI J., « Logical Grammar, Transcendentalism, and Normativity », *Philosophical Topics*, 25, 1997, p. 189-211.

SOULEZ A. (éd.), *Le Manifeste du Cercle de Vienne et autres écrits*, Paris, PUF, 1985; rééd. Paris, Vrin, 2010.

– (dir.), *Dictées de Wittgenstein à Friedrich Waismann et pour Moritz Schlick*, vol. 1, *Années trente*, Paris, PUF, 1997.

STADLER F., *Studien zum Wiener Kreis. Ursprung, Enwicklung und Wirkung des logischen Empirismus im Kontext*, Francfort/M., Suhrkamp, 1997; trad. angl. C. Nielsen, *The Vienna Circle: Studies in the Origins, Development, and Influence of Logical Empiricism*, Vienne, Springer, 2001.

STRAWSON P.F., « Carnap's Views on Constructed Systems versus Natural Languages in Analytic Philosophy », dans P.A. Schilpp (ed.), *The Philosophy of Rudolf Carnap*, La Salle (Ill.), Open Court, 1963, p. 503-518.

STUMP D., « Naturalized Philosophy of Science with a Plurality of Methods », *Philosophy of Science*, vol. 59, n° 3, 1992, p. 456-460.

– « Defending Conventions as Functional *Apriori* Knowledge », *Philosophy of Science*, vol. 70, n° 5, 2003, p. 1149-1160.

TORRETTI R., « Observation », *The British Journal for the Philosophy of Science*, vol. 37, n° 1, 1986, p. 1-23.

UEBEL Th., *Empiricism at the Crossroads: The Vienna Circle Protocol-Sentence Debate Revisited*, Chicago, Open Court, 2007.

VALVO A., *Sight Restoration after Long-Term Blindness: The Problems and Behavior Patterns of Visual Rehabilitation*, New York, American Federation for the Blind, 1971.

VAN FRAASSEN B., *The Scientific Image*, Oxford, Oxford UP, 1980.

– *The Empirical Stance*, New Haven-Londres, Yale UP, 2002.

WAGNER P. (ed.), *Carnap's Logical Syntax of Language,* Basingstoke, Palgrave-MacMillan, 2009.

WAISMANN F., « Logische Analyse des Wahrscheinlichkeitsbegriffs », *Erkenntnis*, 1, 1930, p. 228-248.

– « La vérifiabilité » (1945), trad. fr. D. Chapuis-Schmitz, dans S. Laugier et P. Wagner (éds.), *Philosophie des sciences*, vol. 1, Paris, Vrin, 2004, p. 325-360.

WITTGENSTEIN L., *Tractatus-Logico-Philosophicus* (1921), trad. fr. G.-G. Granger, Paris, Gallimard, 1993.

– *Quelques remarques sur la forme logique* (1929), édition bilingue, Mauvezin, TER, 1985.

– *Le Cahier bleu et le Cahier brun* (1934), trad. fr. M. Goldberg et J. Sackur, Paris, Gallimard, 1996.

– *Recherches philosophiques*, trad. fr. F. Dastur, M. Élie, J.-L. Gautero, D. Janicaud, É. Rigal, Paris, Gallimard, 2005.

– *Grammaire philosophique*, R. Rhees (éd.), trad. fr. M.-A. Lescourret, Paris, Gallimard, 1980.

INDEX DES NOMS

TABLE DES MATIÈRES

DANS LA MÊME COLLECTION

SÉRIE TEXTES

BENTHAM (J.), *Introduction aux principes de morale et de législation*, traduction et notes du Centre Bentham, 2010, 320 pages.

GOODMAN (N.), *La structure de l'apparence*, traduction coordonnée par J.-B. RAUZY, 2004, 352 pages.

MCDOWELL (J.), *L'esprit et le monde*, traduction et notes de Ch. ALSALEH, 2007, 240 pages.

REID (T.), *Recherches sur l'esprit humain, d'après les principes du sens commun*, traduction et notes de M. MALHERBE, à paraître.

REID (T.), *Essais sur les pouvoirs actifs de l'homme*, traduction et notes de G. KERVOAS et É. LE JALLÉ, 2009, 400 pages.

RYLE (G.), *L'itinéraire de Platon*, suivi de *En manière d'autobiographie*, traduction et notes de J. FOLLON, préface de M. DIXSAUT, 2003, 256 pages.

WHITE (M.), *Une philosophie de la culture. Du point de vue pragmatiste*, traduction et notes de G. KERVOAS, 2006, 192 pages.

WHITEHEAD (A.N.), *Modes de pensée*, traduction et notes de H. VAILLANT, préface de G. DURAND, 2004, 208 pages.

ACHEVÉ D'IMPRIMER
EN AVRIL 2010
PAR L'IMPRIMERIE
DE LA MANUTENTION
A MAYENNE
FRANCE
N° 98-10

Dépôt légal : 2e trimestre 2010